秘傳 九星 玄空學

(原名: 대현공 풍수학)

저자 杜彦林
역자 김석우

양림출판사

장공비전 대현공 풍수학

저자 杜彦林

역자 김석우

역자(譯者) 서문(序文)

본 책자는 입문자에게는 불친절 한 책입니다 이 점은 양해 부탁드립니다. 기존의 현공풍수를 알고 계시는 분들의 눈높이를 고려하여 서술되었습니다. 세간에서 말하는 현공비성은 기문둔갑의 비성(飛星)과 동일한 것을 사용합니다. 이것도 활용법을 잘 숙지하면 상당한 효율성이 있습니다.
이번에 소개되는 이 책은 애(埃)성(星)과 형기를 결합하여 종합판단을 통해 길흉을 구별해 나가고 한걸음 더 나아가 개운(開運)의 단서도 제공하고 있습니다. 정신, 영신이라는 의미 합국 반국의 성패도 논하고 있습니다.
번역이 다소 부드럽지 못할 수도 있습니다. 다만 그 의미 전달에 있어서는 가능한 쉬운 단어를 사용하려고 노력 하였습니다 만일 본 책의 발행 이후 독자들의 요청이 있다면 지금의 번역보다 좀 더 쉬운 구어체로 대화하듯 다시 한 번 글을 지어보려 합니다.

이글은 아직 한국에는 전해지지 않은 현공의 또 다른 면모를 소개하고 있습니다. 부디 독자들의 이해와 활용에 도움이 되었으면 하는 바람입니다.

2018. 8. 19.

한국 부산에서 김석우 서문에 몇 자 적다

감사의 말씀

본 책이 출간되기까지 물심양면으로 지원해 주신 이청천 님에게 감사의 뜻을 전(傳)합니다.

대현공의 진의(眞意)와 그것에 대한 결실(結實)의 과정에 대한 지원(支援)이 없었다면 본 책은 아마 세상에 빛을 보기 어려웠을 것입니다.
깊은 학문의 세계로 인도하여 누구나 관심만 있다면 쉽게 접근할 수 있게 그 과정을 만들고 더 나아가 서책으로 정리 요약하는 과정에서 원문의 난해함을 간략하게 요약하여 많은 이들의 감동을 선물한 것을 겪어본 이들은 누구나 공감할 것입니다.

서책으로 이제 다시 세상에 나오게 될 본 책자의 서문을 통해서 다시 한 번 깊은 감사를 표합니다.

저자 서문

대현공 풍수는 조사 장공으로부터 전수가 금지되었습니다. 명나라 말기에서 청나라 초기에 장공은 무곡자라는 사람으로부터 진전을 얻었고 사마두타의 수법을 익혀서 강남, 강북을 주요하며 '지리변증', '고경가', '수룡경', '귀후록' 등의 이름난 책들을 남겼습니다.

본인은 조부로부터 전해온 기록을 통해 이를 알게 되었습니다. 풍수란 학문은 스승의 가르침 없이 입문은 할 수 있으나 체력을 소모해가며 수만 권의 청낭서(풍수지리서)를 읽고 애성의 전개방법을 안다는 것은 역시 어려운 일입니다.

여러 해 동안 어리석은 지사가 잘못된 방법을 구사하여 많은 문제가 생기고 심지어 자신까지 해를 입으니 진짜 풍수를 알기는 어렵습니다. 비록 침식을 잊고 많을 책을 본다 한들 아무런 수확이 없을 것입니다.

대현공풍수는 만두를 체로 삼고 이기를 용으로 삼습니다. 만두는 용과 사수를 살펴서 생기형체를 살피고 이기는 원운영정으로 인사의 성공과 실패를 예측합니다. 이 두 가지는 어느 한편으로 치우칠 수 없습니다.

이기의 특징은 1~9까지의 9개의 자백구성으로 원운, 음양, 입중궁, 혹은 순역 등이 그것인데 대현공풍수의 이기는 위의 설명한 내용을 활용한 것으로 한동안 세상에 공개되지 않았었습니다.

대현공풍수의 특징을 살펴보면

1. 구성을 이용합니다. 청낭삼자경에 이르기를 대현공은 구성을 이용한다라고 했는데 구성을 활용하여 자연히 인류사회에 주대한영향을 알아 가는 것입니다.

2. 음, 양택(陽宅)이 같지 않습니다. 양택(陽宅)의 애성 이기는 본 산성을 사용하고 음택(陰宅)은 이와 다릅니다. 어떻게 애성 이기를 사용하여 음백(陰宅)에

활용하는 지는 점차적으로 서술해 갈 것입니다.

3. 상, 하원이 다릅니다. 예를 들어 인좌 신향인 양택(陽宅)의 경우 상원에 건축하든 하원에 건축하든 상원에는 그 숫자를 중궁에 넣고 역행한다면 하원에는 그 숫자를 중궁에 넣고 순행합니다.

4. 이기의 원칙은 불상산 불하수인데 대현공풍수에서 최고로 꺼리는 것은 상산하수국입니다.

5. 이기는 수구를 중요하게 봅니다. 래수와 거수 이 두 곳은 생사의 조화가 있고 길흉의 영험이 있는 곳입니다.

6. 정영신의 방위에 따른 합국의 법칙과 허실 공만의 형세와 배합해서 보는 것이 필요합니다.

7. 애성, 지운, 선후천 이론의 적절한 조합이 있고 애성은 선후천의 이론을 배합하여 사용해야 정확도가 높아집니다. 예를 들어 7운에 7이 수구에 있으면 사람이 다치거나 재물 상의 손실이 있거나 하게 되며 현재의 상황과 대운(원운)을 결합하여 해석하면 더욱 정확하게 알 수 있습니다.

8. 체는 형태이고 또 만두 즉 형세를 가리키는 것이고 용은 기인데 인은 애성 이기를 말하는데 체와 용을 결합해야 최고로 좋은 풍수의 효과를 볼 수 있습니다.

본 책은 이론과 실제경험을 결합하였고 하도낙서의 이치를 실제 적용하여 초학자도 쉽게 입문 할 수 있게 했고 그 이치를 알 수 있게 노력 하였습니다.

본 책은 풍수학계의 군계일학이라 할 수 있으며 의학을 잘못 사용하면 한사람이 피해를 보지만 풍수를 잘못하면 한 가문이 피해를 본다라고 하였으니 여러분은 본 책을 깊이 연구하여 스스로 부귀를 창조하는 행복한 사회의 일원이 되기를 바랍니다.

이방제에서 두얀린 병신년 임진월 쓰다

제 1 장 대현공 원리 (大玄空 原理)

제 1 절 태극(太極)

산(山)과 물(水)은 음양(陰陽)으로 나뉩니다. 산이 하나이고 물이 곧 하나입니다.

이는 정영신(正零神)의 음양(陰陽)으로 나뉘는데, 정신(正神)과 영신(零神)이 각각 하나입니다.

제 2 절 음양오행(五行)(陰陽五行)

오행(五行)학설(五行學說)은 우주물질의 기초를 연구(硏究)하는 학문(學文)으로, 천지(天地)간에 만물(萬物)을 목(木), 화(火), 토(土), 금(金), 수(水) 등의 다섯 가지의 오행(五行)으로 이루어져 있다는 선현(先賢)들의 철학(哲學)에 그 바탕이 있습니다. 자연계(自然界)의 각종 사물(事物)과 현상(現想)들이 변화(變化)하고 발전(發展)하는 모습으로, 위에서 말한 다섯 가지의 다른 속성(屬性)을 가진 물질(物質)들이 끊임없이 운동(運動)하여 상호(相互) 생극(生剋)하는 과정(過程)을 설명(說明)한 것이 오행(五行)설(五行說) 입니다.

오행(五行)의 상생 상극도
오행(五行)싱생 수생목, 목생화, 화생토, 토생금, 금생수
오행(五行)상극 수극화, 화극금, 금극목, 목극토, 토극수

상생(相生)의 원리(原理) - 수(水)는 목(木)을 자양(慈養)하고, 목(木)은 화(火)에 타고, 화(火)는 토(土)를 가열(加熱)해서 그릇으로 만들고, 토(土)는 그 성분(成分)에 금(金) 성분이 들어있고, 금(金)은 건(乾)에 속(屬)하고 건(乾)은 수(水)를 생(生)하고 이런 과정(過程)을 거쳐 하나의 순환(循環)이 이루어지게 됩니다.

상극(相剋)의 원리(原理) - 화(火)는 쇠를 녹여 금속(金屬)으로 만들고, 금(金)은 목(木)을 벌목할 수 있으며, 목(木)은 토양을 다스리고 토(土)는 수분(水分)을 머금게 됩니다. 오행(五行)의 상생(相生), 상극(相剋)과 음양(陰陽) 모두 혼자 존재할 수 없으며, 서로 떼어 낼 수도 없는 것이고, 상극(相剋)이 없으면 상생(相生)도 없고 상생(相生)이 없으면 역시 상극(相剋)도 없게 됩니다. 이런 종류의 생극(生剋)의 관계(關係)를 통해 체(體)와 용(用)의 이론(理論)과 오행(五行)생극(五行生剋)의 정수(精髓)가 있게 되는 것입니다. 이러한 것들을 통서 천지(天地) 만물(萬物)은 평형(平衡)의 상태(常態)를 유지(維持)하며 사물(事物)의 정상적(正常的)인 발전(發展)과 변화(變化)를 이어 나가는 것입니다.

제 3 절 하도(河圖)

고대(古代)에 복희씨가 황하강(黃河江) 유역(流域)에서 발견(發見)한 것입니다. 어느 때 한 마리의 용(龍) 같기도 하고 말(馬) 같기도 한 기묘(奇妙)한 짐승이 강(江)에 나타났는데, 이 짐승이 등에 무늬를 지니고 있기에 이를 보고 복희씨가 이 동물을 용마(龍馬)라고 하였습니다. 복희씨는 등에 있는 무늬를 연구(硏究)하여 깨달음을 얻고, 이를 하도(河圖)라고 이름 지었는데 이것은 지구(地球)를 중심(中心)으로 하는 천체(天體) 우주도(宇宙圖)였으며 천지(天地)의 비밀(秘密)을 간직한 기밀(機密)인 것입니다.

圖 河

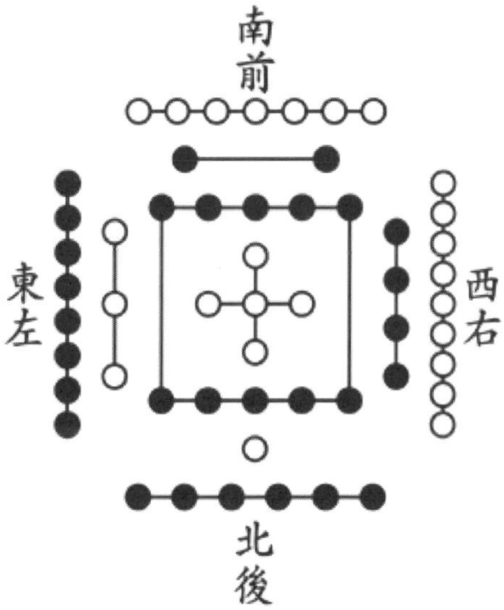

Tip : 하도 생성수 (河圖 生成數)와 대현공(大玄空)의 관계(關係)

생수(生數) : 대현공(大玄空)에서 상원(上元) 1,2,3,4 운(運)의 근거(根據)
성수(成數) : 대현공(大玄空)에서 하원(下元) 6,7,8,9 운(運)의 근거(根據)
생성(生成) : 대현공(大玄空)에 있어 인물, 벼슬, 재물의 중요한 근거(根據)

제 4 절 낙서(洛書)

낙서(洛書)는 하(夏)나라의 우(禹)임금이 낙수 라는 강(江)에서 치수(治水)를 할 때 홀연히 용의 머리에 거북이의 몸을 지닌 괴이한 짐승인 용구(龍龜)가 강가로 나왔습니다. 이 용구(龍龜)의 등에 특이한 문양(文樣)이 새겨져 있었는데 이를 본 우(禹)임금은 여기에 천지(天地)의 이치(理致)가 숨어 있음을 깨닫고 치수(治水)의 마무리를 잘 하게 되었습니다. 이 문양(文樣)을 낙서(洛書)라 이름하였습니다.

書 洛

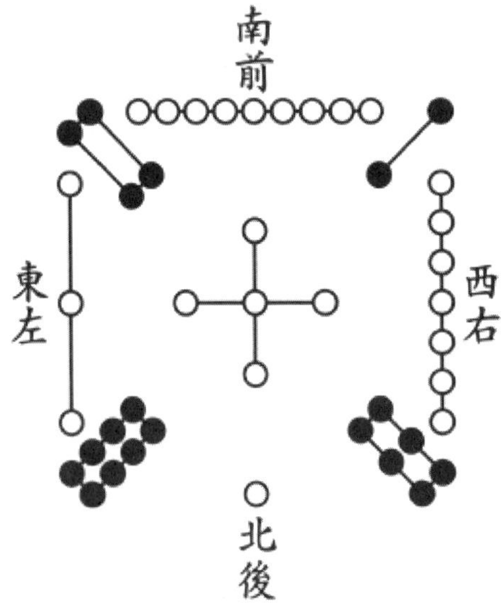

Tip : 대현공(大玄空)과 낙서(洛書)의 관계(關係)

낙서(洛書)의 합십(合十)

합십(合十)은 대현공(大玄空)에서 재물(財物)을 판단(判斷)하는데 가장 중요(重要)한 근거(根據)가 됩니다. 더불어 건강(健康)의 좋고 나쁨에 대한 기준(基準)이 됩니다.

낙서(洛書)는 하도(河圖)에 기초(基礎)하여 나온 것인데, 하도(河圖)에서 진일보(進一步)하여 방위(方位)와 숫자를 활용(活用)하여 8개의 방위(方位)를 도출하였습니다. 그 결과(結果) 1은 정북(正北), 9는 정남(正南), 3은 정동(正東), 7은 정서(正西)가 되며, 중오(中五)를 제외한 낙서(洛書)의 수(數)들을 가로세로로 더하면 합십(合十)이 됩니다.

제 5 절 선후천 팔괘

선후천팔괘(先後天八卦)는 대현공(大玄空) 풍수(風水)의 실제(實際) 운영(運營)에 있어서 매우 중요(重要)합니다.

일반적으로 팔괘(八卦)는 선천(先天) 팔괘(八卦)와 후천(後天) 팔괘(八卦)로 나눌 수 있는데, 선천팔괘(先天八卦)는 복희씨때, 후천팔괘(後天八卦)는 주(周)나라 문왕(文王)이 선천(先天)의 기초(基礎)에 의거(依據)해 후천팔괘(後天八卦)를 만들었다고 전해집니다. 이는 일반적으로 역학(易學)을 연구(硏究)하는데 있어서 기초(基礎)라고들 말합니다. 팔괘(八卦)는 자연(自然)의 현상을 8가지로 대표(代表)하는데 건(乾)은 하늘(天), 곤(坤)은 땅(地), 진(震)은 우뢰(雷) 간(艮)은 산(山), 리(離)는 불(火), 감(坎)은 물(水), 태(兌)는 연못(澤), 손(巽)은 바람(風) 등이 됩니다.

선천팔괘(先天八卦)는 다른 이름으로 복희팔괘라고도 하는데, 이는 고대(古代)에 복희씨가 천문(天文)과 지리(地理)를 관찰(觀察)하여 동식물(動植物)의 생태(生態)를 연구(硏究)하며 얻은 팔괘(八卦)이기 때문입니다.

① 선천팔괘(先天八卦)

역경(易經) 계사전에 이르기를, 역(易)에 태극(太極)이 있어 이것이 양의를 생하고 양의가 사상을 생하고 사상이 팔괘를 생하고 팔괘가 만물을 생한다고 하였습니다. 양의는 음양으로 나뉘고 양은 태양 소음을 생하고 음은 태음 소양을 생하니 이것이 사상이 되는 것입니다. 태양은 건1, 태2, 소양은 이3, 진4, 소음은 손5, 감6 태음은 간7, 곤8을 생하니 이것이 옛사람이 말하는 태극은 양의를 생하고 양의는 사상을 사상은 팔괘를 생합니다. 팔괘는 길흉이 있고 길흉은 사건을 만든다 라고 하였습니다.

② 후천팔괘(後天八卦)

역경(易經) 설괘전에 이르기를 帝出乎震, 齊乎巽, 相見乎離, 致役乎坤, 說言乎兌, 戰乎乾, 勞乎坎, 成言乎艮. 이라 하였는데 이를 팔괘(八卦)의 이론으로 보면 선천팔괘(先天八卦)의 건(乾)과 곤(坤)은 여섯 자녀를 낳았고 건(乾)과 곤(坤)은 태음(太陰)과 태양(太陽)이 되어 부부상배의 이치를 따르게 됩니다. 선천

팔괘는 인체의 몸통이라고 하면 후천팔괘는 사람의 정신을 대표하는데 정신이 건강해야 사람은 살아갈 수 있으며 정신이 온전하지 못하면 생존에 어려움이 많게 됩니다. 정신과 육체의 상호협조를 통해서 그 오묘함을 이룰 수 있고 그 변화 역시 오묘합니다. 이는 음양변화의 근본이고 만물의 변치 않는 규정인 것입니다.

팔괘음양오행(五行) 득실표

八卦阴阳五行得失所应

卦名	先天数	后天数	与时间关系	与空间关系	五行	阴阳	有关意象
乾	1	6	立冬	西北	金	阳	父肺首骨右腿
兑	2	7	秋分	西	金	阴	少女肺羊
离	3	9	夏至	南	火	阴	中女心目
震	4	3	春分	东	木	阳	长男肝足龙
巽	5	4	立夏	东南	木	阴	长女胆股气管
坎	6	1	冬至	北	水	阳	中男肾耳血液
艮	7	8	立春	东北	土	阳	少男胃鼻左腿
坤	8	2	立秋	西南	土	阴	母脾肌肉

후천팔괘 사진

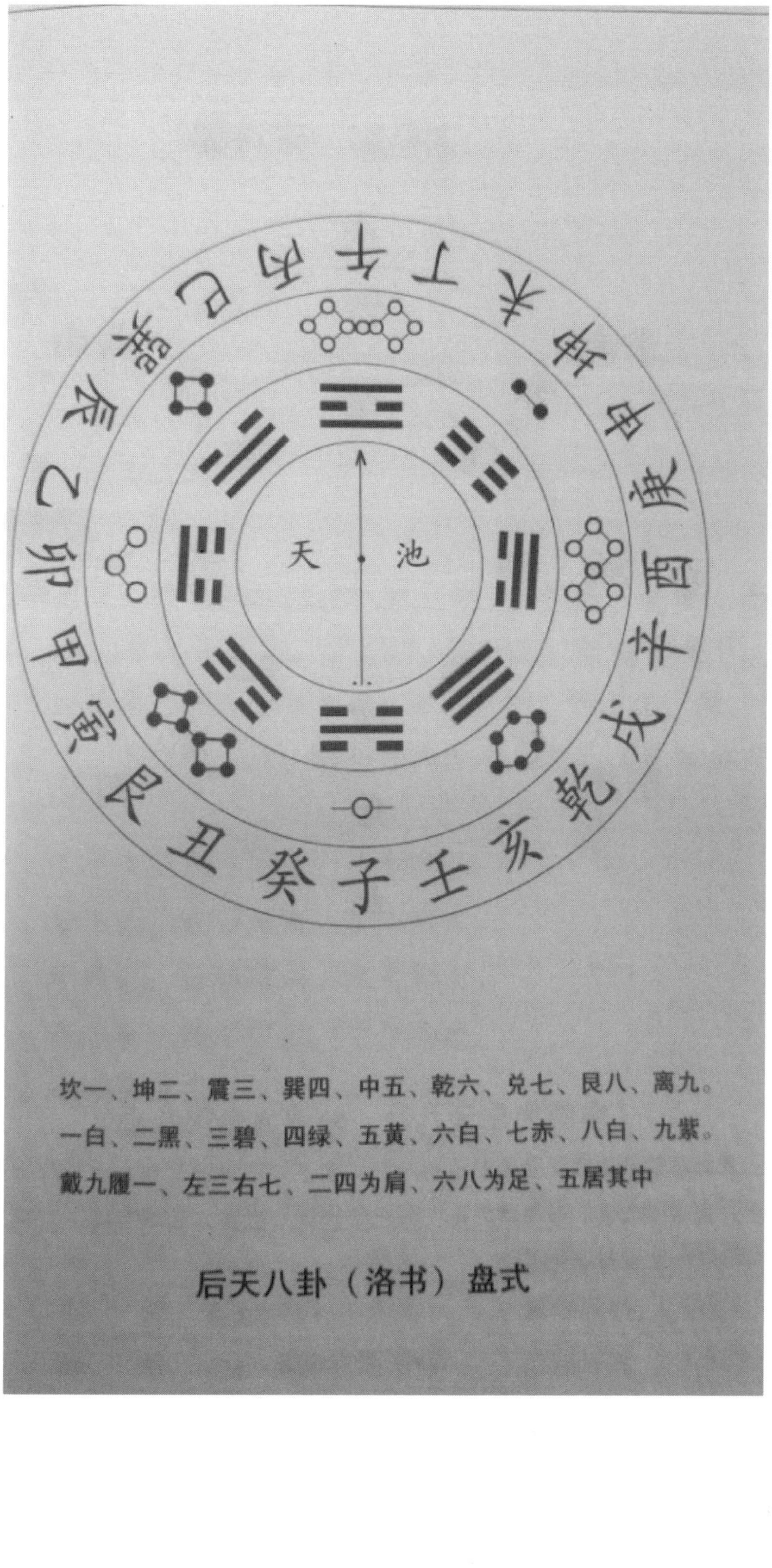

后天八卦（洛书）盘式

선후천팔괘 방위도

（内圈为先天八卦，外圈为后天八卦）

先天八卦乃伏羲氏最先创造的八卦，文王继续进演又创立后天八卦。八卦中，乾是阳之极、坤是阴之母，将阴阳这两个最根本的概念确定之后，其它卦随着一定规律衍化而出。

先后八卦方位图

제 6 절 천간(天干), 지지(地支)

천간(天干)

10개 천간(天干)은 방위(方位)와 오행(五行)의 배속(配屬)을 표시(表示)한 것입니다. 천간(天干)은 고대(古代)에는 날짜의 부호로 사용되었고, 일(日)은 양(陽), 양(陽)은 하늘(天)이니 천간(天干)이라 이름하고, 10개의 천간(天干)은 다시 음(陰)과 양(陽)의 두 종류(種類)로 분류(分類)되었습니다.

양간(陽干) : 갑(甲), 병(丙), 무(戊), 경(庚), 임(壬)
음간(陰干) : 을(乙), 정(丁), 기(己), 신(辛), 계(癸)

10개의 천간(天干)과 오행(五行) 방위(方位)는 서로 연관성을 가집니다.

갑(甲), 을(乙) : 동방(東方) 목(木). 갑(甲)은 양목(陽木), 을(乙)은 음목(陰木)
병(丙), 정(丁) : 남방(南方) 화(火). 병(丙)은 양화(陽火), 정(丁)은 음화(陰火)
무(戊), 기(己) : 중앙(中央) 토(土). 무(戊)는 양토(陽土), 기(己)는 음토(陰土)
경(庚), 신(辛) : 서방(西方) 금(金). 경(庚)은 양금(陽金), 신(辛)은 음금(陰金)
임(壬), 계(癸) : 북방(北方) 수(水). 임(壬)은 양수(陽水), 계(癸)는 음수(陰水)

지지(地支)

자(子)는 수(水) 쥐, 축(丑)은 토(土) 소, 인(寅)은 목(木) 호랑이, 묘(卯)는 목(木) 토끼, 진(辰)은 토(土) 용, 사(巳)는 화(火) 뱀, 오(午)는 화(火) 말, 미(未)는 토(土) 양, 신(申)은 금(金) 원숭이, 유(酉)는 금(金) 닭, 술(戌)은 토(土) 개, 해(亥)는 수(水) 돼지

제 7 절 나경(羅經)

청낭(靑囊)에 이르기를 선천(先天) 나경(羅經)은 12지지(地支)를 사용(使用)했고 후천(後天)에 다시 천간(天干)과 팔간(八干) 사유(四維)를 사용(使用)하게 되었다 라고 하였습니다.

나경(羅經)은 풍수사(風水師)가 음양택(陽宅)(陰陽宅)을 감정(鑑定)할 때 사용(使用)하는 도구(道具)인데, 방향(方向)에 따른 사(砂), 수(水), 향(向) 등을 판별(判別)합니다. 무릇 천성(天星), 괘상(卦象), 음양(陰陽), 오행(五行)등의 많은 이치(理致)를 나경(羅經)에 담아 두었기에, 옛사람에 이르기를 라(羅)는 포라만상(包羅萬象)하며 경(經)은 경천위지(經天緯地)하니 이를 일러 나경(羅經)이라 합니다.

풍수(風水)의 학파(學派)는 매우 많은데 각 파벌(派閥)의 이론은 서로 다릅니다. 심지어 사용하는 나경(羅經)도 다릅니다. 보통 삼원반(三元盤)이라고 하는 일층(一層) 24괘(卦)로 된 것을 장공반이라고 하며 또 삼층(三層) 24산(山)으로 된 삼합반(三合盤)도 있습니다. 일층(一層)은 동서남북(東西南北)의 24산(山)이 있고 다른 층(層)은 순행(順行)하는 반괘산(半卦山), 다른 한층은 역행(逆行)하는 반괘산(半卦山)으로 총 삼층(三層) 24산(山)으로 구성되어 있고 이를 삼합반(三合盤)이라 합니다.

대현공(大玄空) 풍수(風水) 이론(理論)에서는 지반(地盤) 정침(正針)만 사용(使用)하고, 나경(羅經)의 다른 부분은 사용하지 않습니다. 나경(羅經)의 천지(天地) 내(內)에 있는 홍색(紅色)의 선(線)은 자오(子午) 선(線)이고, 이층(二層)의 24산(山)을 이용하여 건물(建物)의 좌향(坐向)을 측정(測定) 합니다. 더불어 원운(元運)에 따른 각각의 환경(環境)과 거주하는 사람들의 길흉화복(吉凶禍福)을 판단(判斷)하게 됩니다. 삼원반(三元盤)과 삼합반(三合盤)의 지반(地盤)은 서로 같습니다.

제 8 절 산(山)의 개념(概念)

대현공(大玄空)을 이해(理解)하기 위해서는 우선 산(山)의 개념(概念)을 명확(明確)하게 알아야 합니다. 대현공(大玄空)에서는 산(山)의 개념(概念)이 두가지인데, 하나는 자연(自然) 환경(環境)에서의 산(山)의 모습입니다. 이는 땅에서 사람이 태어나 부귀(富貴)하고 발복(發福)며 자손(子孫) 후대(後代)에서 그 생활(生活)이 이어지는 배경(背景)이 됩니다. 그 모습에 있어서 진정한 용혈(龍穴)이 이루어지는데, 우뚝 솟아오르거나 좁거나 넓게 변화하고 크거나 작게 모양을 바꾸며 펼쳐지거나 굽어지거나 혹은 동서(東西)로 몸을 움직이거나 붓 모양으로 나열하거나 여러 겹 겹쳐서 혈(穴) 자리를 감싸거나 합니다. 산(山) 바깥에 물이 겹겹이 감싸고 혹은 산(山)의 앞에서 구불구불 휘어져 물이 휘감거나 동물 모양의 수구(水口)가 있고 또 물은 유정(有情)하고 전후(前後) 좌우(左右) 배반(背反)하지 않고 안정감(安定感) 있게 자리 한 것이 산(山)의 올바른 모습입니다.

본 책에서 설명(說明)하고자 하는 것은 두 번째의 경우로, 이기적(理氣的)인 산(山)을 말합니다. 앞서 말한 형상(形狀)의 산(山)이 아니라, 이기적(理氣的)인 형태(形態)를 이야기 합니다. 예를 들면 평지(平地)에서 조금 높으면 산(山)이 되고 물(水) 근처에서는 물(水)보다 높은 것이 산(山)이 되는 것입니다. 이런 산(山)에는 왕성(旺星)이 배당(配當) 되어야 합니다.

현대(現代)의 건물(建物)에 있어서 담장, 높은 건물, 사당, 교량, 방, 흙언덕, 고가다리 등이 모두 산(山)에 해당됩니다. 이는 모두 정신(正神)에 배치(配置)되어야 좋습니다. 만약 영신(零神)에 배치(配置)되면 반드시 흉(凶)이 생기게 됩니다.

대현공(大玄空) 풍수학(風水學)은 다른 문파(門派)와 산(山)을 보는 방법(方法)이 다릅니다. 대현공(大玄空)에서는 지형(地形)과 원운(元運)을 결합(結合)하여 합당(合當)한지 살핍니다.

예제

현공(玄功) 칠운(七運) 계좌정향(癸坐丁向)

계좌(癸坐)는 일백수성(一白水星)을 입중(入中)하고, 하원(下元)의 천음(天陰)이므로 역행(逆行)합니다.

2	6	4
3	1	8
7	5	9

왕성(旺星)의 위치(位置)

태(兌)의 8, 건(乾)의 9, 간(艮)의 7, 리(離)의 6 이 네개의 궁(宮)에는 높고 수려한 산봉우리가 있으면 좋습니다. 해(亥) 방위(方位) 즉 건궁(乾宮)의 산(山)이 단아하면 9운(運)에는 문장(文章)으로 이름을 높이고, 리宮(離)의 정(丁) 방위(方位)에 건물(建物)이 있다면 상업(商業)으로 많은 돈을 모으게 되고, 귀한 자녀(子女)를 얻으며, 6운(運)에 크게 발복(發福)하게 됩니다. 신(申) 방위(方位) 즉 태궁(兌宮)의 산봉우리는 돈이 불어나게 되고, 부부(夫婦)가 화합(和合)하며, 부귀(富貴)를 누리게 됩니다. 7,8운(運)에 재물(財物)과 사람이 모두 왕성(旺盛)해 집니다. 인(寅)의 상봉우리는 국가(國家)의 녹(祿)을 받게 되며, 7,8운(運)에 재물(財物)이 많아지게 됩니다.

이와 같이 대현공(大玄空)의 관점(觀點)에서 자연(自然)과 이기(理氣)가 결합(結合)하여 법칙(法則)에 부합(符合)되면 모든 것이 순조롭게 잘 풀려 나가게 됩니다.

제 9 절 물(水)의 이해(理解)

아름다운 자연(自然) 환경(環境) 중(中)에 강, 호수, 저수지, 연못 등을 물(水)이라고 합니다. 물(水)이 오고가는 것, 그리고 움직이는 현상, 물길이 구불구불한 모습 혹은 갈지(之)자 형태(形態)의 모양, 혹은 반궁, 직사, 사비, 반조 등의 무정(無情)한 형태의 물 등을 모두 포괄하여 물(水)이라 하는 것입니다.

여기에 대현공(大玄空)의 이기(理氣) 법칙(法則)을 결합(結合)하여 원운(元運)의 왕성(旺星), 쇠성(衰星)을 배합(配合)하여 9궁(宮)에 각각 포국(布局)하여 실제(實際)와의 부합(附合) 여부(與否)에 따라 길흉(吉凶)을 판정(判定)하는 것입니다. 대현공(大玄空)의 물(水)을 보는 방법(方法)은, 물(水)이 곧 영신(零神)의 위치(位置)에 있는가를 보는 것입니다. 삼차수(三叉水), 거수(去水), 연못(池塘), 지세(地勢)가 낮은 곳 등이 물(水)이 되므로, 이러한 곳이 영신(零神)이 되어야 하는 것입니다.

예제

하원(下元) 칠운(七運) 자좌오향(子坐午向)

자좌(子坐)는 삼벽(三碧)을 입중(入中)하고, 하원(下元)의 천음(天陰) 이므로 역행(逆行)합니다.

4	8	6
5	3	1
9	7	2

하원(下元)의 7,8,9는 왕성(旺星)이고 6은 퇴기(退氣)인데, 위의 사례는 향(向)이

8이고 7이 좌(坐)가 됩니다. 생기(生氣)인 9는 간방(艮方)에 있으며, 1은 태(兌)에 있습니다. 만약 자(子), 오(午), 간(艮) 이 세곳에 물(水)이 있으면 흉(凶)하게 되는 것이고, 래수(來水) 혹은 높고 수려(秀麗)한 산(山)이 있으면 좋습니다. 위의 세곳에 산봉우리 부엌, 방, 높은 지대 등이 위치한다면 득령(得令)이 됩니다. 그 결과 재물과 사람이 많아지게 됩니다. 반대로 흉(凶)하게 되면 재산 손실, 질병, 사고 등으로 어려움을 겪게 되는 것입니다.

하원(下元)의 4, 2, 1 은 영신(零神)인데 3이 중궁(中宮)에 들어서 5가 진궁(震宮)에 위치(位置)하고 있습니다. 만약에 건(乾), 태(兌), 손(巽)이 거수(去水) 등이 있게 되고, 형세(形勢)와 부합(附合)된다면 반드시 재물(財物)의 큰 발전(發展)이 있게 됩니다.

제 10 절 정신(正神), 영신(零神)

양성(陽星)은 정신(正神) 음성(陰星)은 영신(零神)으로 분류하는데, 천옥경(天玉經)에 말하기를 음양(陰陽) 두 글자를 영(零), 정(正) 으로 봐야 합니다. 라고 되어 있습니다.

정신(正神)의 의미는 인물(人物), 운(運)의 왕(旺), 미래(未來) 등이고
영신(零神)의 의미는 금전(金錢), 운(運)의 쇠(衰), 과거(過去) 등입니다.

대현공(大玄空) 풍수(風水)에서는 정(正), 영신(零神)이 어떻게 환경(環境)과 부합(附合)하여 효과(效果)가 나타나는지, 또 정신(正神)의 위치(位置)에 필요(必要)한 것은 무엇인지, 영신(零神)의 위치(位置)에 필요(必要)한 것은 무엇인지를 살핍니다. 그리하여 영(零), 정신(正神)과의 주변(周邊) 환경(環境)과의 유기적(有機的) 관계(關係)는 어떠한지 살펴 청운(靑雲)의 꿈을 이루는 것과 가문(家門)의 부귀(富貴)를 일으키는 것을 알아야 합니다. 영정신(零正神)의 사용법을 모를 때 절손(絶孫), 파산(破産) 등이 발생(發生)하므로 주의(注意)해야 합니다.

천옥경(天玉經)에 이르기를 영정신(零正神)을 알면 그 뜻이 청운(靑雲)에 이르고 영정신(零正神)을 모르면 대대(代代)로 절손(絶孫)을 면하기 어렵다 하였습

니다.
영,정신(零正神)의 사용법(使用法)이야 말로 진정한 대현공(大玄空)의 비결(秘訣)이라고 할 수 있습니다.

제 11 절 합국법(合局法)

대현공(大玄空)에서 강조하는 합국(合局)의 법칙(法則)은 정신(正神) 정위장(正位場), 발수입영당(拔水入零當) 이라고 할 수 있습니다. 정신(正神)과 영신(零神)이 위치한 곳은 반드시 땅의 형세(形勢)가 허(虛), 실(實), 공(空), 만(滿)이 종합적(綜合的)으로 배합(配合) 되어야 합니다. 이것이 잘못되면 합국(合局)이라 할 수 없고 좋은 결과가 나올 수 없습니다.

제 1 항 합국(合局)

합국(合局)이라는 것은 자연(自然)과 원운(元運) 그리고 형태(形態)가 서로 결합(結合)된 것으로 형세(形勢), 시간(時間), 공간(空間), 원운(元運), 환경(環境)이 수려(秀麗)한 것 등이 재물(財物)과 인물(人物)을 왕성(旺盛)하게 하는 것을 말합니다.
정신(正神) 방위(方位)의 환경(環境)은 반드시 만(滿), 실(實), 높고(高), 크고(大), 수려(秀麗)해야 하며, 이것이 부합되는 것을 합국(合局)이라 합니다.
영신(零神) 방위(方位)는 출수(出水)이어야 하고, 물이 완만(緩慢)하게 감싸고 나가야 하며, 급경사(急傾斜)가 없이 순조롭게, 반궁(反弓)이 아니어야하며, 함몰 되거나 지세가 낮거든 합국(合局)이라고 합니다.

제 2 항 반국(反局)

반국(反局)이라고 하는 것은 상산하수(上山下水)를 말하는데 당운(當運)의 정신(正神)이 출수(出水)에 있을 때 산룡하수(山龍下水) 또는 정신하수(正神下水)라고 합니다.
영신(零神)의 애성(挨星)이 만(滿), 실(實), 높고(高) 큰곳(大)에 위치(位置)하면 수룡상산(水龍上山)이 됩니다.
즉 자연환경과 산수(山水)가 현실(現實)의 원운(元運)과 부합(附合)되지 않는 것인데, 이를 소위(所謂) 상산하수(上山下水)라고 하는 것입니다. 이는 대현공(大

玄空)에서 가장 흉(凶)한 격(格)이 됩니다. 이러한 구조(構造)로는 절대로 집을 지으면 안되고, 만일 건축(建築)을 하게 되면 반드시 사람이 상(傷)하고 재물(財物)에 큰 손실(損失)이 생기며 가족이 뿔뿔이 흩어지게 됩니다.

제 12 절 허실공만

제 1 항 정신(正神)의 방위(方位)

만(滿), 실(實), 래수(來水)를 갖추고, 배반(背叛)하는 형세(形勢)가 없을 때, 이러한 상황을 정신(正神) 정위장(正位場) 이라고 합니다. 만(滿), 실(實) 이라고 하는 것은 지세가 높거나, 산(山)이 수려(秀麗)하게 생겼거나 혹(惑)은 대나무 산림(山林)이 울창(鬱蒼)한 것이고, 건물(建物)들이 가지런히 나열(羅列)되어 정돈(整頓)된 상태(狀態)를 이야기 합니다.

제 2 항 영신(零神)의 방위(方位)

공(空), 허(虛), 거수(去水) 등은 자연(自然) 환경(環境)의 부정적(否定的)인 부분(部分)인데, 물(水)의 흐름이 무정(無情)하거나 마치 남녀(男女)가 서로 소원(疎遠)한 형태 혹은 물이 춤추듯이 이리저리 무질서(無秩序)하게 나가는 것 등을 말하는 것으로, 이러한 것을 발수입영당(拔水入零當) 이라고 합니다.

특히 공허(空虛)는 허공(虛空)의 물(水)을 말하는데, 이는 구체적(具體的)으로 보이지는 않습니다. 주로 지세(地勢)가 낮거나 함몰(陷沒)된 것이 여기에 해당합니다.

제 13 절 좌향(坐向) 판단(判斷)의 중요성(重要性)

제 1 항 향(向)의 판정(判定)

현대의 도시 건축물은 점점 예술화가 되어가고 감각적이고 경우에 따라서 사람들의 눈을 쉽게 피로하게 합니다. 형태 또한 다양하여 건물만 보고서는 그 건물이 무엇을 하는 곳인지 알기가 어렵습니다.

고대의 건축물을 보면 간단하게 알기 쉽지만, 현대의 건물은 좌향을 알고자 하면 평면도나 지도를 보고 건물의 좌향을 결정해야 할 정도로 복잡합니다.
구체적인 과정을 설명하면 다음과 같습니다.

(1) 건물의 여러형태를 알아야 합니다. 기본적인 유형은 크게 두 종류로 분류할 수 있는데 네모난 형상과 그 이외의 것이 모두 여기에 포함 됩니다. 우리는 건물의 형상을 파악한 후 건물의 앞과 뒤를 알아야 합니다.

(2) 우선 정방형의 경우 문은 앞면이고 앞면은 향이 되고 문이 뒷면에 있으면 그것이 향이 됩니다.
문이 음면에 있으면 음면이 향이 되고 문이 양쪽에 있으면 양면이 향이 됩니다.

양면이라고 하는 것은 큰 도로 사람이나 차량이 많이 다니는 곳, 광선이 제일 많이 비치는 곳, 낮은 곳, 물이 흐르는 면 등이 일반적으로 문이 나 있으면 그 곳이 앞면이 됩니다.

정방형이 아닌 것은 비교적 쉽게 향을 알 수 있는데 문이 나 있는곳이 향이 됩니다. 만일 건물의 아래층이 여러게 문이 있는 경우가 있는데 그중 제일 큰 문이 향이 됩니다. 어떤 건물의 아래층은 여러게의 문이 비슷한 경우가 있는데 양의 성질이 제일 많은 문이 곧 향이 됩니다. 왜냐하면 그곳이 인구의 이동량 혹은 기운이 제일 활발한 곳이 그곳이기 때문입니다. 어떤 건물들은 주상복합으로 아래층은 상가 위층은 주택인데 이런 경우는 상,하를 나누어 입향을 해야 합니다.

(3) 좌향(坐向)을 측정(測定)하는 방법(方法)

좌향을 측정할 때 현실적으로 반드시 실외에서 측정하고 실내에서 하게 되면 문제가 생깁니다. 왜냐하면 대부분의 현대 건축물은 시멘트와 철근이 건물속에 있는데 이는 나경의 작용력에 영향을 주게 되기 때문입니다. 그래서 실내에서 측정하면 정확하지 않습니다.

어떤 이는 나경이 건물 속 철근의 영향을 받지 않는다고, 웃어 넘길 일입니다. 나경의 존재는 반드시 자력의 영향으로 좌향 측정이 가능하고 아무리 초정밀의 나경이라도 주변의 영향을 전혀 무시할 수 없습니다. 다만 여러분은 이러한 사실을 인지하고 보다 좋은 나경을 찾기 바라며 어처구니 없는 속임수에 속지 않길 바랍니다.

제 2 항 개문(開門)

택경宅(經)에 말하기를 문(門)은 한 집안의 기둥이라 하였습니다. 양택(陽宅)과 출입문(出入門)의 관계(關係)는 한 가정(家庭)의 생사(生死)와 존망(存亡)이 걸려있습니다. 문(門)은 사람이 출입(出入)하는 곳이며 한 집안의 주된 동선이 됩니다. 그래서 풍수(風水)에서는 아주 중요(重要)하게 봅니다. 한 집안의 문은 납기(納氣)의 여부(與否)에 따라 왕기(旺氣)인지 쇠기(衰氣)인지 곧바로 결정(決定) 됩니다.

대현공(大玄空) 풍수(風水)에서는 기(氣)는 왕쇠(旺衰)와 자연(自然)의 결합(結合)에 의해 거주(居住)하는 집의 문으로 수렴(收斂)된다고 말합니다. 만일 생기(生氣), 왕기(旺氣)가 납기(納氣)되면 반드시 그 집안은 발전(發展)하게 되고 이와 반대로 살기(殺氣), 사기(死氣)가 납기(納氣)되면 한 가정(家庭)은 쇠퇴(衰退)하고 몰락(沒落) 하게 됩니다. 대현공(大玄空)에서 문(門)은 여러 가지 의미를 가지는데, 납기(納氣)의 시작, 집 내부의 문, 집의 대문(大門) 등이 각각 영향을 준다고 봅니다. 한 집안의 길흉(吉凶)에서 살펴야 하는 문(門)은 납기문(納氣門), 내로문(內路門), 가문(家門) 등 세가지로 분류할 수 있습니다.

(1) 납기문 (納氣門)

납기문(納氣門)은 바깥의 기운과 직접적(直接的)인 관계(關係)를 가집니다. 납기문(納氣門)이 정해지면 이곳이 취기처인지 기의 흐름이 온화한지 혹은 기가 모이는 곳이지 또 원운 애성과 부합이 되는지 판단해야 하며, 이러한 곳에 문을 내어야 좋은 작용이 납기문(納氣門)을 통해서 들어오게 됩니다.

(2) 내로(內路)와 내로문(內路門)

내로(內路)는 납기문(納氣門)과 가문(家門) 사이의 도로를 말합니다. 내로(內路) 중에서 입구(入口)를 내로구(內路구(口)) 라고 하며 그것은 기운(氣運)의 인동(引動)과 기운(氣運)의 정제(精製) 역할(役割)을 합니다. 내로(內路)에는 크게 3종류가 있습니다. 골목길, 집안의 통로, 건물의 내부 통로가 그것입니다.

내로문(內路門)의 작용력(作用力)은 기(氣)를 정제(精製)하는 역할(役割)을 하는데, 내로(內路)로 들어온 기(氣)를 순화(純化), 완충(緩衝)시켜서 원운(元運)의 왕쇠(旺衰) 작용(作用)과 연합(聯合)하여 유정(有情)한 기운(氣運)으로 만듭니다.

(3) 가문(家門)

집안의 가족(家族)들이 출퇴근(出退勤) 하면서 항시(恒時) 드나드는 출입구(出入口)라 할 수 있습니다. 곧 현관(玄關)의 작용(作用)을 하는 문(門)을 말합니다. 더욱이 일가족의 내부적(內部的) 활동(活動)에 직접적(直接的)인 영향력(影響力)을 줍니다. 내문(內門)이라고도 하는데 일가(一家)의 흥망(興亡)을 좌우(左右)하는 중요한 문 입니다. 다만 이 역시 애성(挨星) 조합(組合)의 판단(判斷)을 통해 길흉(吉凶)을 판단해야 합니다.

제 3 항 납기문(納氣門)의 중요성(重要性)

우리의 생활중에서 새로운 건물을 짓거나 오래된 집을 수리하거나 문을 내는 것에는 반드시 알아야 하는 법칙이 있습니다. 즉 길흉(吉凶)의 기운(氣運)이 문(門)을 통해서 들어온다는 것입니다.

대현공(大玄空)에서는 반드시 좌향(坐向)과 문(門)이 동원일기(同元一氣)로 되는 것을 요구합니다. 즉 좌산과 문을 내는 것을 24산에서 동일한 것으로 해야 한다는 것입니다. 수많은 일반 지사들이 한집 안의 납기문을 정할 때 가문(현관문)으로 입향(立向)하거나 혹은 엘리베이터 문으로 입향(立向)하거나 하는 일정한 기준 없이 하는 경우가 많습니다. 아파트의 경우 각각의 집에 향(向)을 정하기 때문에 집집마다 다양한 결과(結果)가 나오기도 합니다.
또 어떤 경우는 계단의 입구(入口)를 입향(立向)을 하기도 하는데 이는 계단 입구가 납기구(納氣口)가 될 수 있다고 생각하기 때문입니다. 현실적으로 납기문(納氣門)이 되려면 반드시 세 개의 조건(條件)을 갖추어야 합니다.

조건 1 : 문(門) 앞에 반드시 명당(明堂) 취기(聚氣)가 되어야 하며 비교적 넓거나 비어있는 장소 라야 합니다. 또는 통로에 어느정도 공간(空間)이 있어야 합니다. 취기(聚氣)가 되지 못하면 납기(納氣)가 될 수 없기 때문입니다. 만일 좁은 통로만 있다면 납기(納氣)가 어려우며, 그에 따른 대문(大門) 역시 납기문(納氣門)이라고 할 수 없게 됩니다.

조건 2 : 반드시 사람의 출입(出入)이 많아야 합니다. 사람의 출입(出入)에 의해 취기(聚氣)가 이루어지기 때문입니다.

조건 3: 반드시 입(口)의 의미를 가집니다. 마치 사람과 같다고 생각하면 됩니다. 인체(人體)의 콧구멍은 사람에게 있어 유일(唯一)한 공기(空氣) 구멍입니다. 그래서 납기구(納氣口) 라고 합니다. 건물(建物)의 납기구(納氣口)는 한 가정의 납기구(納氣口)만 대표(代表)하지는 않습니다. 그렇기에 납기문(納氣門)은 매우 중요하게 되며, 어느 문을 통해 납기(納氣)가 이루어지는지 알아야 하고, 그 자리에 문(門)을 내서 납기(納氣)를 해야 합니다.
이 부분에 있어 많은 풍수사(風水師)들이 오해를 하는 몇 가지에 대해 이야기해 보겠습니다.

(1) 개왜문(開歪門)

문을 비뚤어지게 내는 것입니다. 이것은 일종의 오해입니다. 문(門)은 좌향(坐向)에 의해 정해지는 것이어서 문(門)이 어느 방위(方位)에 있는지, 즉 납기(納氣)가 어느 방위(方位)에서 이루어 지는지 가 중요한 것입니다. 문(門)의 방향(方向)이 아니라 문이 위치(位置)한 방위(方位)가 중요한 것입니다. 그렇기 때문에 문(門)이 어느 어느 방향(方向)을 보고 있든지 별다른 영향력은 없는 것입니다. 그래서 이런 방법(方法)은 사용하지 말아야 하며, 보기에도 좋지 않습니다.

좋은 결과가 나기 힘들며, 경우에 따라서는 흉(凶)이 더해지는 경우도 있습니다.

(2) 개문(開門) 겸향(兼向)

대현공(大玄空) 풍수(風水)에서는 납기문(納氣門)을 낼 때 반드시 동원일기(同元一氣)의 문을 내어야 합니다. 즉 향(向)이 천원(天元)이면 문(門)도 천원(天元)으로 하고 지원향(地元向)이면 문(門)도 지원(地元)으로 인원향(人元向)이면 문도 인원(人元)으로 해야 합니다. 특히 큰 건물(建物)의 대문(大門) 역시 동원일기(同元一氣)로 해야 합니다. 만약 겸향문(兼向門)을 낸다면 납기(納氣)의 기운이 박잡(駁雜)해지고 혼란(混亂)이 생깁니다. 결과적으로 불화(不和)와 잡음(雜音)이 나타납니다. 만일 동일한 괘(卦) 내(內)에 겸향(兼向)을 하면 음양(陰陽)이 차착(差錯)을 일으키게 되어 출괘(出卦)를 겸(兼)하면 요사(妖邪)스러운 일이 생기게 되므로 특수한 상황이 아니면 사용하지 말아야 합니다.

(3) 개문(開門) 이원(異元)

예를 들어 천원향(天元向)에 지원(地元)으로 문(門)을 내거나 지원향(地元向)에 인원(人元)으로 문을 내는 것을 말합니다. 실제 운용(運用)에 있어서 명심(銘心)할 것은 반드시 향(向)에 있는 기운(氣運)의 강약(强弱)을 알고 사용해야 한다는 것입니다. 만약 향성(向星)의 기(氣)가 강(强)하다면 어려움이 많고 불량(不良)한 현상이 쌓여 갈 것이고, 향성(向星)의 기운(氣運)이 약(弱)하다면 문제는 그리 크지 않을 것입니다.

(4) 대문(大門)의 크기

일반적인 건축(建築)의 경우 건물(建物)과 문(門)의 비례(比例)가 중요(重要)한데, 집은 크고 문이 작으면 집안의 대표(代表)가 불길(不吉)하게 됩니다. 만일 집의 향(向)과 문(門)이 동시(同時)에 왕성(旺星)이면 문(門)이 작아도 무방(無妨)합니다. 집은 크고 문(門)이 작은 것은 집이 작고 문(門)이 큰것 보다 좋습니다. 만일 일반주택이라면 집의 문이 너무 크면 안됩니다. 만일 너무 크게 되면 기운이 모이지 않고 나가는 사람은 많고 머무는 사람은 적게 되며 기장(氣場)은 공허(空虛)하게 되어 불리(不利)함이 많게 됩니다.

상점(商店)의 경우 반대로 문이 크다면 고객(顧客)들의 심리(心理)를 자극해 출입(出入)이 많게 되고 좋은 기운이 들어오게 됩니다. 당연한 이야기지만 원운(元運)과의 배합(配合)을 통해 길흉(吉凶)을 정하게 됩니다. 위의 설명에서 납기문(納氣門)의 중요성을 강조하였는데 바른 결정을 해서 어려움을 만드는 일은 없어야 할 것입니다.

납기문(納氣門)이 좋으면 좋은 기운이 오고 그로 인해 왕기(旺氣) 혹은 생기(生氣)가 들어오게 됩니다.

대현공(大玄空) 풍수(風水)에서 애성(挨星)과 형세(形勢)를 결합(結合)하여 분석(分析)하면 왕성(旺星)은 문 밖이 지세(地勢)가 높으면 합국(合局)이고 영성(零星)이 임(臨)하는 곳에는 지세(地勢)가 낮거나 취수(取水)가 된다면 합국(合局)이 됩니다.

제 14 절 음양(陰陽) 괘기(卦氣)

대현공(大玄空) 풍수(風水)의 음양괘기(陰陽卦氣) 원리(原理)는 남북괘(南北卦)에서 유래(由來) 합니다. 흰색의 원(圓)을 양(陽), 검은 원(圓)을 음(陰)이라고 봅니다. 남북괘(南北卦)는 선천(先天)으로 귀납(歸納)되는데 이것은 애성(挨星)의 기운(氣運)과 지구(地球)의 기장(氣場)이 선후(先後)의 관계(關係)로 이루어지는것과 같습니다. 경(經)에 이르기를

갑(甲) 경(庚) 임(壬) 병(丙)은 양(陽)이라 순오행(五行)(順五行)이고, 을(乙) 신(辛) 정(丁) 계(癸)는 음(陰)에 속(屬)하니 역오행(五行)(逆五行)이라 했는데 경문 중에서 말하는 것은 음양정법(陰陽正法)의 법칙(法則)을 말하는 것으로, 좌(左)는 양(陽)이므로 자(子)계(癸)에서 인(寅)임(壬)까지, 우(右)는 음(陰)으로 오(午)정(丁)에서 사(巳)병(丙)까지 자웅(雌雄)으로 교합(交合)하면 이것이 현공(玄空)이니 자웅(雌雄)의 현공괘(玄空卦)를 추리(推理)하여 산(山)과 수(水)에 있어 이치(理致)를 명확(明確)히 알고 수(水)와 산(山)의 화복(禍福) 관계(關係) 및 구성(九星)의 자웅(雌雄)이 서로 다름을 활용(活用)하여 원운(元運)과의 관계(關係)에 신비로움이 있음을 아는 것이라고 하였습니다.

인문적(人文的) 지식(知識)에 의거(依據)해서 근본(根本)을 찾아보면 부(父)와 자녀(子女)가 한 가족(家族)이며 혈연(血緣)의 관계(關係)에 있고, 모(母), 사위, 며느리는 모두 타인의 자녀가 되기에 자신(自身)과 혈연관계(血緣關係)는 아닌 것입니다. 부친(父親)의 혈연관계(血緣關係)를 내친(內親)이라 하고, 모친(母親)의 관계(關係)를 외인연(外因緣)이라 하니 외친(外親)의 가족(家族)이 되는 것입니다. 만약 부(父), 자녀(子女)가 음(陰) 일가(一家)라 하면 모(母), 며느리, 사위가 양(陽) 일가(一家)가 되고 부(父), 자녀(子女)가 양(陽) 일가(一家)라 하면 모(母). 며느리, 사위가 음(陰) 일가(一家)가 됩니다. 이들의 관계(關係)는 상호적(相互的)입니다. 내부(內部)를 음(陰), 외부(外部)를 양(陽)이라고 하면 변체(變體)에 있어서는 상대적(相對的) 음양(陰陽)이 되는 것이니 외부(外部)는 절대적(絶對的) 내부(內部)는 상대적(相對的)이고 외부(外部)가 변(變)해서 음(陰)이 되면 내부(內部)는 양(陽)이 됩니다. 또 변체(變體)와 불변체(不變體)의 음양(陰陽)도 있게 되는 것입니다.

남북괘(南北卦)는 인사(人事)의 인륜(人倫)과 도덕(道德)을 포함(包含)하고 있습니다. 대현공(大玄空)의 애성괘(挨星卦)를 활용(活用)하여 길흉(吉凶)을 예측(豫測)하고 가족(家族)의 관계(關係)가 주(主)가 되며 결혼(結婚), 가족(家族) 등도 알 수 있게 되는데, 여기에서는 혈연관계가 우선이고 결혼(結婚) 후 구성(構成)되는 가족은 다음이 됩니다. 다시 말해서 선천(先天)의 뿌리를 찾으려면 조상때의 혈연의 뿌리를 알면 되지만, 실제 인간관계에 있어서 기준을 넘지 않는 범위에서 이해되어야 할 것입니다. 그래서 괘기교회(卦氣交會) 합현공(合玄空) 현공괘내추(玄空卦內推)라고 하는 것입니다.

결(訣)에 이르기를 24산(山)에서 8궁(宮)을 일으키면 삼괘(三卦)가 원공(元空)에 이르러 은혜와 원수를 따져 선천(先天)을 정하고, 이것이 양성으로 나뉘며 동궁이성으로 각각 존재하게 됩니다. 일반적으로 한 가정에는 부부가 있고 자식을 낳지만 그 자녀의 수가 일정하지는 않습니다. 일가(一家)의 구성을 보면 14명 혹은 10으로 구성되는 경우도 있습니다

이 문장은 대현공풍수의 애성괘기과 삼괘원운이 합하여 이루어지는 기장의 관계를 설명한 것입니다. 다시 말해 남북부모괘의 활용방법이라 할 것입니다. 부디 여러분은 대현공풍수의 학습에 있어 잘못된 길로 빠져서 시간을 낭비하지 않기를 바랍니다.

제 15 절 년(年)자백(紫白)법(法)

자백구성의 근거는 낙서구성에서 왔는데 소위 자(紫)라고 하는 것은 구자성을 말하고 백(白)이라고 하는 것은 일백성을 말하는데 일백에서 구자까지의 조합에서 각종 길흉변화가 나오게 됩니다.

상원은 일백(一白) 갑자로 일으키고

중원은 사록(四綠) 중궁에서 시작하며

하원은 칠적(七赤) 중궁에서 시작하고 년의 순서에 따라 모두 역순으로 진행합니다.

流年三元	甲子	乙丑	丙寅	丁卯	戊辰	己巳	庚午	辛未	壬申
	癸酉	甲戌	乙亥	丙子	丁丑	戊寅	己卯	庚辰	辛巳
	壬午	癸未	甲申	乙酉	丙戌	丁亥	戊子	己丑	庚寅
	辛卯	壬辰	癸巳	甲午	乙未	丙申	丁酉	戊戌	己亥
	庚子	辛丑	壬寅	癸卯	甲辰	乙巳	丙午	丁未	戊申
	己酉	庚戌	辛亥	壬子	癸丑	甲寅	乙卯	丙辰	丁巳
	戊午	己未	庚申	辛酉	壬戌	癸亥			
上元	1	9	8	7	6	5	4	3	2
中元	4	3	2	1	9	8	7	6	5
下元	7	6	5	4	3	2	1	9	8

상원은 일백(一白)에서 갑자를 일으켜서 역행합니다. 상원갑자년은 1일백(一白)을 중궁에 놓고 을축년은 구자(九紫)를 중궁에 놓고 병인년은 팔백(八白)을 중궁에 놓고 진행 시킨다. 이흑(二黑)에 이르러 다시 순환합니다.

중원은 사록(四綠)에서 갑자를 일으켜서 역행합니다. 중원갑자년은 사록(四綠)은 중궁에 놓고 을축년은 삼벽(三碧)을 중궁에 놓고 병인년은 이흑(二黑)을 중궁에 놓고.....오황에 이르면 다시 재순환합니다.
하원은 칠적(七赤)에서 갑자를 일으켜서 역행합니다. 하원갑자년은 칠적(七赤)을 중궁에 놓고 을축년은 6을 중궁에 놓고 병인년은 5를 중궁에 놓고.....팔백(八白)에 이르면 재순환합니다.

제 16 절 월자백법

월자백의 추산방법은 간지를 위주로 합니다.

예를 들면 자, 오, 묘, 유년은 8이 1월이 됩니다. 2월은 7, 3월은 6의 순서로 이하의 아래의 표를 참고하면 됩니다.

节令 月	正	二	三	四	五	六	七	八	九	十	十一	十二
子午卯酉 年	8	7	6	5	4	3	2	1	9	8	7	6
辰戌丑未 年	5	4	3	2	1	9	8	7	6	5	4	3
寅申巳亥 年	2	1	9	8	7	6	5	4	3	2	1	9

제 17 절 일자백법

1. 양국순비

동지에서 망종의 마지막날까지 순행합니다.

동지후의 갑자일은 일백(一白)이 입중하여 순비

우수후의 갑자일은 칠적(七赤)이 입중하여 순비

곡우후의 갑자일은 사록(四綠)이 입중하여 순비

2. 음국역비

하지에서 대설 마지막날까지 역행합니다.

하지후의 갑자일은 구자(九紫)가 입중하여 역비

처서후의 갑자일은 삼벽(三碧)이 입중하여 역비

상강후의 갑자일은 육백(六白)이 입중하여 역비

예를 들어 동지후의 갑자일은 상원 일백(一白) 을축일은 이흑(二黑) 병인일은 삼벽(三碧) 등이고

우수후의 갑자일은 중원칠적(七赤) 을축일은 팔백(八白) 병인일은 구자(九紫)이고

곡우후의 갑자일은 하원사록(四綠) 을축일은 오황 병인일은 육백(六白)으로 진행합니다.

동지후의 지성은 입중하여 모두 순행합니다.

하지후 갑자일은 상원구자(九紫)이고 을축일은 팔백(八白) 병인일은 칠적(七赤)이고

처서후 갑자일은 중원삼벽(三碧) 을축일은 이흑(二黑) 병인일은 일백(一白)이고

상강후 갑자일은 하원 육백(六白)이고 을축일은 오황이고 병인일은 사록(四綠)으로 모두 역행 포국합니다. 하지후의 비성은 입중하여 모두 역행합니다.

流日 节气	甲子	乙丑	丙寅	丁卯	戊辰	己巳	庚午	辛未	壬申
	癸酉	甲戌	乙亥	丙子	丁丑	戊寅	己卯	庚辰	辛巳
	壬午	癸未	甲申	乙酉	丙戌	丁亥	戊子	己丑	庚寅
	辛卯	壬辰	癸巳	甲午	乙未	丙申	丁酉	戊戌	己亥
	庚子	辛丑	壬寅	癸卯	甲辰	乙巳	丙午	丁未	戊申
	己酉	庚戌	辛亥	壬子	癸丑	甲寅	乙卯	丙辰	丁巳
	戊午	己未	庚申	辛酉	壬戌	癸亥			
冬至－雨水	1	2	3	4	5	6	7	8	9
雨水－谷雨	7	8	9	1	2	3	4	5	6
谷雨－夏至	4	5	6	7	8	9	1	2	3
夏至－处暑	9	8	7	6	5	4	3	2	1
处暑－霜降	3	2	1	9	8	7	6	5	4
霜降－冬至	6	5	4	3	2	1	9	8	7

제 18 절 시자백법

시자백 구성을 구하는 법은 비교적 어렵다. 다만 일년을 24절기중의 동지와 하지를 나누어 보면 비교적 쉬운데 동지 이후에서 하지 이전까지의 기간은 순행. 하지 이후에서 동지 이전까지의 기간은 역행입니다. 이 이치를 알면 비교적 시자백을 알기가 쉽습니다.

동지후부터 하지전까지의 모든 자, 오, 묘, 유일의 자시는 1을 입중하여 순행하고

하지후부터 동지전까지의 자, 오, 묘, 유일의 자시는 9를 입중하여 역행합니다.

동지부터 하지전까지의 모든 진술축미일의 자시는 4를 입중하여 순행하고 하지후부터 동지전까지의 모든 진술축미일의 자시는 6을 입중하여 역행합니다.

동지 후부터 하지전까지의 모든 일신시해일의 자시는 7을 입중하여 순행하고 하지 후부터 동지 전까지의 모든 인신사해일의 자시는 3을 입중하여 역행합니다.

시자백표를 참고하여 익히면 될 것입니다.

冬至后夏至前	1	2	3	4	5	6	7	8	9
夏至后冬至前	9	8	7	6	5	4	3	2	1
子午卯酉日	子	丑	寅	卯	辰	巳	午	未	申
	酉	戌	亥						
辰戌丑未日	午	未	申	酉	戌	亥			
				子	丑	寅	卯	辰	巳
寅申巳亥日	卯	辰	巳	午	未	申	酉	戌	亥
							子	丑	寅

제 1 장 구성(九星) 구운(九運)

대현공(大玄空)의 원운법(元運法)은 크게 상원(上元)과 하원(下元)으로 나뉩니다. 즉 삼원(三元)을 둘로 나눈것인데 5운은 4, 6운에 각각 10년씩 나누어 계산합니다. 오황(五黃)의 전 10년은 4운, 후10년은 6운에 배당합니다. 이렇게 오운(五運)을 나누는 것 뿐이지 사실은 삼원(三元) 구운(九運) 입니다. 〈청낭삼자경〉에 이르기를 대현공(大玄空)은 구성(九星)을 사용(使用)한다고 되어있습니다. 구성(九星)을 순역(順逆) 배포(配布)하여 자연(自然)과 인류(人類) 사이의 영향(影響)을 알아보는 것입니다. 이를 통하여 양택(陽宅)과 음택(陰宅)의 길흉(吉凶)도 알 수 있는 것입니다.

대현공(大玄空) 에서는 상하(上下)의 원운(元運)이 다른데, 구성(九星)을 음양(陰陽)으로 나누어 양(陽)은 순행(順行) 하고 음(陰)은 역행(逆行)하게 됩니다.

제 1 절 북두구성도(北斗九星圖)

제1성을 천추, 제2성을 천선, 제3성을 천기, 제4성을 천권이라 하는데 이 4개의 연결된 별이 자루모양 입니다. 그 이름을 괴(魁)라고 하는 것입니다. 제5성을 옥형, 제6성을 개양, 제7성을 요광 이라고 하는데, 하나의 선 상에 있는 이 세 별의 이름을 작 이라고 하는 것입니다. 개양성과 요광성 옆에 있는 두개의 작은 별을 좌보(왼편) 우필(오른편)이라 하며, 이 둘을 모두 포함시켜 구성(九星)이라 합니다. 황석공이 천추(天樞)를 탐랑(貪狼)으로, 천성성을 거문(巨門)으로, 천기(天璣)를 녹존(祿存)으로, 천권(天權)을 문곡(文曲)으로, 옥형(玉衡)을 염정(廉貞)으로, 개양(開陽)을 무곡(武曲)으로, 요광을 파군(破軍)으로, 좌보(左輔)와 우필(右弼)을 태음(太陰), 태양(太陽)으로 이름하여 그 순서를 정했는데, 탐랑, 거문, 녹존, 문곡, 염정, 무곡, 파군, 좌보, 우필의 순서가 됩니다.

〈그림. 북두구성도〉

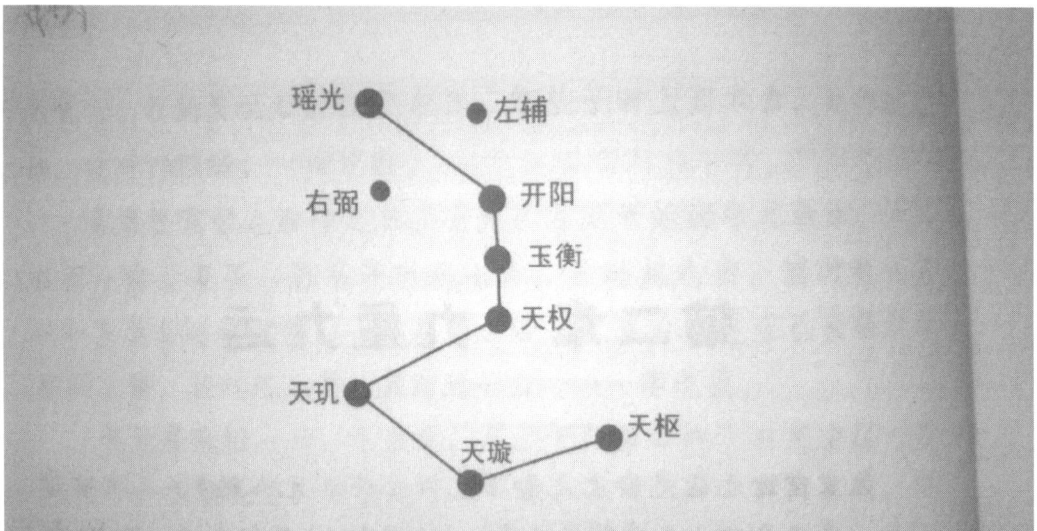

北斗九星图

대현공(大玄空) 풍수(風水)는 구성(九星)의 운행(運行)에 의거(依據)하여 원운(元運)의 변화(變化)를 살펴 길흉(吉凶)을 판단(判斷)하는 기준(基準)을 정한 것입니다.

제 2 절 구성팔괘

구성(九星) : 일백(一白) 탐랑(貪狼), 이흑(二黑) 거문(巨門), 삼벽(三碧) 녹존(祿存), 사록(四綠) 문곡(文曲), 오황(五黃) 염정(廉貞), 육백(六白) 무곡(武曲), 칠적(七赤) 파군(破軍), 팔백(八白) 좌보(左輔), 구자(九紫) 우필(右弼) 입니다. 실제 사용에는 수(數)만 쓰거나, 탐거록문염무파보필 하는 식으로 줄여서 쓰기도 합니다. 구성(九星)의 위치(位置)와 낙서(洛書) 및 후천(後天) 팔괘(八卦)를 결합(結合)해서 활용(活用)하며, 구성(九星)의 성격(性格)과 팔괘(八卦)의 상징(象徵)은 사실상 동일(同一)합니다.

일백(一白)이 당령(當令)하면 임신의 경사가 있고, 인물이 명예를 얻게 되며, 실령(失令)하게 되면 음란(淫亂)의 문제나, 인물에 어려움이 생깁니다.

이흑(二黑)이 당령(當令)하면 의학과 관련된 일이 발전하고, 실령(失令)하면 질병(疾病)의 문제나 과부(寡婦)가 발생하게 됩니다.

삼벽(三碧)이 당령(當令)하면 제후와 문장을 상징하고, 실령(失令)하면 싸움, 시비가 있게 됩니다.

사록(四綠)이 당령(當令)하면 문창으로 예능을 상징하고, 실령(失令)하면 관재(官災), 구설(口舌)이 발생하고 홀아비가 생깁니다.

육백(六白)이 당령(當令)하면 인물이 훤칠하고 정직하며 음성이 맑고 마음이 넓고 믿음과 인자함, 충성하는 신의가 있습니다. 실령(失令)하면 관재(官災), 파재(破財) 당합니다.

칠적(七赤)이 당령(當令)하면 무관, 벼슬등이 발전하고 실령(失令)하면 기생, 형살, 구설시비 등이 있게 됩니다.

팔백(八白)이 당령(當令)하면 우두머리, 장수, 착함이 있게되고 실령(失令)하면 승려가 나거나 가족에 횡액(橫厄)이 있게됩니다.

구자(九紫)가 당령(當令)하면 연애(戀愛), 기쁜일 등이 있고, 실령(失令)하면 혈광사, 정신혼미, 화재(火災)등이 생깁니다.

제 3 절 삼원운기설(三元運氣設)

삼원(三元) 구운(九運)의 시작은 낙서(洛書)인데, 1갑자(甲子)를 원(元)이라 하고 낙서(洛書) 구궁(九宮)에 포함되는 것을 운(運)이라 합니다. 만일 간지(干支)가 낙서(洛書)에 포국(布局)되면 반드시 삼갑(三甲)에 이르게 되는데, 여기에 또 상(上), 중(中), 하(下) 삼원(三元)의 구별(區別)이 있으며 낙서(洛書)는 1, 4, 7 원운(元運)의 기준(基準)이 있게 됩니다.

상원(上元) 갑자(甲子)는 1 감괘(坎卦)가 총괄(總括)하고 왕성(旺盛)한 기운(氣運)이 북(北)쪽에 있게 됩니다. 감궁(坎宮)에서 역행(逆行)을 시작(始作)해서 마무리는 중궁(中宮)에서 하게 됩니다.

중원(中元) 갑자(甲子)는 4 손괘(巽卦)가 총괄(總括)하고 역행(逆行)해서 마무리는 간궁(艮宮)에서 마치게 됩니다.

하원(下元) 갑자(甲子)는 7 태괘(兌卦)가 총괄(總括)합니다.

그리고 여기에는 유년(流年)의 태세(太歲)가 있어서 그 기운(氣運)을 주관(主管)하게 됩니다.
상원(上元) 갑자(甲子)는 일백(一白) 감괘(坎卦)가 주(主)가되며 태세(太歲)의 기(氣)가 북(北)쪽에 있으며 기세(氣勢)가 강(强)합니다. 을축(乙丑)은 구자(九紫) 리괘(離卦)(離卦)가 주(主)가되며 태세(太歲)가 남(南)쪽에 있으며 기세(氣勢)가 강(强)합니다. 그러나 비록 구자(九紫)의 기운(氣運)이 강(强)해도 일백(一白)이 통괄(統括)하게되면 구자(九紫)는 힘을 쓸 수가 없습니다. 그래서 결과적으로 구자(九紫)는 기세(氣勢)가 약(弱)하게 됩니다.

중원갑자년은 사록(四綠) 손괘(巽卦)가 통괄하며 태세의 기가 동남쪽에 있으며 을축년에는 삼벽(三碧) 진괘(震卦)가 주가되고 태세가 동쪽에 있으니 삼벽(三

碧)진괘(震卦)의 기와 손괘(巽卦)의 기는 동일합니다. (이것은 오행(五行)상의 동일한 의미) 그래서 이런 형태의 의미는 둘 다 기세가 강하다고 합니다.

하원갑자년은 칠적(七赤) 태괘(兌卦)가 통괄하며 태세의 기가 서쪽에 있으며 을축년에는 육백(六白) 건괘(乾卦)가 주가되고 기세가 서북쪽에 있습니다. 역시 통괄괘와 오행(五行)이 동일합니다. 그래서 둘 다 최고로 강한 기세가 됩니다.

이상 유년과 세운을 예로 들었는데 다른것도 이와 같이 유추하면 됩니다. 결과적으로 유년과 통운이 동일하면 제일좋고 통운이 유년을 생하면 생기, 유년이 통운을 생하면 실기, 통운이 유년을 극하면 사기라고 하며 유년이 통운을 극하면 살기가 됩니다.

이것은 3원 9운과 유년의 생극의 이치이고 이것을 알게되면 원운과 유년의 길흉관계를 명확히 구분할 수 있으며 길흉화복 판단의 기준이 되는 것입니다.

제 4 절 원운해설과 요령

풍수(風水)는 능히 천지(天地) 조화(造化)에 통(通)하며 대현공(大玄空) 풍수(風水)는 비밀리(秘密裏)에 전수(傳受)되었고 장공(蔣公)의 원운법(元運法)은 절대 누설(漏泄)되지 않았는데 이는 음흉(陰凶)한 무리의 남용(濫用)을 경계(警戒)해서 입니다.
현대(現代)에 이르러 고대(古代)의 풍수(風水)와 현대(現代) 건축(建築)의 내용을 결합(結合)하여 쉽게 익히고 활용(活用)하여 추길피흉(追吉避凶)하는 방법(方法)을 알리는 것이 이 책의 목적(目的)입니다.

그러면 대현공(大玄空)의 원리(原理)는 무엇일까요. 이론(理論)의 근거(根據)는 무엇일까요. 실제 대현공(大玄空) 풍수(風水)의 내용은 다음과 같습니다.

1. 1~9를 더하여 9를 곱하면 360이 되는데 이는 소강절의 36궁을 말하는 것입니다.

2. 1, 2, 3, 4의 생수를 천근(天根)이라하고 6, 7, 8, 9의 성수를 월굴(月屈)이라 합니다. 진괘(震卦)와 태괘(兌卦)는 동서, 물과불의 평형을 이루어 1~9의 숫자가 천지를 경위하며 괘를 이루면 1~9의 숫자는 선천괘와 하두를 포함하게 됩니다.
후천괘와 낙서의 변화는 기의 왕래와 교구를 이루게 되는데, 소위 “천근월굴문왕래” 라고 말하는 것입니다.

3. 1~9까지의 숫자를 더해서 6을 곱하면 240이 됩니다. 이것은 24절기(節氣)와 24방위(方位)를 말하는 것입니다.

4. 1~4 까지의 숫자를 더해서 6을 곱하면 60이 됩니다. 이것은 60갑자(甲子)의 근간이 됩니다.

5. 1~4까지의 숫자를 더해서 9를 곱하면 90이 됩니다. 이것은 상하원(上下元) 음양(陰陽) 기운(氣運)의 운수가 됩니다.

6. 6~9까지의 숫자를 더해서 6을 곱하면 180이 됩니다. 이것은 산수의 운의 성수가 됩니다.

7. 6~9까지의 숫자를 더해서 9를 곱하면 270이 됩니다. 이것은 산수를 3원으로 확장하여 540년의 괘수가 되는 것입니다.

8. 1, 3, 7, 9의 홀수는 양이고 2, 4, 6, 8은 짝수로 음이라 하는데 각각의 음, 양수를 더해서 9를 곱하면 각각 180이 됩니다. 산(山)과 수(水)의 운, 성수가 되고 하나로 합치면 하나의 원주수가 됩니다.

각 수를 합해 6을 곱하면 120이 되고 이는 12개월의 성수가 되고 하나로 합하면 1년 24절기수가 됩니다.

여기서 6과 9를 곱하여 나온 것을 영용수 라고 하는데 우주만물이라도 이 근본이치를 벗어나지는 않습니다. 그 중 숫자5는 나머지 8개 궁을 관할하는데 5, 10은 입중하여 (하도를 참고) 비록 10은 보이지 않더라도 토 기운의 작용으로 나머지 궁에 그 영향력을 주고 있습니다.

현공의 9, 6의 참 뜻은 실제에 있어서 선천 남극에 있는 건괘(乾卦)이고 이것이 나머지를 통괄하는데 선천의 자리에는 9가 보이고 후천에서는 6이 이를 감추고 있습니다. 일음일양, 일현일은 등을 가리켜 양9음6의 작용이라 하는 것입니다.

9는 독자적으로 움직이고 6과 1은 합하여 9로 변화하여 부부로 변화하고 이는 천지의 숫자 2가 됩니다. 이 심오한 이치를 잊지 말아야 합니다.

제 5 절 삼원구운(三元九運) 입극도(立極圖)

대현공(大玄空) 풍수(風水)를 학습(學習)하기 위해서는 제일먼저 포국(布局)의 방법(方法)을 알아야 합니다. 낙서(洛書)의 운행(運行) 순서(順序)를 알아서 구성(九星)을 순차적(順次的)으로 포국(布局) 합니다.

제 1 항 상원(上元) 일운(一運)

9	5	7
8	1	3
4	6	2

1은 왕기(旺氣), 2와 3은 생기(生氣), 9는 퇴기(退期) 8은 쇠기(衰氣), 7은 사기(死氣), 5는 살기(殺氣), 8은 보좌성(輔佐星), 6은 최관성(催官星), 9는 최재성(催財星)이 됩니다.

상원(上元)의 1~4는 정신(正神), 6~9는 영신(零神)입니다. 1과 6의 공존(共存)은 벼슬을 의미하고, 1과 9의 합(合) 10은 재물(財物)과 건강(健康)의 뿌리가 됩니다.

제 2 항 상원(上元) 이운(二運)

1	6	8
9	2	4
5	7	3

2는 왕기(旺氣)가 되고 3과 4는 생기(生氣)가 되며 1은 퇴기(退氣), 9는 쇠기(衰氣), 8은 사기(死氣), 7, 6, 5는 살기(殺氣), 8은 보좌성(輔佐星) 겸 최재성(催財星), 7은 최관성(催官星)이 됩니다.

제 3 항 상원(上元) 삼운(三運)

2	7	9
1	3	5
6	8	4

3은 왕기(旺氣)가 되고 4, 5는 생기(生氣)가 되며 2는 퇴기(退氣), 1은 쇠기(衰氣), 9는 사기(死氣)가 되고 7, 6은 살기(殺氣), 8은 최관성(催官星), 7은 최재성(催財星)이 됩니다.

제 4 항 상원(上元) 사운(四運)

3	8	1
2	4	6
7	9	5

4는 왕기(旺氣), 6, 5는 생기(生氣), 3은 퇴기(退氣), 2는 쇠기(衰氣), 1은 사기(死氣), 9, 7은 살기(殺氣), 1, 8은 보좌성(輔佐星), 9는 최관성(催官星) 6은 최재성(催財星)이 됩니다.

제 5 항 중원(中元) 오운(五運)

4	9	2
3	5	7
8	1	6

5는 왕기(旺氣), 6과 7은 생기(生氣), 4는 퇴기(退氣), 3은 쇠기(衰氣), 2는 사기(死氣), 1과 9는 살기(殺氣), 1과 8은 보좌성(輔佐星)이 됩니다.

대현공(大玄空) 풍수(風水)는 5운의 전(前) 10년은 4운으로, 후(後) 10년은 6운으로 계산 합니다. 이로인해 상원(上元) 90년 하원(下元) 90년의 양원(兩元) 9운이 되는 것입니다.

제 6 항 하원(下元) 육운(六運)

5	1	3
4	6	8
9	2	7

6은 왕기(旺氣), 7과 8은 생기(生氣), 5는 퇴기(退氣), 4는 쇠기(衰氣), 3은 사기(死氣), 2와 9는 살기(殺氣), 1과 8은 보좌성(輔佐星), 4는 최관성(催官星), 1은 최재성(催財星)이 됩니다.

제 7 항 하원(下元) 칠운(七運)

6	2	4
5	7	9
1	3	8

7은 왕기(旺氣), 8과 9는 생기(生氣), 6은 퇴기(退氣), 5는 쇠기(衰氣), 4는 사기(死氣)이며 3과 2는 살기(殺氣)이고 1은 좌보(左輔), 2는 최관성(催官星), 3은 최재성(催財星)이 됩니다.

제 8 항 하원(下元) 팔운(八運)

7	3	5
6	8	1
2	4	9

8은 왕기(旺氣), 1과 9는 생기(生氣), 7은 퇴기(退氣), 6은 쇠기(衰氣), 5는 사기(死氣)이며 4, 3, 2는 살기(殺氣), 1은 보좌성(輔佐星)이며 3은 최관성(催官星), 2는 최재성(催財星)이 됩니다.

제 9 항 하원(下元) 구운(九運)

8	4	6
7	9	2
3	5	1

9는 왕기(旺氣), 1과 2는 생기(生氣), 8은 퇴기(退氣), 7은 쇠기(衰氣), 6은 사기(死氣), 3, 4, 5는 살기(殺氣), 1은 보좌성(輔佐星), 4는 최관성(催官星), 1은 최재성(催財星)이 됩니다.

제 6 절 구운(九運) 해설(解說)

제 1 항 일운(一運) 해설(解說)

갑자(甲子)에서 계미(癸未)까지가 상원(上元) 1운의 시작입니다. 천지(天地)간의 만물(萬物)이 생겨나고 마무리 되는 때 입니다. 1은 만물의 시작을 의미합니다.

1은 만물(萬物)의 시작(始作)임과 동시(同時)에, 각각의 마지막을 상징(象徵)하기도 합니다. 1은 탐랑(貪狼)이라고도 하고 괴성(魁星) 혹은 정성, 법(法) 혹은 천자(天子)의 모습, 화복(禍福)의 주재(主宰), 그리고 도화(桃花)를 상징합니다. 선천(先天)의 팔괘(八卦)는 곤(坤)이 되고, 후천(後天)의 팔괘(八卦)는 감(坎)이 됩니다. 하도(河圖)와 낙서(洛書)에서 물(水)에 속하며, 역(易)에 이르기를 천일생수라 하였는데, 건괘(乾卦)는 양(陽)의 중심(中心)이고 곤괘(坤卦)는 음(陰)의 중심(中心)이며 그 모습은 물(水)인 것입니다. 선천(先天)의 금(金)이 후천(後天)의 수(水)로 변한 것이니, 만물(萬物)의 기원(起源)이고 음양(陰陽)의 시작(始作)이라고 할 것입니다.

하도(河圖) : 1, 6은 물의 상징이고 문장, 장원급제, 예능, 총명, 음란, 과부, 익사, 떠돌이 등의 의미가 있습니다.

낙서(洛書) : 1은 물, 차남(次男)이고, 괴성(魁星)입니다. 생왕(生旺)하면 소년(少年) 급제(及第)하여 이름을 널리 떨치고 총명(聰明)하고 지혜(智慧)있는 남자가 되며 반국(反局)이 되면 처자식(妻子息)을 극(剋)하고 눈병이 생기고 도화(桃花)로 괴로움을 겪게 됩니다.

애성단결에 이르기를 1은 선천(先天)은 곤괘(坤卦) 후천(後天)의 감괘(坎卦)이며 탐랑(貪狼)이고 오행(五行)은 수(水)이고 그 색깔은 백색(白色)으로, 당령(當令)하면 벼슬에 나가 관록(官祿)을 받으며 서민의 경우 재물(財物)의 기쁨이 있다고 하였습니다. 1, 4의 조합이 아주 좋은데 1, 6의 도움이 있으며 더욱 도움이 됩니다. 실령(失令)하게되면 자식을 잃는 고통이 있고 재물에 대한 고통이 크다 하였습니디.

1운 중 1은 당령(當令)한 왕기(旺氣)이고 2는 생기(生氣)이고 3은 미래생기(未來生氣)이고 1이 득령(得令)하고 합국(合局)이면 풍운아(風雲兒), 신선술(神仙術), 문장(文章)에 능한 인물, 사상가(思想家) 등이 나오고 실령(失令)하거나 불합(不合)이면 성격(性格)이 불안(不安)하고 급하며, 일에 있어 시작은 있으나 끝이 없게 되고 수명(壽命)이 길지 못하게 됩니다.

일백(一白) 상의(象意)

〈기본〉 : 단아함, 곤란, 의지, 지혜, 사고, 비, 구름, 달, 함정에 빠짐, 노고, 북방, 음험함

〈인물〉 : 중년의 남자, 도적, 법관, 철학가, 외과의사, 교육계 인물, 노동자, 약물중독자, 술주정, 음식업, 간첩, 무정함

〈인체〉 : 신장, 키, 혈색, 자궁, 난소, 둔부, 허리, 고환, 정액, 요도, 척추, 땀샘, 침, 눈물샘

〈물상〉 : 하천, 우물, 하수도, 해양, 상수도, 술, 액체, 땀, 눈물, 이슬, 빗물, 달, 돼지, 어류, 감옥, 특수영양, 어두운 곳, 냉장고, 차가운 음료

〈질병〉 : 빈혈, 냉증, 자궁병, 난소병, 자궁 외 임신, 신장병, 당뇨병, 불임증, 식중독, 성병, 잠복된 병, 수두, 알콜중독, 혈뇨, 요실금 등

일백(一白)의 주요 작용은 사고, 연구, 유통 등이 있고 그 외의 직업은 철학, 종교, 경제, 역사학자, 보험, 은행, 외교, 연구원, 음식점, 술집, 호텔, 여관, 식당, 커피점, 세탁소, 목욕탕, 석유, 온천, 야간작업, 소화기, 소방인원, 수력발전 등

제 2 항 이운(二運) 해설(解說)

갑신(甲申)에서 계묘(癸卯)까지가 2운이며 주역(周易)에 이르기를 곤(坤)은 만물(萬物)을 자양(慈養)하고 하늘을 따르며 곤(坤)은 정(靜)하며 동(動)과 상대(相對)되고 지극히 정(靜)하면 동(動)으로 변(變)하게 된다고 하였습니다. 또 사람의 성품(性品)에 비유하면 예절(禮節), 의리(義理), 염치(廉恥), 부끄러움, 음식, 색깔, 냄새, 탐하는 것, 번뇌(煩惱), 교만(驕慢) 등입니다.

하도(河圖) : 2, 7화(火)가 생왕(生旺)하면 횡재(橫財)를 하게되고, 부자, 딸부자 등의 상황이 있고 실령(失令)이 되면 낙태, 산액, 과부 등의 횡액(橫厄)이 따릅니다.

낙서(洛書) : 2는 노음(老陰)이고 노모(老母) 입니다. 득령(得令)하면 천의(天醫)이고 실령(失令)하면 병부(病符)로 작용(作用)하고 과부(寡婦)의 상이 됩니다. 생왕(生旺)하면 부동산(不動産), 인정(人丁), 무관(武官), 가권(家權)의 쟁취(爭取), 계략(計略)이 많으며, 극(剋)을 받으면 과부(寡婦)가 계속 나오게 되고, 난산(難産), 악창(惡瘡), 복통(腹痛)등이 있게 됩니다.

애성(挨星) 유년결(流年訣)에 2는 토(土)에 속하고 이름은 거문(巨門)이라 합니다. 선천(先天) 화(火)의 숫자이고 2를 만나게 되면 부동산(不動産)의 발전(發展), 인정(人丁)이 많아지고 잘못되면 질병(疾病)등의 어려움이 생기게 됩니다.

2운(運) 중 2는 당령(當令)하여 왕기(旺氣)가 되고 3, 4는 생기(生氣)가 되어 주변의 형세와 합국(合局)이 되면 관운(官運)이 좋아지고 형세와 반국(反局)이 되면 3, 4는 어려움으로 다가오게 됩니다. 5는 살기(殺氣)가 되며 7은 최관성(催官星)이 되고 1은 퇴기(退氣), 9는 쇠기(衰氣), 6은 사기(死氣)가 됩니다. 8은 보좌성(輔佐星)이자 최재성(催財星)이 됩니다.

이흑(二黑)의 상의(象意)
〈기본〉 : 순음, 땅, 유순, 안정, 계승, 균일, 달밤, 겸손, 저가, 의심, 유실, 서남, 입수, 군중, 단맛, 다수, 평범, 흑색, 흐린날 등

〈인물〉 : 어머니, 황후, 하인, 나이든 선배, 일반사람, 농부, 처, 미망인, 인생한 사람, 비서 등

〈인체〉 : 복부, 비장, 살, 오른손, 왼손

〈물상〉 : 옷감, 의복, 용기, 방, 가구, 죽(粥)종류, 전답, 윤택하지않은 곡물, 염가품, 소

〈질병〉 : 위장병, 병적인 날씬함, 발열, 피부병

2가 득령(得令)하고 합국(合局)되면 중후한 인물이 나고 수명(壽命)이 길게되고 반국(反局)이 되면 허약성(虛弱性) 질병(疾病)이 있고, 인색(吝嗇)하고 편안함 중에 어려움이 있게 됩니다.

직업의 종류를 보면 토목건축, 농업, 부동산, 산부인과, 보모, 영양사, 골동품, 수공예, 포목상, 제면업, 가구, 도자기, 교사, 서비스업, 비서 등 입니다.

제 3 항 삼운(三運) 해설(解說)

갑진(甲辰)에서 계미(癸未)까지를 3운이라고 합니다. 3은 1과 2의 합(合)에 의해 이루어집니다. 도(道)는 1을 생(生)하고 2는 3을 생(生)하고 3은 만물(萬物)을 만든다는 말 처럼, 확정(確定), 완성(完成), 권위(權威)의 힘을 가집니다. 3은 진괘(震卦)이고 만물(萬物)을 살리는 힘이 있습니다.

하도(河圖) : 3, 8 목(木)이고 생왕(生旺)하면 문장(文章)이 아름답고 남아(男兒)를 많이 출생(出生)합니다. 극(剋)을 받으면 목매어 죽게 되고, 절손(絶孫)이 있게 됩니다.

낙서(洛書) : 3은 장남(長男)이고 생왕(生旺)하면 재물(財物)이 풍부해지고 가업(家業)이 왕성(旺盛)해지고 장남(長男)이 크게 성공(成功)합니다. 극(剋)을 받으면 풍병(風病), 기침, 잔병치레, 관재(官災), 구설(口舌), 극처(剋妻)하게 됩니다.

애성단결에 이르기를 3은 녹존(祿存)이고 진괘(震卦)이며 그 색은 푸르고 목(木)이며 생(生)을 주관한다 하였습니다. 가업(家業)이 성(盛)하면 삼벽(三碧)이 왕성(旺盛)할때이고 관재구설(官災口舌)이 있으며 삼벽(三碧)이 극(剋)을 받을 때 입니다. 더불어 질병(疾病)으로 고통받게 됩니다.

3운(運)중에 3은 왕기(旺氣)가 되고 4, 5는 생기(生氣)가 되며 3, 4는 모두 목(木)이고 쌍목성림(雙木成林)하며 뇌풍상단의 합국(合局)을 최고로 좋게 봅니다.

하도(河圖)의 4,9 금(金)이 3,8 목(木)을 극(剋)하니 관성(官星)이 되고 3운(運)중에 4를 관운(官運)으로 보게 됩니다. 목극토(木剋土)는 재물(財物)이 되는데 3운(運)중에 5가 재성(財星)이 됩니다. 2는 퇴기(退氣)가 되고 1은 쇠기(衰氣), 6은 사기(死氣)가 되며 7, 9는 살기(殺氣)가 됩니다. 단 7은 최재성(催財星)이고 8은 보좌성(輔佐星) 최관성(催官星)이 됩니다.

3이 득령(得令)하면 큰 인물이 나고 관대한 성격을 가지고 식견이 넓습니다. 실령(失令)하거나 반국(反局)이 되면 사람이 겁이 많고 매사에 지체함이 많게 됩니다.

삼벽(三碧)의 상의(象意)

〈기본〉 : 벼락, 진동, 활발, 전진, 발성, 흥분, 동방, 봄, 맑은 날, 녹색, 쾌속, 민첩, 전파, 번성, 청춘 등

〈인물〉 : 장남(長男), 계승자, 제후, 역사, 운동원, 도우미, 가수, 방송인, 청소년, 도적, 행인

〈인체〉 : 다리, 손, 근육, 신경계통, 담, 성대

〈물상〉 : 용, 차량, 북, 대나무, 종자, 큰길, 비행기, 웃음소리, 곡성, 시계소리, 동량

〈질병〉 : 목소리장애, 안면신경마비, 신경통, 수족마비, 담병, 각기병, 사춘기

3의 주 작용은 명량(明亮), 활약(活躍), 전진(前進) 등이 있고 직업(職業)에서 신문, 잡지, 방송, 음악, 노래, 음향, 악기, 번역업, 역사소설가, 보도 문학작가, 무대연출, 원예, 과일, 나무공예 등이 있습니다.

제 4 항 사운(四運) 해설(解說)

갑자(甲子)에서 계미(癸未)를 중원(中元) 4운이라 하고 4운은 중원(中元)을 통괄(統括) 합니다. 동남(東南), 바람, 왕비(王妃), 장녀(長女), 문곡성(文曲星) 등을 상징(象徵)합니다. 역경(易經)에 이르기를 손(巽)은 바람이고 지호(地戶)입니다. 2양1음(二陽一陰)의 도(道)가 있습니다. 바람의 성질(性質)은 땅(地)에서 나옵니다. 그래서 지호(地戶)라고 합니다. 기(氣)는 바람을 일으키고 바람은 들어감(入)입니다. 만물(萬物)을 키우고 안정성(安定性)과 생동감(生動感)을 줍니다.

하도(河圖) : 4, 9금(金)이며 생왕(生旺)하면 재물(財物), 호의(好意), 남자가 많음 입니다. 극(剋)을 받으면 외로움, 자살(自殺-목매어 죽음), 전쟁(戰爭)등이 있게 됩니다.

낙서(洛書) : 녹존(祿存), 문창(文昌)이며 생왕(生旺)하면 문장(文章)으로 이름을 얻고 장원급제(壯元及第)하며, 여자는 용모(容貌)가 단아합니다. 극(剋)을 받으면 정신질환(精神疾患), 천식(喘息), 음란(淫亂), 주색(酒色), 패가(敗家), 떠돌이들의 의미가 있습니다.

애성유년단에 이르기를 사록(四綠)은 손괘(巽卦)이고 숫자는 4이며 색깔은 녹색(綠色), 목(木), 문곡(文曲)과 관계가 있습니다. 왕기(旺氣)를 얻으면 장원급제(壯元及第), 관직(官職)에 나아가게 되고 극(剋)을 받게 되면 기침, 풍병(風病), 목을 매는 자살(自殺), 음란(淫亂), 방탕(放蕩)의 의미가 있게 됩니다.

4운(運) 중에 4는 당령(當令)하며 강(强)해지고 권선징악(勸善懲惡)을 상징(象徵)하며 문학(文學), 예술(藝術), 시험(試驗)을 의미(意味)합니다. 5, 6은 미래(未來)의 생기(生氣)이고 5는 재물(財物)을 주관(主管)하고 6은 우아(優雅)한 귀격(貴格)을 상징(象徵)합니다. 3은 퇴기(退氣)가 되고 2는 쇠기(衰氣), 8은 사기(死氣), 7과 9는 살기(殺氣)가 되며 1, 8은 보좌성(輔佐星)이고 6은 최재성(催財星), 9는 최관성(催官星)이 되며 득령(得令) 합국(合局)이 되면, 사람의 외모를 본다면 상체(上體)가 길며 몸매가 날씬하고 얼굴은 청백색(靑白色)에 말은 부드러우며 성격(性格)은 자상하며 발이 부드럽고 청결(淸潔)하며 귀가 얇지 않습니다. 실령(失令)하여 불합(不合)이면 사람이 음탕(淫蕩)하고 창기(娼妓)가 되며 걸인(乞人), 떠돌이가 됩니다.

사록(四綠)의 상의(象意)

〈기본상의〉 : 바람, 공기, 고도, 감화, 잠입, 진퇴, 우울, 사지, 이윤, 청결, 신용, 조화, 동남쪽, 입하, 녹색, 신맛, 흐린날, 출입, 미색, 용모단정

〈인물〉 : 장녀, 큰 며느리, 왕비, 귀부인, 숙녀, 작가, 기자, 교사, 문인, 시인, 상인, 여행자, 출납, 방탕자, 음탕한 여자, 연예인, 청백리, 정절녀

〈인체〉 : 두발, 간 다리, 왼손, 기색, 호흡, 유방

〈물상〉 : 목재, 화초, 숲, 채소, 노끈, 수공예품, 전원, 아파트, 우체국, 뱀, 나비, 닭, 잠자리, 기상대, 천문대, 민들레

〈질병〉 : 간, 호흡기, 유행성, 위암, 설사, 음부통증, 대머리, 탈모, 구취, 어깨손상, 주근깨, 야뇨, 피부건조, 마비, 두드러기, 과민증, 유방통

4는 신용(信用), 화해(和解) 등의 의미(意味)가 있고 직업(職業)을 보면 화장품, 미용점, 광고, 신탁회사, 교보재, 문화사업, 문학출판, 서예, 중매, 실내인테리어, 여행사, 여성직업, 회사의 경리, 비행기재료, 내의전문점, 환풍기, 분재, 화분, 버섯재배, 승무원, 설계 등이 있습니다.

제 5 항 오운(五運) 해설(解說)

갑신(甲申)에서 계사(癸巳)까지 오운(五運) 입니다. 대현공(大玄空) 풍수(風水)의 이론(理論)에서 오황(五黃)은 전(前) 10년을 사록(四綠)에 후(後) 10년을 육백(六白)으로 보내 처리합니다. 오황(五黃)이 중궁(中宮)에 드는 것을 황극(皇極)이라하고, 여기에는 정직(正直), 지존(至尊)의 뜻이 있어 전체(全體)를 주관(主管)하며 천심(天心)이라 합니다. 오황(五黃)의 시기에 영웅(英雄)이 탄생(誕生)하기도 합니다. 오황(五黃)은 무기토(戊己土)이며 토(土)는 중앙(中央)이고 천지(天地)에 충만(充滿)한 에너지로, 이로 인해 종종 기이(奇異)한 일이 생깁니다.

하도(河圖) : 5와 10이며 생왕(生旺)하면 자녀(子女)가 많고 횡발(橫發)하며 극(剋)을 받으면 고독(孤獨)하고 상(喪)을 당합니다.

낙서(洛書) : 오황(五黃)은 무기살(戊己殺)이고 상극(相剋)을 막론(莫論)하고 흉살(凶殺)입니다. 마땅히 안정(安定)되어야 하며 움직이지 않는 것이 좋습니다. 유년(流年)에 임(臨)하면 사람이 다치게 되고 가벼운 경우 재난(災難)이 생깁니다. 심한 경우는 연속해서 사람이 다치게 되고 관재(官災)와 구설(口舌)이 따릅니다.

애성유년단에 이르기를 오황(五黃)은 염정(廉貞)이고 중앙(中央)에 위치(位置)하며 팔방(八方)을 대표(代表)하고 그 색은 황색(黃色)이고 토(土)에 속(屬)한다 하였습니다. 안정(安定)을 요(要)하며 동(動)하지 않아야 합니다. 극(剋)은 불리하며 어려움이 발생합니다. 태세(太歲)에 임(臨)하면 재난(災難)으로 사람이 상합니다. 평지(平地)의 문(門)에 임(臨)해도 질병(疾病)이 생기며 지세(地勢)가 높은곳에 이르면 사람이 상합니다. 토(土)는 오행(五行)을 다스리며 중궁(中宮)에서 천자(天子)의 권위(權威)를 가집니다. 가볍게 할 수 없고 돌, 큰 봉우리, 고목, 사당이 있으면 반드시 대흉(大凶)합니다.

오운(五運) 중에는 5가 당령(當令)하고 합국(合局)이 되면 수복(壽福)을 누리며 원만(圓滿)하고, 영화(榮華)가 극에 이르고 창조(創造)의 능력(能力)으로 지존

(至尊)에 오르지만, 불합국(不合局)이면 횡액(橫厄), 죽음, 절손(絶孫)이 따르게 됩니다.

6, 7은 생기(生氣)이며 5, 7은 서로 만나지 말아야 하는데 이는 7은 성질이 강하고 5는 독성이 있기 때문입니다. 4는 퇴기(退氣), 3은 쇠기(衰氣), 2는 사기(死氣) 입니다. 2와 9는 살기(殺氣)가 됩니다. 2와 5, 9와 5는 화재(火災)와 관련있고 질병(疾病), 중독(中毒), 혈액병(血液病), 사망(死亡)과 관련(關聯)이 있습니다. 1과 8은 보좌성(輔佐星)이고 유년(流年)에서의 오황(五黃)은, 양년(陽年)은 건괘(乾卦)로 보내고 음년(陰年)은 곤괘(坤卦)로 이동해서 계산합니다.

오황(五黃)의 상의(象意)
〈기본〉 : 중앙, 극단, 독성, 독립, 주관, 절망, 절대성, 폭력, 고립, 잔인, 천재지변, 인력으로 어려운 일, 큰 더위, 천재지변, 전쟁

〈인체〉 : 내장 조직

〈질병〉 : 종양, 암, 뇌출혈, 돌연사, 고열, 고름, 전염병, 중독, 음독, 백치, 변비, 비위병, 낙태, 난산, 불임

〈인물〉 : 수장, 경리, 도적, 폭력배, 살인범, 사형수, 골동품상, 고리대금업자, 사기꾼, 횡사, 신원미상지체, 정신병, 마약중독, 망명인 등

〈물상〉 : 마약, 폐품, 폐가, 폐사찰, 묘지, 황무지, 사막, 처녀지, 빈민지역, 화장장, 감옥, 쓰레기처리장, 변소, 중심지대

오황토(五黃土)의 주요작용(主要作用)은 권세(權勢), 통치(統治)이고 직업(職業)을 살펴보면 정치가, 법관, 통제센터, 순수미술, 순수음악, 연출가, 장례업자, 병리실험, 물리센터, 법관, 골동품감정사, 여행안내원, 행정업무 등이 있습니다.

제 6 항 육운(六運) 해설(解說)

갑진(甲辰)에서 계해(癸亥)까지 6운 입니다. 6운은 건괘(乾卦)이고 수(數)는 9이고 선천(先天)의 원기(元氣) 입니다.

하도(河圖) : 1, 6은 수(水)이고 생왕(生旺)하면 수재(秀才)로서 재능(才能), 총명(聰明)하고 극(剋)을 받으면 음탕(淫蕩), 홀애비, 과부(寡婦), 유랑(流浪) 등의 의미가 생깁니다.

낙서(洛書) : 육백금(六白金)은 노양(老陽)이고 군주(君主), 부친(父親)을 상징(象徵)하며 생왕(生旺)하면 권세(權勢)가 진동(震動)하며 무관(武官)이 되거나 많은 재물(財物)과 인물(人物)이 늘어납니다. 극(剋)을 받으면 처(妻)를 극(剋)하고 고독(孤獨), 편모슬하(偏母膝下)가 있게 됩니다.

애성유년단에 이르기를 건(乾)은 육백(六白)이고 무곡성(武曲星)이며 오행(五行)은 금(金)이고 성격(性格)은 굳셉니다. 생왕(生旺)하면 권세(權勢), 재물(財物), 인물(人物)에 유리하고 극살(剋煞)을 받으면 고독(孤獨)하고 처(妻)와 자식(子息)을 극(剋)하게 됩니다.

6운 중에 6은 왕기(旺氣)이고 7, 8은 미래(未來)의 생기(生氣)이며 5는 퇴기(退氣)이고 4는 쇠기(衰氣)입니다. 9는 사기(死氣), 2와 3은 살기(殺氣)가 되는데 산(山)을 보면 최고(最高)로 흉(凶)하고 나무가 있다면 조금 길(吉)합니다.

1과 8은 보좌성(輔佐星)이고 육백(六白)이 합국(合局)이면 사람이 이마가 넓고 성품이 정직하며 목소리가 맑습니다. 살생(殺生)을 싫어하고 관대하며 두려움이 없고 인의(仁義)와 충성심(忠誠心)이 있고 영웅(英雄)과 열사(烈士)가 많고 정신(精神)이 맑고 건강(健康)합니다.
실령(失令)하거나 불합국(不合局)이면 사람의 성격(性格)이 옹졸하고, 원성(怨聲)을 사는 일이 많게 됩니다. 만약 산(山)과 물(水)이 적합하면 천옥경(天玉經)에 이르기를 건산건향수 건도건봉 출장원(出壯元) 이라고 하였습니다.

육백(六白)의 상의(象意)

〈기본〉 : 강건, 원만, 지구력, 예지력, 서북방, 입동, 완전, 고귀함, 도덕, 큰 것, 양성

〈인물〉 : 군주, 부, 노인, 무인, 명인, 수령, 회장, 이사장, 상남자, 관원, 장원, 천문학자, 점성학자

〈인체〉 : 머리, 폐, 골격, 항체

〈질병〉 : 두통, 뇌신경쇠약, 안면신경마비, 삼차신경통, 편두통, 고혈압, 뇌출혈, 골수암, 연골증, 좌골신경통, 폐병, 척추병, 늑막염, 부종, 홍반성낭창

〈물상〉 : 용, 말, 쇠, 옥, 보석, 하늘, 원소, 벼, 옷, 높은건물, 황궁, 대평원, 경찰서, 경비실, 학교, 사찰, 맹수, 불경, 서리, 눈, 돈, 인공위성

육백(六白)은 활력(活力), 강건(剛健), 자력(自力)을 상징(象徵)하고 직업(職業)을 살펴보면 공무원, 천문학자, 우주연구, 보석상, 금속공예, 교통, 무술, 헬스기구, 자동차, 증권, 보험업, 정밀기계, 정치, 법률, 에어컨기사, 노인병전문가, 수학, 물리학자, 경제학자, 대학교수, 목사, 엔지니어 등이 있습니다.

제 7 항 칠운(七運) 해설(解說)

갑자(甲子)부터 계미(癸未)까지 하원(下元) 7운(運)에 해당합니다. 선천(先天)은 화(火)이고 후천(後天)은 태괘(兌卦)입니다.

태괘(兌卦)는 탈피(脫皮), 환전(換錢)의 의미가 있습니다. 호수의 모습으로, 이익이 백성에게 돌아갑니다. 입(口), 구설(口舌), 말 한마디로 천냥 빚을 갚는 것, 소녀(少女), 누이, 처(妻)나 첩(妾) 혹은 기녀(妓女)등의 모습, 금속(金屬), 예리, 흉기(凶器) 등의 의미가 있습니다. 선천(先天) 화(火)의 모습은 현대에서는 총기류, 원자탄, 핵무기 등이 됩니다.

태괘(兌卦)는 양, 양은 소음, 신진대사라고 하며 역경(易經)에 이르기를 7일에 임(臨)하니 석가(釋迦)도 7일에 도(道)를 깨닫고 중음신도 7일에 변화되고, 여자 나이 7세에 새로운 치아가 차오르고 14세에 이르러 생리를 시작하며 21세에 치아가 굳건해지고 28세에 가장 건강(健康)해지며 35세에 노화가 시작되고 49세에 생리가 중지(中止)하게 됩니다. 이것은 고대(古代)의 의학(醫學)에서 말하는 여성의 생장과정(生長過程)을 말하는 것입니다.

1984~ 2004년 간의 20년은 성문화(性文化) 개방(開放), 낙태(落胎)의 합법화(合法化), 전쟁(戰爭)의 시기(時期), 서방세력(西方勢力)의 강화(强化), 무력(武力)의 시대(時代), 의견(意見) 분쟁(分爭), 마스코트의 유행(流行), 작은 장신구, 분열(分列)과 조합(組合), 길흉(吉凶) 반반(半半), 극단(極端)의 대립(對立), 독립(獨立), 권위(權威), 조정(調停) 등의 상징(象徵)이 있습니다.
대표적인 변화로는 공상, 신비, 여권신장, 오락유흥, 도박, 약육강식, 폭력성, 신비주의, 사기, 사건 등이 두드러집니다.

하도(河圖) : 2, 9화(火) 득령(得令)하면 재물(財物)이 많아지고 여성이 많이 출산되고 극(剋)을 받으면 토혈(吐血), 낙태(落胎), 난산(難産), 횡액(橫厄) 등이 있습니다.

낙서(洛書) : 오행(五行)으로 금(金), 소녀(少女)로, 득령(得令)하면 돈을 벌고 사람이 많이 따르고 벼슬을 하게 되며, 극(剋)을 받으면 고향을 떠나거나, 감옥(監獄), 구설(口舌), 화재(火災), 인물에 당함, 횡사(橫死), 사망(死亡) 등이 있게 됩니다.

7운중에 7은 당령(當令)하여 왕기(旺氣)가 되고 8, 9는 미래(未來)의 생기(生氣), 6은 퇴기(退氣), 5는 쇠기(衰氣)가 됩니다. 2, 3, 4가 산(山)을 보면 살기(殺氣) 사기(死氣)가 됩니다. 1은 보좌성(輔佐星)이고 길(吉)하면 공명정대(公明正大)한 인물이 나고 흉(凶)하면 결함(缺陷), 성격(性格)이 조급(躁急)하고 오락(娛樂)을 좋아하고 음란(淫亂)한 인물이 나옵니다.

칠적(七赤)의 상의(象意)

〈기본〉 : 저수, 호수, 환각, 소녀, 색정, 오락, 유혹, 타협, 친밀, 누나, 서방세계, 금속, 매운맛

〈인물〉 : 소년, 소녀, 예능, 여배우, 가수, 방송인, 국어교사, 무당, 변호사, 금융업, 번역가, 판매원 등

〈인체〉 : 입, 혀, 폐, 기관지, 여성생식기

〈물상〉 : 호수, 계곡, 우수, 방송국, 입냄새, 인후염, 성병, 생리불순, 우폐병, 결핵, 도검상, 알콜중독, 마약중독, 늑막염 등

칠적(七赤)은 매력(魅力), 교제(交際)의 의미가 있고 직업은 유추해보면 변호사, 법률고문, 외교업무, 공무원, 금융업, 은행원, 번역가, 의상점, 영화, 엔터테인먼트, 예술인, 외환, 모형제도, 성인용품, 특이잡지, 언어교육, 녹음기, 양고기판매점, 치과, 침구사, 종교분야 등이 됩니다.

제 8 항 팔운(八運) 해설(解說)

갑신(甲申)에서 계묘(癸卯)까지가 하원(下元) 8운(運)에 해당합니다. 낙서(洛書) 숫자는 팔백(八白)으로 후천(後天) 간괘(艮卦)에 해당합니다. 간(艮)은 멈춤, 고요함, 결과의 의미가 있습니다. 주역(周易)에 간(艮)은 제한(制限)이 있다고 하였는데, 이는 사람이 가지 못한다는 뜻입니다. 간(艮)의 기본 상의(象意)는 정지(停止), 제한(制限)입니다. 우주(宇宙)의 운행(運行)은 쉬는 것이 없는데, 간(艮)으로 인해 잠시 멈추게 됩니다. 멈춤은 영원(永遠)한 것이 아니라 잠시(暫時)의 의미입니다. 정지(停止)의 의미(意味)에서 산(山)을 연유(緣由)하며, 시간(時間)이 비교적 길어지는 것을 말합니다.

간(艮)은 소남(少男), 어리석음, 유치, 식견이 짧음, 경험의 부족 등의 뜻이 있고, 결과를 말하기도 합니다. 불교 경전에 오이를 심으면 오이가 나고 콩을 심으면 콩이 난다, 즉 원인 뒤에 결과가 있다 하였습니다. 다시말해 8운은 인과응보(因果應報)의 시대인 것이빈다.

간(艮)은 산(山), 토석(土石)을 말합니다. 여관 사당, 건축의 부흥, 개, 쥐, 애완견을 취미로 키우는 것 등이 유행하게 됩니다.

하도(河圖) 3,8 목(木), 당왕(當旺)하면 글재주, 장원급제(壯元及第), 득남(得男)하며 극(剋)을 받으면 어린이 사망, 목을매어 자살, 절손의 흉이 있습니다.

낙서(洛書) : 팔백(八白)은 소남(召南)이고 생왕(生旺)하면 충효사상(忠孝思想)이 강하고 막내가 발복하며 극을 받으면 막내손상, 고창병(鼓脹病), 전염병 등이 발생합니다.

8운중 팔백(八白)이 당령(當令)하여 왕기(旺氣)가 되고 9는 생기(生氣)이며 7은 퇴기(退氣), 6은 쇠기(衰氣), 2는 산(山)을 보거나 높은 지형을 보면 사기(死氣), 3, 4, 5가 산(山)을 보거나 높은지형을 보면 살기(殺氣), 1은 보좌성(輔佐星)이 됩니다.

팔백(八白)의 상의(象意)

〈기본〉 : 산, 정리, 고상함, 저축, 침착, 보안, 연결, 오만, 사절, 완고, 요구, 수위, 동북쪽, 초봄, 개혁, 부속품

〈인물〉 : 소남, 아동, 신입사원, 은행원, 지도인원, 총무, 공무원, 개혁자, 믿을 수 있는 측근

〈인체〉 : 코, 어깨, 척추, 근육, 뇌, 왼편다리, 발가락, 관절, 남자성기, 비장, 위, 자율신경

〈물상〉 : 작은길, 작은돌, 창고, 은행, 신위, 빌딩, 투자, 사원, 동굴, 성, 여관, 부동산, 개, 오이, 쥐 종류

〈질병〉 : 관절염, 자율신경실조, 정신분열, 치매, 결석, 변비, 삐는 것, 좌골신경통, 비염, 비만증, 각기병, 식욕부진, 발기부전, 담석 등

팔백(八白)이 합국(合局)되면인물이 온화하고 맺고 끊음이 분명하고 대지의 진혈에 용사하면 성현, 종교지도자가 나옵니다. 불합국(不合局)이면 사람이 경박하고 빈곤하며 고독합니다. 식견또한 얇습니다.

팔백(八白)토는 저축, 개혁의 작용이 있으며 주요 직업종류는 광업, 여관, 아파트, 창고, 백화점, 대형마트, 화물, 부동산, 중개상, 육가공, 피혁제도, 정형외과, 이비인후과, 소아과의사, 과일상, 강아지 관련업, 경비, 보안, 안마, 무술, 청소년지도, 도매상, 박물관 관리 등이 있습니다.

제 9 항 구운(九運) 해설(解說)

갑진(甲辰)에서 계해(癸亥)까지가 하원(下元) 9운(運)이고 9는 수(數)의 제일 마지막이며 양수(陽數)의 최고(最高) 성수입니다. 낙서(洛書)에서 9는 후천(後天) 리괘(離卦)에 속(屬)하고 오행(五行)은 화(火)이며 화(火)는 문명(文明)의 상징(象徵)입니다. 성질(性質)은 외강내유(外剛內柔)하고 외실내허(外實內虛)합니다. 물건을 이롭게 할 수도, 훼손할 수도 있기에 가장 다루기 어려운 것 중의 하나입니다. 경우에 따라서 복(福)이 화(禍)로 바뀌는 경우도 생기게 됩니다.

하도(河圖) : 4, 9는 오행(五行)의 금(金)을 상징하고 생왕(生旺)하면 부자, 호의, 득남하고 극(剋)을 받으면 전란, 고독, 자살 등이 있습니다.

낙서(洛書) : 구자(九紫)는 후천(後天) 리괘(離卦)에 속(屬)하며 불의 숫자이고 생왕(生旺)하면 문장이 타의 추종을 불허하고, 중남(中男)이 조상 덕을 보며 극(剋)을 받으면 토혈(吐血), 중풍(中風), 관재구설(官災口舌) 등이 있습니다.

유년구성단결에 리괘(離卦)는 9이며 우필(右弼)이고 오행(五行)은 화(火)이며 성격이 아주 급하다 하였습니다.
길(吉)하게 작용하면 금시발복(今時發福)하며 흉(凶)하게 작용하면 갑자기 대흉(大凶)하게 됩니다. 그래서 술가(術家)에서는 이것을 잘 활용하여 관직운(官職運)을 조절한다 라고 하며 수화(水火)는 무정(無情)하니 길(吉)한 것이 좋고 흉(凶)함은 무조건 피해야 한다 라고 하였습니다.

9운 중에서 9는 당왕(當旺)이고 1, 2는 미래의 생기(生氣)이며 8은 퇴기(退氣), 7은 쇠기(衰氣), 3과 6은 사기(死氣)가 됩니다. 4, 5는 살기(殺氣)가 되며 가장 흉(凶)합니다. 1은 보좌성(輔佐星)이 됩니다.

9가 득령(得令), 합국(合局)이면 명문장(名文章), 대학자(大學者), 언어단정, 효자이고, 남자는 부마, 여자는 왕비가 나오며 실령(失令), 불합국(不合局)이면 성격이 조급(躁急)하고 매정(媒精)합니다.

선천(先天)에서는 금(金)이고 후천(後天)에서는 화(火)가 되니 발복(發福)이 신속(迅速)하고 흉(凶)함 역시 그러합니다. 수산(收山)시에 산(山)이 조잡하거나 부서진 부분이 있는 것을 가장 꺼리며 수수(收水)할 때 물이 호탕하게 흐르는 것이 제일 문제가 됩니다. 단정한 모습의 산(山)과 조용히 흐르는 물이 제일 좋습니다.

9는 수의 제일 마지막으로 운이 다되어 갈 때 괴이한 일도 생깁니다. 현공비지에 다음과 같은 문장이 있으니 참고해야 할 것입니다. "병(丙)에 가까우면 문곡이 임하고 정(丁)에 가까우면 벼슬을 상합니다. 재물의 손실도 겸합니다."라고 되어있습니다. 녹존(祿存)을 보면 반드시 질병(疾病)이 발생하고 무곡(武曲)을 보면 집으로 돌아오지 않으며 염정(廉貞)을 보면 화재(火災)가 자주 발생합니다. 파군(破軍)을 보면 긴강에 문제가 생깁니다. 위에서 말한 병(丙), 정(丁)은 방위(方位)를 말하는 것이 아니고 유년(流年)을 말하는 것입니다.
문곡(文曲)을 보면 직업(職業)에 문제가 생기고 5, 8을 보면 재물(財物)에 손실(損失)이 있고 3을 보면 전염병(傳染病)이 발생하고 6은 사기(死氣)이며 화재(火災)의 우려가 있으며 7은 쇠기(衰氣)이니 성품이 강렬하여 형벌(刑罰), 폐병(肺病) 등이, 5가 중궁(中宮)에서 나오게 되면 화(火)의 성질이 있으니 독성(毒性)을 가지게 되고 9를 보면 화재(火災), 약물중독(藥物中毒), 살기(殺氣), 감당할 수 없는 흉(凶)이 오게 됩니다.

구자(九紫)의 상의(象意)
〈기본〉 : 광명, 미려함, 향상, 발전, 외부적 표현, 문명, 용맹, 남쪽, 분리, 변별, 경계, 외강내유, 거절, 용납

〈인체〉 : 심장, 눈, 복수, 혀, 어깨, 소장

〈질병〉 : 눈병, 심혈관병, 부정맥, 설사, 하혈, 적벽대하, 촬영가, 고혈압, 달수, 발열증, 변비, 황달 등

〈인물〉 : 안과의사, 검찰관, 종교가, 마술사, 신장, 비행승무원, 임산부, 중년부녀, 미녀, 학자, 화가, 군인, 모델

〈물상〉 : 사슴, 얼룩말, 공작, 학, 비행기, 태양, 거울, 전등, 무지개, 나침반, 방탄복, 휘발유, 가스, 산신, 고목, 전쟁, 새우, 부엌

구자(九紫)는 명예(名譽), 감정(感情)을 상징(象徵)하고 직업군을 보면 교육자, 변호사, 검찰관, 법관, 역학가, 영매, 종교가, 군인, 항공업, 항공재료, 예술, 화장, 심리학, 작가, 신랑예복, 촬영, 디자인, 병리화학 실험, 안경점 등이 있습니다.

제 7 절 구성(九星)과 원운(元運)

현재는 8운(2004 - 2023)으로 오행(五行)은 토(土)이며 방위(方位)로는 동북(東北)이고 팔괘(八卦)는 간(艮)이며 팔(八)이 당왕(當旺) 입니다.

1. 성(星)과 운(運)이 같으면 왕기(旺氣), 주기(主氣)라고 하며 당령(當令), 당운(當運)인데 예를 들면 8 간괘(艮卦)입니다.

2. 성(星)과 미래운(未來運)이 만나면 상기, 생기(生氣), 진기라고 하며 예를 들면 9 리괘(離卦)입니다.

3. 성(星)과 과거(過去)의 운(運)이 만나면 쇠기(衰氣), 사기(死氣), 실령(失令)이라 하며 예를들면 6 건괘(乾卦)입니다.

4. 성(星)과 도움되는 운(運)이 만나면 좌기(左氣), 길기(吉氣)라고 하는데 예를들면 9 리괘(離卦)입니다.

5. 성(星)이 파괴(破壞)하는 운(運)을 만나면 살기(殺氣), 흉기(凶氣) 라고 하는데 예를들면 3, 4입니다.

6. 성(星)과 지나간 운(運)이 만나면 퇴기(退氣), 흉기(凶氣) 라고 하는데 예를들면 7 태괘(兌卦)입니다.

7. 성(星)이 운(運)에 의해 극(剋)을 받으면 사기(死氣)라고 하는데 예를들면 1 감괘(坎卦)입니다.

위의 경우는 8운을 중심(中心)으로 사례(事例)를 들었지만 보다 나은 이해(理解)를 위해 아래 표를 활용(活用)하면 됩니다.

도표

元运旺生衰死表列下：

	旺	生	衰（退）	死
一运	1	2、3	9	4、5、6、7、8
二运	2	3、4	1	5、6、7、8、9
三运	3	4、5	2	6、7、8、9、1
四运	4	5、6	3	7、8、9、1、2
五运	5	6、7	4	8、9、1、2、3
六运	6	7、8	5	9、1、2、3、4
七运	7	8、9	6	1、2、3、4、5
八运	8	9、1	7	2、3、4、5、6
九运	9	1、2	8	3、4、5、6、7

제 2 장 애성천미

우리가 거주하는 집의 길흉(吉凶)에 대해서 판단(判斷)할 때 활용(活用)하는 방법(方法)은, 지운(地運) 즉 낙서(洛書) 정위(正位)와 애성(挨星)을 이용하여 판단하는 것입니다. 이것이 가장 좋은 방법이고, 대현공(大玄空) 풍수(風水)의 핵심 입니다. 과거로부터 입으로만 구전되어 왔으며 절대 기록으로 남기지 않았고 저자의 사부도 역시 그러했습니다. 그러나 이제 그 금기(禁忌)를 깨고 애성(挨星)을 활용(活用)하는 방법(方法)을 알리는 것은 진정으로 풍수학(風水學)의 발전(發展)을 위해서 입니다. 일반적인 지사로서의 이기심(利己心)을 버린 것이니, 희망컨대 여러분은 천천히 잘 익혀서 대현공(大玄空) 풍수(風水)라는 집에 기와를 더 놓아주기를 바라는 바 입니다.

제 1 절 기장(氣場)의 운용(運用)

기(氣)라고 하는 것은 일종의 신비적(神秘的) 개념(概念)인데 실생활(實生活)에서는 볼 수 없고 만질수도 없으며 색깔도 없습니다. 물론 맛도 없습니다. 일종의 무형(無形)의 기장(氣場)인데 이런 기장(氣場)의 존재는 우리들의 일상생활(日常生活)과 학습(學習)에 직접적(直接的)으로 영향(影響)을 줍니다. 좋은 기장(氣場)의 경우 우리들에게 좋은 일을 가져다 주고 흉(凶)한 기장(氣場)의 경우 우리의 심신(心身)에 악영향(惡影響)을 주어 매사 불리(不利), 혹은 불길(不吉)한 일의 발생(發生)을 가져옵니다.

우리는 생활 중에서 어떻게 길흉(吉凶)의 기장(氣場)을 구분해야 할까요? 어떤 방법론(方法論)이 있는 것일까요? 그에 대한 답은 “있다” 입니다. 대현공(大玄空) 풍수(風水)의 이론(理論)에서는 3가지의 방법(方法)을 말합니다.

하나. 원운(元運)의 기장(氣場)을 말하는데 원운(元運)이란 3원9운을 양원9운으로 나눈 것으로, 상원(上元)과 하원(下元)으로 계산합니다. 근래의 원운(元運)의 시간 구분을 보면 1954년 전의 90년을 상원(上元), 그 이후를 하원(下元)이라 하고, 우리 생활중에 하나의 시간적(時間的) 태극점(太極点)을 정하게 됩니다.

둘. 현재는 시간적으로 하원(下元)인데 이것의 기장(氣場)의 영향을 받고 있습니다. 이런 시간의 기준(基準)을 알고 난 후 원운(元運) 기장(氣場)의 길흉(吉凶)을 알아야 합니다. 기본적으로 정신(正神)이라고 하는 것은 좋은 기장(氣場)이고, 영신(零神)이라고 하는 것은 흉(凶)한 기장(氣場) 입니다.

셋. 생활중에 받게 되는 길흉(吉凶)의 기장(氣場)을 어떻게 하면 선택(選擇)할 수 있는가 입니다. 즉 우리가 사는 집의 24개의 기준(基準) 좌향(坐向)에서 정신(正神)에 해당하는 것을 찾는 것입니다. 이것이 좋은 기장(氣場)의 구별(區別) 입니다. 영신(零神)은 불리(不利)한 기장(氣場)입니다. 이 두가지 중에 상황에 맞게 추길피흉(追吉避凶)하면 되는 것입니다.

예를 들면 하원(下元)의 자좌오향(子坐午向)의 경우 다음과 같습니다.

4	8	6
5	3	1
9	7	2

도표를 보면 3이 중궁(中宮)에 있고 구궁(九宮)을 역행(逆行)하며 나머지 숫자들을 채우게 됩니다. 원운법(元運法)에 의해 하원(下元)의 좋은 기장(氣場) 숫자는 6, 7, 8, 9이 됩니다. 이 숫자가 위치하는 4개의 방위는 좋은 것이 됩니다.
하원(下元)의 흉(凶)한 기장(氣場) 숫자 즉 영신(零神)은 1, 2, 3, 4 이고, 각 궁의 위치를 확인합니다. 오황(五黃)의 위치 역시 확인하도록 합니다.

이제 우리는 9개의 궁(宮)을 보고서 길흉(吉凶)의 기장(氣場)을 알 수 있습니다.
이제 자신의 실제 상황과 맞추어 보거나 혹은 자신에게 유리(有利)한 방향(方向)으로 조작(造作)하면 되는 것입니다.

제 2 절 대현공(大玄空) 애성비결(挨星秘訣)

대현공(大玄空) 풍수(風水)에서 사용(使用)하는 애성(挨星)은 음(陰), 양택(陽宅)이 서로 다릅니다. 즉 두 종류의 애성(挨星)이 있는데 이는 서로 혼용(混用)하지 않습니다. 대현공(大玄空)의 24산(山) 애성(挨星)은 곧 진결(眞訣)에 나오는 좌산(坐山)을 이야기 하는데, 양택(陽宅)의 경우 애성(挨星)을 그대로 입중(入中)하여 포국(布局) 합니다. 그리고 상(上), 하원(下元)의 비성(飛星) 순행(順行), 역행(逆行)이 다릅니다.

애성(挨星)의 진결(眞訣)을 활용(活用)하는 방법(方法)에 대해 좀 더 상세히 설명하면 다음과 같습니다.

갑(甲), 계(癸), 신(申) 좌(坐)는 탐랑(貪狼) 입니다. 그러므로 1을 입중(入中)하여 상원(上元)에는 순행(順行), 하원(下元)에는 역행(逆行) 합니다.

곤(坤), 임(壬), 을(乙) 좌(坐)는 거문(巨門) 입니다. 그러므로 2를 입중(入中)하여 상원(上元)에는 순행(順行), 하원(下元)에는 역행(逆行) 합니다.

자(子), 미(未), 묘(卯) 좌(坐)는 녹존(祿存) 입니다. 그러므로 3을 입중(入中)하여 상원(上元)에는 순행(順行), 하원(下元)에는 역행(逆行) 합니다.

술(戌), 건(乾), 사(巳) 좌(坐)는 문곡(文曲) 입니다. 그러므로 4를 입중(入中)하여 상원(上元)에는 순행(順行), 하원(下元)에는 역행(逆行) 합니다.

진(辰), 손(巽), 해(亥) 좌(坐)는 무곡(武曲) 입니다. 그러므로 6을 입중(入中)하여 상원(上元)에는 역행(逆行), 하원(下元)에는 순행(順行) 합니다.

간(艮), 병(丙), 신(辛) 좌(坐)는 파군(破軍) 입니다. 그러므로 7을 입중(入中)하여 상원(上元)에는 역행(逆行), 하원(下元)에는 순행(順行) 합니다.

인(寅), 경(庚), 정(丁) 좌(坐)는 좌보(左輔) 입니다. 그러므로 8을 입중(入中)하여 상원(上元)에는 역행(逆行), 하원(下元)에는 순행(順行) 합니다.

오(午), 유(酉), 축(丑) 좌(坐)는 우필(右弼) 입니다. 그러므로 9를 입중(入中)하여 상원(上元)에는 역행(逆行), 하원(下元)에는 순행(順行) 합니다.

제 3 절 합국(合局)의 법칙(法則)

대현공(大玄空) 풍수(風水)는 이기(理氣)에 장점(長點)이 있습니다. 자연(自然)의 형세(形勢)와 대현공(大玄空)의 이기(理氣) 법칙(法則)을 결합(結合)해서 판단(判斷)을 하는데, 합국(合局)의 법칙(法則)은 원운(元運)을 통한 정신(正神), 영신(零神)의 두 부분(部分)으로 나뉩니다.

정신(正神)은 사람의 정신상태를 말하고 영신(零神)은 재물(財物)의 많고 적음을 의미합니다. 정신(正神)이 내룡(來龍), 입수(入首), 수려한 산봉우리(秀砂)에 해당하면 정신(正神)과 환경(環境)이 부합(符合)된다고 판단(判斷)하며 이는 인물의 발달, 신체건강을 나타냅니다.

또, 정신(正神)이 출수구(出水口), 물의 교회처(交會處), 저수지, 낮은 지대에 해당하면 자연환경과 부합되지 않는 것이며, 풍수(風水)의 전문용어(專門用語)로 정신(正神) 하수(下水)라고 합니다. 이는 마치 망망대해(茫茫大海)에 도움의 손길 없이 버려진 것과 같은데, 이에 따라 나타나는 현상은 질병(疾病)에 걸리는 것, 요절(夭折)등과 같은 흉(凶)한 일이 발생(發生)하게 됩니다.

영신(零神)은 재물(財物)을 대표(代表)하는데 출수구(出水口), 물의 교회처(交會處), 낮은지대 등에 영신(零神)이 오게 되면 영신(零神)과 환경(環境)이 부합(附合)되어 매사가 순조롭게 되고, 경제적(經濟的)으로 부유해집니다. 만일 영신(零神)이 산맥에, 산봉우리 혹은 지대가 높은곳에 위치하게되면 자연환경과 부합되지 않게 되는데, 이를 영신(零神) 상산(上山)이라하고 이에 따라 나타나는 현상은 손재수(損財數), 경제적(經濟的) 곤란(困難), 질병(疾病), 재난(災難) 등이 발생(發生)합니다. 자연(自然)에서 산(山)은 사람을 주관(主管)하고 물(水)은 재물(財物)을 주관한다 라고 하는데 산(山)이 수려(秀麗)하고 숲이 무성(茂盛)하면 이는 건강, 자손등에 유리함이 있게 되고 물(水)은 재물(財物)을 대표(代表)하기에 물이 유정(有情)하거나 환포(環抱)되면 경제력(經濟力)이 생기고, 좋은 배우자 등으로 인해 기쁨이 있게 됩니다.

제 4 절 애성직해

제 1 항 음성(陰星)과 양성(陽星)

상원(上元) : 1, 2, 3, 4 - 양성(陽星)
5, 6, 7, 8, 9 - 음성(陰星)

하원(下元) : 6, 7, 8, 9 - 양성(陽星)
1, 2, 3, 4 - 음성(陰星)

천옥경(天玉經)에 이르기를, 번천도지대부동(翻天倒地對不同), 기중비밀재현공(其中秘密在玄空) 이라 하였는데 번천도지(翻天倒地)라고 하는 것은 상하원(上下元)의 음 양성(陰陽星)이 시간에 따라 변화, 순행, 역행이 달라지는 것을 이야기 하는 것입니다.

제 2 항 순역 원칙

전전도(顚顚倒) 이십사산유주보(二十四山有珠寶)
순역행(順逆行) 이십사산유화갱(二十四山有火坑)
인금용(認金龍) 일경일위의부동(一經一緯意不同)
동부동(動不動) 직대고인시묘용(直待高人施妙用)

제 3 항 3. 양성순비. 음성역비

갑, 계, 신 좌는 일백(一白)을 사용, 상원순행, 하원역행
곤, 임, 을 좌는 이흑(二黑)을 사용, 상원순행, 하원역행
자, 미, 묘 좌는 삼벽(三碧)을 사용, 상원순행, 하원역행
술, 건, 사 좌는 사록(四綠)을 사용, 상원순행, 하원역행
진, 손, 해 좌는 육백(六白)을 사용, 상원순행, 하원역행
간, 병, 신 좌는 칠적(七赤)을 사용, 상원순행, 하원역행
인, 경, 정 좌는 팔백(八白)을 사용, 상원순행, 하원역행
인, 유, 축 좌는 구자(九紫)를 사용, 상원순행, 하원역행

청낭서에 양은 왼편에서 돌아가고 음은 오른편으로 돌아서 서로 통하다 라고 했

는데 우리는 중궁을 입극점으로 살아 건 태로 가면 왼편으로 진행해서 손, 진은 오른편으로 가게되고 이렇게 해서 애성의 순, 역이 진행되는데 이를 통해 공간과 시간의 변화를 알게 되는 것입니다.

청낭삼자경 다음과 같은 구절이 있습니다.

대현공, 묘무궁, 배육갑, 운구동, 대하지, 낙하궁, 전전도, 순역종, 곤임을, 시거문, 진손해, 무곡명, 간병신시파군, 갑계신탐랑행, 천실동구궁경, 시거문비거문, 비거문시거문, 쌍쌍기, 무정명, 통변화, 도시춘.

이 문장은 비록애성진결의 4가지를 소개하였고 애성의 순역, 변화를 규정지었고 시간과 공간, 환경의 다름으로 애성이 배포된 구궁을 살펴 길흉을 판단할 수 있는 근거가 되었으며 사람으로 하여금 대현공을 통해 천기를 볼수있게 하였으니 선현들은 감히 공개를 꺼린 것이었습니다. 다시 청낭오어에 곤임을, 거문종두출, 간병신위위시파군, 진손해, 진시 무곡위 갑계신 탐랑 일로행 이라 하였고 강여고의 주속에도 애성구결을 입으로만 전하고 상세히 밝히지 않았으며 스승도 쉽게 전하지 않았습니다.

지금에 이르러 대현공풍수학 발전을 위해 선대로부터 전해온 비밀을 누설하니 부디 여러분들은 소중히 여겨주길 바랍니다.

제 5 절 교구의 이해

우리의 생활공간에 음, 양이라는 것은 유형 및 무형의 존재로 가득차있는데 주변을 보면 하늘은 양, 땅은 음이면 땅에서 산, 수의 구별이 있는데 산은 음, 물은 양이고 사람에 있어서는 남녀음양의 구분이 있고 살아있는 것은 양, 죽은 것은 음이고 깨어있는 것은 양, 잠자는 것은 음입니다.

사람이 사는 방에서 방문, 창문, 광선 , 공기가 유통되는곳 등은 양이고 고요한 벽은 전부 음이며 문이 보이는 길 입구, 골목입구, 다리, 사람의 동선이 많은 지점 등은 양이며 높은 건물, 고개, 조용한곳 등은 모두 음입니다.

물이 모이는곳, 산 입구의 바람이 역류하는 곳은 양이고 산맥이 오는 곳은 음입니다. 이와 같이 우리는 여러곳 에서 음, 양을 도출할 수 있습니다.

다만 아직도 양중의 음, 음중의 양이 있는데 각각에 있어 분명하고 구별할 수 있어야 하고 양만 강하다면 그곳은 무용지물이고 음도 역시 그러합니다.

양의 경우 존재가 있는 음을 논해야하며 음의 존재가 있는 경우도 양을 논해야 합니다. 결과적으로 공간, 방위, 식나 등에도 모두 음, 양이 존재한다 해야 할 것입니다.

경에도 이르기를 “양은 음이 없으면 완성될 수 없고 음도 양이 없으면 살아갈 수 없다” 라고 하였습니다. 대현공풍수의 이기에서 음의 종류는 음으로, 양의 종류는 양으로 모이는 것의 풍수의 음양교구입니다.

천지는 음, 양으로 이루러져 있습니다. 즉 양대자웅입니다. 산과 물 역시 양대자웅입니다. 천옥경(天玉經)에 땅은 팔괘에 귀결되는데 누가 상대하는가 산과 물이 대응한다 라고 하였습니다.

천지의 두 기는 기와 형태로 되어있는데 이 둘은 서로 교감하면서 소리없이 조용히 행하고 있습니다. 우리는 다만 천기의 한, 열, 왕, 래 기온 변화와 지기의 초목영락 과정을 통해서 알고 있습니다. 천기의 음양은 조용하지만 무형이라도 볼 수 있고 땅의 산과 물은 유형이라 볼 수 있습니다. 무형을 용으로 유형을 체로 하는 것입니다. 지리의 도는 체용을 결합한 상태이고 용과 체는 서로 배반할 수 없습니다. 경에 이르기를 자웅교구야 말로 참된 정입니다. 향수와 간지가 서로 섞여있어도 하나의 괘와 산향 하나의 괘와 물이 되어야 진음진양의 신비로운 구성이 된다 하였습니다.

음양배합이라고 하는 것은 각각의 자리와 오행(五行)이 서로 배합되어 방위로 귀결되니 이것이 시간과 공간의 단서라고 할 것입니다. 현대 문명의 관점에서 음양을 말하면 음양은 곧 정부전하라 할 수 있으며 각종 색상의 전체 이름이고 전하에는 고, 중, 저의 단위가 있고 또 마이크로파도 있습니다. 이것은 기라고 하는 것도 일종의 파동의 차이인데 팔방위, 24로, 64괘의 분류 역시 일종의 파동이라고 할 것입니다.

광선에도 보이는것과 보이지 않는 것이 존재하며 보이는 것은 가시광선, 보이지 않는 것은 적외선, 자외선 등등이 있습니다.

산의 형태로 말을 하면 산의 한 지점이 있으면 그 주변의 각각 산들 역시 동일한 산의 모습이지만 방위가 제각각이며 모습또한 자세히 보면 다릅니다. 형태가 차이가 나면 그 기운 역시 다릅니다. 이는 기라고 하는 것이 각각의 산에 부여한 기운의 형태 혹은 자장이 다르기 때문입니다. 어떤 방위는 기장이 강하고 어떤곳은 약하고, 어떤곳은 아예 없거나 또 형태적으로 수려하고 단정한 산은 온화한 기운을, 무너지고 깨진 산은 불안한 기운을 가지게 됩니다. 또 산의 부근에 좋은 간섭이 있다면 도움이 되고 이와 반대로 흉한 간섭(주변산이 깨지거나, 무너져버리거나 패인 것)이 있다면 많은 흉을 가지게 됩니다. 물도 역시 ks과 동일합니다.

산은 사람을 주관하고 물은 재물을 주관합니다. 풍수의 형기와 원운은 완전히 자연현상과 부합됩니다.

'청낭경', '천옥경(天玉經)', '도천보조경' 등의 경서에서도 이러한 내용을 언급하고 있습니다.

경문 중에서 천심이라고 하는 것은 천심십도인데 천심은 '혈'인데 자연계에 생성된 음양을 말하고 십도라는 것은 음양의 연결선입니다.

물의 양이 혈속에 들어노는 것을 '진'이라고 하고 혈중의 유골의 양기가 물에 의해 설기되는 것을 퇴라고 하는데 진, 퇴 두 글자는 혈장의 기장이 들고 나는 것의 관계를 설명하는 것입니다.

산수의 음양을 보면 산이 운을 얻는 방위에서는 물은 반드시 실운하고 왕산의 반대 방위는 반드시 왕수가 있고 방위의 음양을 말하면 왕의 반대편은 반드시 약함이 있습니다. 만약 산용의 비유를 하면 쇠한 방위의 물은 왕수가 될 수 있으며 산이 왕으로 되면 물은 쇠에서 왕으로 간다. 산이 오아하다는 것을 '생입'이라 하며 물이 쇠에서 왕으로 가는 것을 '극입'이라 하는데 생입극입은 산수왕성의 뜻입니다.

그래서 수가 왕하여 입혈하면 진이 되고 재물이 산같이 쌓인다. 수가 쇠혈에 들어 탈기되는 것을 퇴라 하는데 집안의 재산이 모두 사라지는 것을 말합니다.

이것이 곧 대현공의 비결이니 "진음양을 체로하고 천운에 합하면 용이 된다" 하였으니 산에 오르면 반드시 산수의 음양을 알아야 하며 북두구성의 운행법칙과 배합하여 인간사의 길흉화복을 판단해야 합니다.

대현공 풍수는 그 변화가 무궁하며 우주자연 규율을 완벽히 이해하여 음양교구의 변화를 읽어내는 것입니다.

제 6 절 애성입향

〈도천보조경〉에 이르기를 용진혈정의 입향을 잘못하면 음양차착의 후회할일이 생깁니다. 향의 일푼 잘못으로 인해 부귀에 문제가 생기거나 도적이 들거나 멸문의 일이 생기는데 결론은 혈향의 잘못을 범한 것이 원인이다라고 하였습니다.

풍수공부에 있어서 심용점혈은 첫 번째 난관이고 입향은 두 번째이며 택일조장이 세 번째입니다. 현재 장공의 입향원칙이 세상에 나왔으니 풍수학습자들에게 큰 도움이 되었을 것입니다. 입향에 있어서 두가지 관건이 있는데

하나. 용합향 향합수의 원칙
둘. 좌우애성의 겸향원칙
인데 아래 글을 신중히 살피면 입향원칙을 알 수 있을 것입니다.

입향납수는 음, 양택(陽宅)의 조성입향시에 애성의 방법을 사용해서 산향합일되는 것인데 발수입영당(拔水入零當)이라 하는데 이것은 영신이 출수처, 삼차수구처, 혹은 저지대 등을 말함입니다.

대현공풍수의 애성술은 상승기법인데 산용은 하수가 되지 않게 수룡은 상산이 되지 않게 1 ~ 9 까지의 구성을 이용해서 원운을 군주삼아 상,하원 시기에 영신을 물이 있건 없건 혹은 요함처에 배당시키는 것, 이것이 대현공풍수 이기론의 진수라고 할 것입니다. 이외에 부모수, 오황수의 운영이 최재의 묘수라고 할 것입니다.

예를 들어 상원 1운에 내룡내수가 정신에(1~4), 출수처나 요함체에 영신(6~7)이 오게 하고 주변환경에서도 적용하여 만일 상산하수를 범하였습니다.면 애성법을 활용해 소수, 납수되게 하면 전화위복의 경우를 만들 수 있습니다. 그래서 '천옥경(天玉經)'에 말하기를 "오로지 애성이 최고로 귀하니 천기를 누설하지 말라"라고 하였습니다.

제 7 절 애성순역도(挨星順逆圖)

애성(挨星)의 순역(順逆)은 낙서(洛書)의 구궁 순서대로 진행합니다. 원운(元運)의 영정(零正)과 순역(順逆)도 위와 같고 이것은 영원불변(永遠不變)입니다. 중궁(中宮)에서 건궁(乾宮)으로 다시 태궁(兌宮)으로 간궁(艮宮)으로 다시 리궁(離宮)으로 감궁(坎宮)으로 곤궁(坤宮)으로 진궁(震宮)으로 손궁(巽宮)으로 다시 중궁(中宮)으로 순서대로 진행하면 됩니다.

원운(元運)의 시간(時間)에 근거(根據)하여 각각 다른 구성(九星)의 순역법(順逆法)으로 포국(布局)한 후, 환경(環境)과의 부합(附合) 여부를 살피고 정신(正神), 영신(零神)이 제자리에 있는지, 이해득실(利害得失)을 따져서 길흉화복(吉凶禍福)을 판단해야 합니다.

제 1 항 甲癸申 순역도(順逆圖)

상원(上元)			하원(下元)		
일백입중순행(一白入中順行)			일백입중역행(一白入中逆行)		
9	5	7	2	6	4
8	1	3	3	1	8
4	6	2	7	5	9

제 2 항 坤任乙 순역도(順逆圖)

상원(上元)			하원(下元)		
이흑입중순행(二黑入中順行)			이흑입중역행(二黑入中逆行)		
1	6	8	3	7	5
9	2	4	4	2	9
5	7	3	8	6	1

제 3 항 子未卯 순역도(順逆圖)

상원(上元)	하원(下元)
삼벽입중순행(三碧入中順行)	삼벽입중역행(三碧入中逆行)

2	7	9
1	3	5
6	8	4

4	8	6
5	3	1
9	7	2

제 4 항 戌乾巳 순역도(順逆圖)

상원(上元)	하원(下元)
사록입중순행(四綠入中順行)	사록입중역행(四綠入中逆行)

3	8	1
2	4	6
7	9	5

5	9	7
6	4	2
1	8	3

제 5 항 辰巽亥 순역도(順逆圖)

상원(上元)	하원(下元)
육백입중역행(六白入中逆行)	육백입중순행(六白入中順行)

7	2	9
8	6	4
3	1	5

5	1	3
4	6	8
9	2	7

제 6 항 艮丙辛 순역도(順逆圖)

상원(上元)			하원(下元)		
칠적입중역행(七赤入中逆行)			칠적입중순행(七赤入中順行)		
8	3	1	6	2	4
9	7	5	5	7	9
4	2	6	1	3	8

제 7 항 寅庚丁 순역도(順逆圖)

상원(上元)			하원(下元)		
팔백입중역행(八白入中逆行)			팔백입중순행(八白入中順行)		
9	4	2	7	3	5
1	8	6	6	8	1
5	3	7	2	4	9

제 8 항 午酉丑 순역도(順逆圖)

상원(上元)			하원(下元)		
구자입중역행(九紫入中逆行)			구자입중순행(九紫入中順行)		
1	5	3	8	4	6
2	9	7	7	9	2
6	4	8	3	5	1

제 8 절 오황수(五黃水)의 응용(應用)

대현공풍수(大玄空風水)에서 숫자 1~9까지의 설명중 유일하게 오황(五黃)에 대한 설명은 빠져있습니다. 오황(五黃)의 특징을 살펴보면 5운의 20년도 4운과 6운에 나누어서 계산하고, 다른 말로 염정성(廉貞星)이라 하고 화(火)의 성질을 가지며 성품은 강하고 조급합니다. 집 안에서 만나면 재난(災難)이나 어려움이 생기게 되지만, 장점도 가지고 있습니다. 그것은 오황(五黃)이 위치(位置)하는 자리에 물이 래수(來水), 취수(取水)하게 되면 흉(凶)이 길(吉)로 변(變)하게 된다는 것입다. 만일 필요하다면 오황(五黃)을 화해(化解)시킬 수도 있습니다.

상원(上元) : 일백(一白) 당령(當令)하여 오황(五黃)은 리궁(離宮)에 위치(位置)하게 되는데 이곳에 취수(取水), 래수(來水)가 되면 반드시 재물(財物)이 대발(大發)하게 됩니다.

중원 : 사록(四綠)이 당령(當令)하여 오황(五黃)은 건궁(乾宮)에 위치(位置)하게 되는데 이곳에 취수(取水), 래수(來水)가 되면 반드시 재물(財物)이 대발(大發)하게 됩니다.

하원 : 칠적(七赤)이 당령(當令)하여 오황(五黃)은 진궁(震宮)에 위치(位置)하게 되는데 이곳에 취수(取水), 래수(來水)가 되면 반드시 재물(財物)이 대발(大發)하게 됩니다

제 9 절 구궁기태위법(九宮起胎位法)

상원(上元) : 1운(運) 에는 일백(一白) 입중(入中) 순행(順行)
2운(運) 에는 이흑(二黑) 입중(入中) 순행(順行)
3운(運) 에는 삼벽(三碧) 입중(入中) 순행(順行)

중원(中元) : 4운(運) 에는 사록(四綠) 입중(入中) 순행(順行)
5운(運) 에는 오황(五黃) 입중(入中) 순행(順行)
6운(運) 에는 육백(六白) 입중(入中) 순행(順行)

하원(下元) : 7운(運) 에는 칠적(七赤) 입중(入中) 순행(順行)
8운(運) 에는 팔백(八白) 입중(入中) 순행(順行)
9운(運) 에는 구자(九紫) 입중(入中) 순행(順行)

이때 하원 구자(九紫)운의 경우 9를 입중하면 간궁(艮宮)에는 삼벽(三碧) 목이 중궁의 구자(九紫)를 생(生)하게 되는데 이것을 태위(胎位)라고 합니다. 즉 중궁(中宮)을 생(生)하는 오행(五行)과 숫자가 있는 궁(宮)을 이야기 합니다. 만일 이 방위(方位)에 물이 흘러나가면 인정(人丁)이 줄어들게 됩니다.

제 10 절 논주객성(論主客星)

대현공 애성결에서는 구성(九星)이 여러가지 형태(形態)로 포국(布局)됩니다. 이때 어떠한 구성(九星)을 우선하여 판단(判斷)해야 할 지 헷갈리게 될 수 있습니다. 구성주객을 살핀다는 것은 어떠한 것을 주(主)로 삼고 어떠한 것을 객(客)으로 삼을지 정하는 방법(方法)입니다.

제 1 항 주성(主星)

주성(主星)이라 하는 것은 현공애성(玄空?星)에서 포국(布局)되는 각 궁(宮)의 성(星)을 말하는 것입니다. 이것들은 상원(上元) 혹은 하원(下元)의 90년 중에 변동(變動)하지 않기에 이것을 주성(主星)이라 합니다. 각 궁(宮)의 구성(九星)의 길흉(吉凶)은 합국(合局)의 법칙(法則)에 의해 판단(判斷)하며 그 길흉(吉凶)은 사람에게 나타나게 됩니다.

제 2 항 객성(客星)

객성(客星)이라 하는 것은 오고가는 고정적이지 않은 것으로서 객성(客星)에는 태세(太歲)와 연원일시의 자백구성(紫白九星) 등이 있습니다.

제 3 항 태세(太歲)

태세(太歲)는 지반(地盤)의 12지지(地支)를 말하는데 그 해의 지지(地支)와 나경(羅經)의 지반(地盤)의 글자가 같을시 태세(太歲)가 나경(羅經)의 지반(地盤)에 임(臨)했다고 합니다. 태세(太歲)는 일년(一年)을 주관(主管)하며 태세(太歲)가 임(臨)하여 합국(合局)이 될 시에는 길(吉)함이 많으며 태세(太歲)가 임(臨)하여 반국(反局)이 될 시에 문(門), 수구(水口) 등의 위치(位置)에 오면 흉(凶)함이 커지게 됩니다.

제 4 항 자백(紫白)

자백(紫白)은 년월일시의 구분(區分)이 있으며 자백(紫白)의 비성(飛星)이 각 궁에 임(臨)할 때 그 길흉(吉凶)을 분별(分別)하여 애성(?星)을 살핍니다. 좌산(坐山) 애성(挨星)의 구성(九星)은 합국(合局) 반국(反局)에 의하여 결정(決定)되는데 년월자백의 구성(九星)은 본래(本來) 가지고 있는 길흉(吉凶)의 구성(九星) 상의(象意)가 있습니다. 예를 들면 이흑(二黑)은 질병(疾病)을 상징(象徵)하며 삼벽(三碧)은 치우(蚩尤)를 상징(象徵)하고, 년자백은 1년의 일을 관장하며 월자백은 1개월간의 일, 일자백은 하루의 일, 시자백은 한 시진의 일을 관장합니다.

제 11 절 대현공(大玄空) 실전(實戰) 9대 요결(要訣)

여러분들이 비성(飛星)을 공부해보면, 애성(挨星)의 상의(象意)에 많은 문제점(問題點)이 있다는 것을 알 수 있을 것입니다. 각각의 주역(周易)의 풍수(風水)를 볼 때에도 많은 문제점(問題點)을 알게 되는데 우리는 그러한 것들을 어떻게 해결할 수 있을까요? 실제적으로 여러분들은 당황할 필요는 없습니다. 왜냐하면 애성(挨星)과 현장(現場)의 환경(環境)이 결합(結合)되어 일어나는 현상이라는 것을 알면 되는 것이기 때문입니다. 그리고 우리는 그 결과와 해결방법(解決方法)을 알면 됩니다. 아래에 소개하는 9가지의 실전에서 사용할 수 있는 요결을 말씀드리겠습니다.

제 1 항 기구(氣口)의 길흉(吉凶)

기구(氣口)라고 하는 것은 통상적(通常的)으로 사람이 출입하는 곳 혹은 공기의 유통(流通)이 있는 곳 등입니다. 이런곳에 애성(挨星)의 길흉(吉凶)이 있게 되는데 이곳을 기구(氣口)라고 합니다. 기구(氣口)가 위치한 곳의 지형적(地形的) 형태(形態) 즉 만두(巒頭)와 애성(挨星)이 유기적(有機的) 관계(關係)를 이루어 응험(應驗)이 나타나게 되는 것입니다. 만약 특정위치에 앞서 말한 애성(挨星) 혹은 만두(巒頭)가 없다면 길흉(吉凶)의 현상(現象)은 나타나지 않게 됩니다.
우리가 주택에 입주할 때 제일 먼저 대문(大門)을 보게 되는데 그곳은 제일 중요한 기구(氣口)이고 또 영원히 주택의 중요 방위 중에 하나가 됩니다. 우선적으로 그 곳을 애성(挨星)과 형세(形勢)로 길흉(吉凶)의 판단을 하게 되면 상당한 결과를 얻게 될 것입니다.

예제〉 하원(下元) 자좌오향(子坐午向), 문(門) - 태궁(兌宮)

4	8	6
5	3	1
9	7	2

하원(下元)의 자좌오향(子坐午向)은 삼벽(三碧)이 입중하여 역포국(逆布局)됩니다. 그 다음으로 거주(居住) 환경(環境)과 결합하여 원운(元運), 영정(零正)의 득실(得失)을 판단합니다.

대문(大門)은 일백(一白)인데 이것의 의미는 이 집에 사는 사람은 어느 정도 문화수준(文化水準)이 있으며 도화(桃花)의 기운도 가지고 있습니다. 이 운(運)이 지나가면, 즉 도화(桃花)가 실운(失運)이 되면 손재, 재물곤란, 중남불운, 허리통증 등이 생기게 되며, 다른 곳과 연계 시켜서 길흉(吉凶)을 판단(判斷)하게 되면 더욱 정확도를 더하게 됩니다. 또 다른 구(氣口)로는 창문(窓門)이 있습니다. 대문(大門)과 창문(窓門)을 제외하고 몇가지 더 기구(氣口)의 종류가 있는데 에어컨 배출구, 가스렌지 후드, 환풍구 등입니다. 이것들은 쉬지 않고 공기가 이동하기 때문에 나름이 기장(氣場)이 형성되기 때문에, 기구(氣口)로 취급합니다.

비성(飛星)의 특성을 학습한 후에 그 판단에 있어서 풍수학적 어려움이 있는데 앞서 설명한 내용들을 참고하여 그 속에서 현기(玄機)를 찾아서 판단하면 큰 어려움은 없을 것입니다. 특히 기구(氣口)의 중요도를 우선시 한다면 더 좋을 것입니다.

제 2 항 일귀당권(一貴當權)

앞에 설명한 문(門)에 일백(一白)이 위치하는데 1운(運)을 상징하기도 합니다. 일백(一白)은 상원(上元)의 원운(元運)이고 현재는 2004~2024년까지 8운(運)에 해당합니다. 1운에서 8운까지는 7개운 원운(元運)을 지나왔고 시간적으로 140년이라는 쇠락(衰落)의 과정을 지나왔다는 것입니다.

우리가 만일 이 방을 수리한다고 가정했을 때, 팔백(八白)이 이 공간에 배치되게 한다면 그 곳에 거주하는 사람은 당장 발복하게 될 것입니다. 이 것을 대현공풍수(大玄空風水)학에서 말하는 '일기당권(一貴當權)'의 정수(精髓)입니다. 이 것을 모르게 되면 대현공풍수(大玄空風水) 자체를 할 수 없는 것입니다.

현대 주택에 있어 문의 배치가 모두 이렇게 쉽게 될 수는 없을 것입니다. 그렇다면 어떻게 해야 할까요? 이는 곧 화해(化解)를 시키면 됩니다. 구체적으로 설명하면 우선 구자룡(九子龍)을 사용하여 화해(化解)를 하고 그런 후에 어항(魚缸)을 설치하여 화살위재(化煞爲財)하는 것인데 이렇게 하면 원래의 흉(凶)을 해결할 뿐만 아니라 일백(一白)이 가지는 좋은 작용을 하게 됩니다. 이것이 대현공풍수(大玄空風水)의 화살비결(化煞秘訣)입니다. 집안의 기운을 강하게 하는 방법은 매우 많습니다. 선풍기, 에어컨 등 움직이는 동적물품 등 그리고 대현공풍수에서 사용하는 구자룡(九子龍)의 최재(催財) 방법 등을 사용하게 되면 자연스럽게 흉(凶)한 작용은 일어나지 않게 됩니다. 직업과 생활이 순조로우며 인정받는 인생이 될 것입니다.

제 3 항 일택도경(一宅途經)

애성(挨星)은 24산의 순역(順逆), 포국(布局)에 의해 각 궁(宮)에 다른 구성(九星)이 원운(元運)에 따라 포국(布局)되는데 우리는 어떻게 거주환경의 길흉화복(吉凶禍福)을 추리해야 하는 것일까요?

우선 산(山), 향성(向星)과 유년(流年)을 결합 대비 시켜서 길흉(吉凶)을 보고 나머지 각 궁(宮)에 대한 합국(合局) 여부(與否)를 보면 될 것입니다. 본래 산성(山星)과 향성(向星)이 제일 중요하기 때문에 순서를 앞서 말한것과 같이 정하면 됩니다.

산성(山星)과 향성(向星)은 택운 애성(挨星)의 포국(布局)에 의해서 정해지는 것입니다. 이렇게 정해진 것을 자연환경과 유년(流年)을 종합해서 순차적으로 판단해가면 됩니다. 예를 들어 좌산의 애성(挨星)이 이흑(二黑)이라하고 유년의 비성이 다시 이흑(二黑)이 되어 좌산에 온다면 이흑(二黑)의 기운은 강력한 힘을 갖고 영향력을 행사하게 됩니다. 또 합국(合局)이 된다면 좋지만 반국(反局)이 된다면 그 유년(流年)은 특별히 질병(疾病)의 영향을 많이 받을 수 있습니다. 이흑(二黑)의 별명이 병부살(病符煞)이기 때문입니다.

또 유년(流年)에 삼벽(三碧)이 온다면 다시 거주환경과의 합국(合局)여부를 살펴야 할 것입니다. 삼벽(三碧)의 대표하는 의미는 도둑 시비, 관재구설(官災口舌), 고통 등인데 이러한 흉의(凶意)가 걸리게 되면 고통받는 현상이 일어나게 됩니다.

그래서 유년(流年)의 비성(飛星)이 일으키는 길흉판단의 기준은 포국반과 거주 환경의 합국(合局)여부, 원운(元運)의 영정신(零正神)의 왕쇠(旺衰)에 따라 달라지는 것이고 최우선적으로 산성(山星)과 향성(向星)의 길흉(吉凶)을 비성(飛星)과 대비시켜서 알아야 하고 나머지 궁의 것도 길흉(吉凶)을 파악해야 합니다.

이것이 대현공풍수학(大玄空風水學)에서 가장 중요한 비성(飛星)법칙입니다.

제 4 항 유년변화(流年變化)

일반적으로 대현공풍수(大玄空風水)를 공부하다보면 24산 애성(挨星)중에서 산성(山星)에 해당하는 것은 인물(사람)을 주관하고 향성(向星)은 재물을 관광한다는 것을 알게 됩니다. 가령 산성(山星)이 일백(一白)이고 향성(向星)이 이흑(二黑)이라하고 자연환경(自然環境)과 배합이 되지 않는다면 두 비성(飛星)이 위치한 곳에 흉(凶)이 발생한다는 것을 추측할 수 있습니다.

팔괘(八卦) 상의(象意) 중에서 일백(一白)은 젊은남자(중남(中男))의 건강에 영향을 주게 되며 이흑(二黑)은 모친(母親)이 되고 모친(母親)은 재물(財物)과 건강에 영향을 주게 됩니다. 길흉(吉凶)의 판단에 있어서 반드시 팔괘의 상의를 포함시켜야 적중률이 높아지게 됩니다.

정리해보면 먼저 포국된 비성(飛星)의 산성(山星), 향성(向星)의 부하병부와 나머지 궁의 부하병부를 판단하고 다시 유년(流年)의 비성(飛星)을 대입하여 길흉(吉凶)을 보는데 이것을 적입(吊入)이라 하는데 유년(流年)에 나타나는 현상을 알고자 하는 것입니다.

예를 들면 감궁(坎宮) 산성(山星)에 이흑(二黑)이, 향성(向星)에 삼벽(三碧)이라면 일백(一白) 수(水)가 이흑(二黑) 토(土)로부터 극을 받는 문제가 생겨서 중남의 건강에 문제기 생기게 되고 향성(向星)의 삼벽(三碧)은 이흑(二黑) 토(土)를 극(剋)하게 되니 이것은 모친(母親)의 손재(損財)를 의미하게 됩니다. 매년 1유년(流年) 비성(飛星)의 적입(吊入)에 의해 한 가정의 운(運)과 발생하는 일을 쉽게 알수있게 됩니다.

제 5 항 순음순양(純陰純陽)

유년(流年)의 비성(飛星)이 각궁에 포국(布局)이 될 때 변화가 생기는 것은 앞에서 이야기 했습니다. 이제 궁(宮)과 성(星)의 음양(陰陽)에 대해 알아보면 각궁에도 음양(陰陽)이 있으니 양궁(陽宮)은 乾, 坎, 艮, 震이고 음궁(陰宮)은 巽, 離, 坤, 兌 입니다. 마찬가지로 비성(飛星)에도 음양(陰陽)이 있으니 음성(陰星)은 2, 4, 7, 9 이고 양성(陽星)은 1, 3, 6, 8 입니다.

애성(挨星)과 궁(宮)의 조합에 있어서 음양(陰陽)이 배합되면 좋습니다. 음궁(陰宮)과 음비성(陰飛星), 양궁(陽宮)과 양비성(陽飛星)의 경우가 될 때 우선하여 흉상(凶狀)이 된다고 합니다. 즉 합국(合局) 여부를 떠나서 음양(陰陽)의 배합을 좀 더 우선시하여 그 균형(均衡)을 보는 것입니다.

예를들어 이흑(二黑), 삼벽(三碧)은 투우살(鬪牛煞)이라고 합니다. 이 투우살(鬪牛煞)의 효과를 분석하기 전에 먼저 음양(陰陽)을 먼저 보아야 합니다. 즉 2, 3과 2, 4의 조합이 있다면 2, 4가 더 흉한 것입니다.
음양(陰陽)의 조합이 순음(純陰), 순양(純陽)보다 좋은 것입니다. 그래서 음양조합을 먼저 보고난 후 비성(飛星)의 특징분석에 들어가는 것이 좋습니다.

제 6 항 5대 변화(五大變化)

비성(飛星)의 조합(組合)을 판단(判斷)할 때 어떤 영향(影響)과 변화(變化)가 있는지는 이론(理論)에 근거하여 추리(推理)하여야 합니다. 예를들면 8운(運) 중에서 거주(居住)하는 곳의 남쪽에 팔백(八白)이 임(臨)한다면 어떤 변화가 있을까요? 유년(流年)의 일백(一白)이 팔백(八白)이 있는곳에 가게되면 팔백(八白)은 토(土) 이므로 토극수(土克水)의 현상이 발생하고, 일백(一白)은 노동자를 대표하니 이에 관련된 내용으로 보다 강한 영향력을 받게 됩니다. 이러한 근거에 의

거하여 유년(流年)성과 애성(挨星)의 종합판단을 할 수 있는 5가지의 경우를 살펴보면 다음과 같습니다.

1. 상생(相生) : 유년(流年) 비성(飛星) 구자(九紫)는 오행(五行)이 화(火)이고 팔백(八白)을 만나면 화생토(火生土)를 하니 만일 합국(合局)의 조건이라면 당해의 주택의 위치는 아주좋은 운기를 가지게 됩니다.

2. 비왕(比旺) : 8운 중 비성(飛星)의 숫자가 다시 8이 와서 중첩 경우 두배로 역량이 강해집니다. 이것을 비왕이라고 합니다.

3. 퇴기(退氣) : 칠적(七赤)의 기운이 팔백(八白)에 오게 되면 토생금(土生金)의 설기(洩氣)가 이루어지는데 이것을 퇴기라고 합니다.

4. 충살(衝殺) : 삼벽(三碧), 사록(四綠)은 목(木)의 성질을 가지고 있는데 팔백(八白)이 궁에 가게 되면 목극토(木剋土)가 일어나게 되니 이것을 충살(衝煞) 혹은 극살(剋煞)이라고 합니다.

5. 노사(勞死) : 일백(一白)이 팔백(八白)궁에 가게되면 토극수(土克水)가 일어나게 되는데 이것을 노사(勞死)라고 합니다.

제 7 항 주차분청(主次分淸)

대현공풍수(大玄空風水)의 학습(學習)에 있어서 간과(看過)해선 안될것이 중궁(中宮)의 함의(含意)입니다. 중궁(中宮)이 먼저 포국(布局)되고 상하원의 구분, 애성(挨星)의 순역(順逆)등이 시작되므로 중궁(中宮) 구성(九星)의 의미를 알게 되는 것이 통변(通辯)의 시작이기 때문입니다. 원운(元運), 영정(零正), 합국(合局)과 반국(反局) 등의 기준점이 중궁(中宮)에서 시작됩니다.

제 8 항 음성(陰星) 최(最)흉(凶)

애성(挨星)의 음양(陰陽)에 있어서 음성(陰星)의 흉(凶)이 더욱 심한데, 나타나는 속도(速度)도 양성(陽星)에 비해 신속(迅速)합니다. 애성(挨星) 중 2, 4, 7, 9

가 음성(陰星)인데 극을 받게 되면 1, 3, 6, 8의 양성(陽星)이 극을 받는 것 보다 심각합니다. 양성(陽星)은 성질 상 태양빛, 완만함 등이 있으나 음성(陰星)은 그와 반대입니다. 이 점을 유의해야합니다.

이흑(二黑)은 극을 받게 되면 과부, 여성의 고통
칠적(七赤)은 극을 받게 되면 구강의 문제, 음란 혹은 구설시비
사록(四綠)은 극을 받게 되면 장녀의 문제, 정신병, 자살의 문제
구자(九紫)는극을 받게 되면 차녀의 문제, 심장, 시력, 명예의 문제

등이 발생하고 규모도 커질 수 있습니다. 여성의 문제가 크게 발전할 수 있으니 우리는 자세히 관찰하지 않을 수 없습니다.

제 9 항 반음복음(反吟伏吟)

낙서 원단반의 숫자와 유년(流年)비성(飛星)의 숫자가 동일하게 포국(布局)되는 것을 복음(伏吟)이라고 합니다. 또 24산의 애성(挨星) 순역과 관계없이 애성(挨星)과 유년(流年) 비성(飛星)이 동일한 것 역시 복음(伏吟)이라 합니다.

애성(挨星) 순역과 관계없이 포국(布局)된 후 유년(流年)비성(飛星)과 대칭되는 것을 반음(反吟)이라고 합니다. 유년(流年)비성(飛星)도 대칭되는 것 역시 반음(反吟)이라합니다.

동시에 합국(合局), 반국(反局), 영정(零正)을 연결시켜 판단해야 하는데, 불리하게 작용하면 흉(凶)을 더욱 가중시키는 작용을 합니다. 반드시 대현공풍수(大玄空風水)의 구자룡(九子龍)을 활용하여 풍수를 변화시켜야 합니다. 이상 실제경험에서 체득한 9가지 내용은 실전에서 십분(十分) 중요(重要)하게 사용될 것입니다. 여러분은 서서히 체득, 학습하여 참된 풍수사의 길로 가기 바랍니다.

제 12 절 구성 81 단사요결 (九星八十一斷事要訣)

구성의 조합에 의해 81개의 조합이 이루어지는데 실제 사용에 있어서 득령과 실령을 참고하여 판단해야하며 대현공에서는 상, 하원의 시간을 나누어 판단합니다.

현재는 8운 하원(下元)이므로,
실령(失令)은 1, 2, 3, 4
득령(得令)은 6, 7, 8, 9입니다.

현재는 8운이니 8과 9가 당령성當令(星)입니다.

제 1 항 요결 일백(一白) 탐랑(貪狼)

현재 8운을 기준으로 보면 일백(一白)은 미래(未來)의 길성(吉星)입니다. 일백(一白)은 벼슬, 경찰, 공무원 등인데 퇴성이 되면 벼슬이 변하여 도적이 됩니다. 비성(飛星)에서 3이 도적의 대표성입니다. 일백(一白)은 강호사람, 즉 흑사회나 낭인 등을 대표하기도 합니다. 예를들어 일백(一白)이 대문(大門)에 임하면 이는 수많은 낭인들이 모일 수 있다는 상의가 있습니다. 다만 정황상 삼벽(三碧)성의 도난, 도적과는 구별을 해야합니다.

일백(一白)은 강호인 및 넘버 투의 상의도 가지는 궁입니다. 일백(一白)은 오행(五行)으로 수, 수는 귀를 상징하고 신장과 장(대, 소장)과도 관련이있고 만일 수에 이상이 생기면 특히 자가 더욱 그러하며 집안의 위생도 대표합니다. 또 관심있는 학문에 매진하는 경우도 있습니다. 예를들어 일백(一白)이 이흑(二黑)궁에 임하면, 만일 반국(反局)이고 신장에 물이 부족해지고 성(性) 능력에 문제가 생기게 되며 장(腸) 역시 균(菌)에 쉽게 감염되어 복통, 장염 등으로 고생하게 됩니다.

수(水)는 어류(魚類)를 대표하는데 수(水)가 필요한 사람은 생선을 찌거나 회로 먹게되면 보충이 되며, 수(水)가 필요 없는 사람은 튀김요리, 소금에 절인 것 등을 먹게되면 수(水)를 줄어들게 하는 작용을 합니다. 감궁(坎宮)은 막힘과 귀를 대표하는데 감정(鑑定)을 할 때 집주인이 귓병이 있다면 반드시 그 집의 북쪽에 문제가 있을 것입니다. 방위상으로 북방에 혹은 비성(飛星)이 혹은 일백(一白)이 임하는 곳이 반국(反局)위 된다면, 예를 들어 침실이 일백(一白)이 임(臨)하는곳이 곤(坤)궁인데 영신반국(反局)이면 귀에 문제가 생기게 됩니다.

1, 2 중남절멸불환향(中男絕滅不還鄕)

1은 중남(中男)을 대표하고 2는 모친(母親)을 대표하는데 반국(反局)이 되면 토극수(土克水) 하여 중남이 먼 길을 가게 됩니다. 즉 중남이 고향에 돌아오지않는 일이 생기는 것입니다(中男絕滅不還鄕). 2. 1도 마찬가지입니다. 또 나이많은 여성의 신체에 질병이 발생하기도 하며 중남이 나이많은 여성에게 괴롭힘당하는 것도 있습니다. 가령 1, 2동궁의 자리에 아이방이 있으면 아이는 엄마에게 잔소리를 자주 듣거나 이웃의 부녀에게 괴롭힘을 당하게 됩니다.

1, 3 봉지신귀(鳳池身貴)

목(木)이 감궁(坎宮)에 들면 봉지신귀(鳳池身貴)라고 합니다. 삼벽(三碧)은 목(木)이고 일백(一白)은 수(水)이니 일백(一白)이 수를 보게 되면 유년(流年)에 삼벽(三碧)이 임하거나 혹 일백(一白)궁이 수를 보게 되거나 삼벽(三碧)이 감궁(坎宮)에 오게 될 때, 감(坎)은 수(水), 진(震)은 뇌(雷) 이고 원국(元局)에 물이 있을 때 유년(流年) 애성(挨星) 삼벽(三碧)이 오게되면 반드시 득남하게 됩니다.

진(震)은 動이고, 차량을 상징하며 감(坎)은 북방을 의미합니다. 유년(流年)에 삼벽(三碧)이 같이 임(臨)하면 시험에 크게 이롭습니다. 반드시 여러 학교에서 합격 통지서를 받게 됩니다.

1은 중남(中男), 3은 장남(長男)이고 모두 남성을 대표하는데, 이 둘이 함께 있는 상황에서 반국(反局)의 경우를 겸하게 되면 남자들간의 시비가 발생하게 됩니다. 1, 3은 동성애를 상징하기도 하고 순양(純陽)은 음(陰)에 불리하니 여성의 수명(壽命)이 단축될 수 있습니다.

1, 4 준발과명(准發科名)

1, 4와 4, 1의 배치는 동일하게 보며 하원원국에 감궁(坎宮)에 물을 보게 되면 흥왕(興旺) 발달(發達)하는 곳입니다. 문창(文昌) 역시 왕성(旺盛)하게 되니 1, 4 동궁 준발과명(准發科名)이라 합니다. 탐랑(貪狼)이 손궁(巽宮)에 들게 되거나 혹은 유년(流年)에서 사록(四綠)이 감궁(坎宮)에 혹은 유년(流年)비성(飛星) 사록(四綠)이 감궁(坎宮)에 닿게 되면 시험에 유리하거나 문장이 수려(秀麗)해집니다. 수목상생(水木相生), 탐랑득위(貪狼得位) 이므로 장원급제(壯元及第), 남녀총명(男女聰明) 등이 따르는데, 다만 이것이 실령(失令)하게되면 즉, 원국(元局)이 반국(反局)이 되면 특별한 상황이 생기게 되는데 이른바 사탕일음(四蕩一淫)이라 하는 흉격(凶格)이 됩니다. 4는 손괘(巽卦)이고 바람을 의미하며 다른말로 변질된 도화(桃花) 즉 음탕(淫蕩)을 말하기 때문에 1도 수(水)에 속하고 같은 상의를 가지게 되니 문제가 생기게 되는 것입니다.

일반적으로 문방사우(文房四友) 혹은 문창탑(文昌塔)을 놓으면 되나 위와같이 반국(反局)이 되면 물을 흘려보내거나 구자룡(九子龍)을 놓으면 됩니다.

8운 중에 1, 4 또는 4, 1이 위치한 곳을 침실로 쓴다면 어디에 TV가 있더라도 야간에는 유흥프로그램을 보게 됩니다. 또 저녁 회식장소 혹은 가라오케같은곳의 풍수를 보면 잘 되는 곳은 1, 4의 반국(反局)이 되어있는 곳입니다. 자신도 모르게 도화(桃花)의 분위기에 감염(感染)이 되는 것입니다.

1, 5 자계생양(子癸生瘍)

자(子), 계(癸) 가 만나는 것은 염정(廉貞)이 생식기에 임하여 질병을 일으킨다라는 것입니다. 자(子), 계(癸)라는 것은 일백(一白)은 말합니다. 이곳이 반국(反局)이 되어 산(山)을 보거나 오황(五黃)이 오게 되거나 유년(流年) 오황(五黃)이 겹치게 되면 탈이 나게 되는데, 5는 질병(疾病)을 상징하고 일백(一白)은 신장 혹은 장(腸)과 생식기를 신장질환, 성병 등을 의미 하기에 이 둘이 중첩되게되면 앞서 언급한 기관들에 질병이 발생하게 됩니다.

일백(一白)이 퇴운성이 되면 흉의를 가지게 되는게 그것이 도화, 음란입니다. 또 여성질환, 남성이 첩을 두는 것으로 모든 것이 일백(一白)의 영향입니다. 북쪽침실에 일백(一白)이 임하면 혹은 유년(流年) 오황이 오게 되면 남녀의 성문제가 심각하게 발생할 수 있는데 더욱이 유월 비성(飛星)이 다시오게되년 상황은 너욱 악화됩니다.

자계생양은 특히 일백(一白)은 집안에서 중남을 대표하는데 사고를 당할 가능성이 높습니다. 여기까지의 이야기는 전체적인 것이며 반드시 이기(理氣)와 형세(形勢)가 부합되어야 사건이 발생하는 것이니 이기만 있고 형세가 없다면 문제가 발생할 가능성은 낮은 것입니다.

1. 6, 팔대문장(八代文章)

1은 감수(坎水), 문창성(文昌星)을 말합니다. 하원(下元)에 감궁(坎宮)에서 수(水)를 보거나 유년(流年)성이 6이 감궁(坎宮)에 있어서 합국(合局)이 된다면 문장으로 유명해지는 의미가 있으며 현대적 해석은 시험을 잘 봐서 명문대에 간다라고 해석도 가능합니다.

1, 6이 동궁하는 것을 수음천문내란앙(水淫天門內亂殃)이라고 하며 6은 건괘(乾卦)이며 집안에서 부모(父母) 혹은 부친(父親)을 대표하며 건 역시 장남(長男)을 대표합니다. 감궁(坎宮)이 반국(反局) 혹은 건국이 수를 봐서 반국(反局)이 된다면 1, 6 동궁은 매우 많은 금, 수가 존재하며 색정(色情)과 음란(淫亂)을 대표하며 강한 성욕, 첩을 여럿 두는 상황과 집안의 문제가 복잡하게 얽힘을 의미합니다. 1, 6은 모두 남성을 대표하는데 나이가 젊거나 많거나 모두 애정문제가 발생하게 되는 것입니다.

1. 7 금수다정(金水多情)

7은 구설, 소녀, 기녀 혹은 첩을 상징하며 7운중에 기녀 혹은 첩의 문제가 발생하게 됩니다. 감궁(坎宮)의 반국(反局) 혹은 애성(挨星) 1인 반국(反局)인데 유년(流年)에서 칠적(七赤)이 만나게 될 때 금수다정(金水多情)이라 하며, 가정불화(家庭不和) 바깥에서 여자를 찾는 등의 일이 발생합니다.

1, 7은 함께 하면 유산, 가축의 손상 등이 있게되는데 고전의 비성(飛星)결에 있는 특징적 사안입니다. 1은 쥐를 상징하고 7은 백호와 닭을 상징하는데 북쪽과 서쪽의 지형적 사고문제 발생으로 인해 급히 이사를 가야하는 상황의 발생을 의미합니다.

또 칠적(七赤)이 일백(一白)에 임하게 되어도 건강문제, 가축의 손상문제 등이 생기게 되고 애성(挨星) 일백(一白)이 가축을 키우는곳에 임하고 유년(流年)에서 7이오게되면 반드시 현상이 있게됩니다. 풍수를 볼 때 반드시 실제 상황을 관찰해서 일단 평온한 가정이라면 앞으로 다가올 상황에 대해 주의와 조심을 당부해야합니다.

1, 8 귀호소아상(鬼戶小兒傷)

감궁(坎宮)이 반국(反局)이 되면, 침실이 이곳에 위치하고 유년(流年) 비성(飛星) 팔백(八白)이 임하게 되면 팔백(八白)은 어린이, 젊은남자이고 반국(反局)이 되면 물귀신이 소아(小兒)를 잡아간다라고 합니다. 곤(坤), 간(艮)이 움직여서 감(坎)을 보게 되면 중남(中男)이 죽거나 고향에 돌아오지 못한다라고 하는데 유년(流年)의 비성(飛星)이 반국(反局)이 되어있는곳에 임하면 문제가 생기게 되면 감은 수, 귀를 대표하니 이명, 귀질병, 귀의 기능이상 등이 생기게 되는 것입니다.

1, 9 위극중앙(位極中央)

1, 9가 동궁하게 되면 남이북감(南離北坎), 위극중앙(位極中央)이라 하는데 9는 남방 화, 1은 북방 수를 말하며 수화기제(水火旣濟) 혹은 수화상충(水火相沖)이 될 수 있습니다. 형세상 반드시 애성(挨星)과 합국(合局)이 되고 유년(流年)의 비성(飛星)이 임할 때 높은 자리에 오르게 됩니다. 또 1, 9는 합이 되기도 하며 득남의 기쁨, 기쁜일(연애, 결혼) 등이 발생하게 된다!

제 2 항 요결 이흑(二黑) 거문(巨門)

2, 1 동궁상중자(同宮傷中子)

이흑(二黑)은 번뇌(煩惱)의 별이고 하원(下元)의 영신(零神)입니다. 만약 둘째의 침실이 이흑(二黑)에 있거나 곤궁(坤宮)에 있게되면 반국(反局)이 됩니다. 이 때 애성(挨星) 일백(一白)이 오게되면 둘째는 자주 집에 들어오지 않게 됩니다. 그 이유는 모친(母親)과의 마찰이 원인이 될 수 있습니다. 동시에 신장문제, 귀의 기능이상, 심장기능 이상 등이 있을 수 있고 둘째가 고향에 돌아오지못하거나,

중남(中男)이 불행한 일을 당하게 됩니다.

2, 2 전련천맥(田連阡陌)

결에 이르기를 거문(巨門)이 간(艮), 곤(坤)에 들면 밭 사이로 길이 나게 된다고 했습니다. 예를 들어 2운(運)에 산소를 쓰거나 2운 정신(正神)에 불합(不合)이 될 때 혹은 2가 임(臨)할 때 2는 흙을 상징하니 자손이 많은 부동산을 취득하여 돈을 많이 벌게 됩니다.

2는 병부살(病符煞)이라고도 하는데 하원(下元)의 경우 영신(零神)이 되며 침실이 여기에 해당하면 질병, 과부, 혼인불리, 동성애(음성반국(陰星反局)) 등이 있게됩니다. 곤(坤)은 노모(老母)를 대표하지만, 집안에 노모가 없다면 집안의 여성도 해당하니 여성의 동성애가 있게 됩니다.

2, 3 투우살(鬪牛煞)

2는 곤괘(坤卦), 토(土), 모친(母親)을 의미하며 3은 진괘(震卦), 목(木), 장남(長男)을 의미합니다. 만일 침실 혹은 주방의 비성(飛星)이 2와 3이라면 이것은 집안의 모친(母親)과 장남(長男)이 자주 다투게 됩니다. 2와 3이 동궁(同宮)하는 것을 풍수용어로 투우살(鬪牛煞)이라 합니다. 이는 구설(口舌), 시비(是非)이고 유년(流年)에 삼벽(三碧)이 임(臨)하는곳에도 응험(應驗)이 있습니다.

곤(坤)은 모친(母親)을 대표하는 것이 제일 주효(奏效)한데 부부의 침실이 2에 해당하면 남편은 잔병치레를 자주하며 심할 경우 사망하기도 합니다. 2는 역시 과부성(寡婦星)이기도 하니 노인의 방에 배당하면 무난할 것입니다.

2, 4 가유기고식(家有欺姑媳)

4는 손괘(巽卦)이고 목(木)이며 장녀(長女)를 대표하고 2는 모친(母親)이고 토이니 반국(反局)이 되면 장녀가 모친(母親)을 극하는 모습이고 장녀 역시 상의가 며느리도 됩니다. 즉 고부갈등에서 며느리가 시모를 극하는 모습입니다. 어느 해에 유년(流年)사록(四綠)이 반국(反局)된 이흑(二黑) 혹은 곤궁(坤宮)에 오게 되면 2, 4 동궁이 되는데 한 집안에 고부가 같이 거주한다면 앞서 말한 상황이 발생하게 되는 것입니다.

이와 같이 대현공풍수(大玄空風水)는 각종 사안에 대해서 세세하게 알아낼 수 있으니 여러분은 열심히 배우길 바랍니다.

2, 5 교가필손주(交加必損主)

2는 병부살(病符煞)이고 5는 병독(病毒), 암(癌)에 해당합니다. 5와 2가 동궁(同宮)하게 될 때, 특히 침실이 위치하게 되면 반드시 문제가 발생하게 되는데 건강의 손상이 있게 됩니다. 그래서 이오교가필손주(二五交加必損主) 라고 하는 것입니다. 2, 5 교가는 반드시 형세(形勢)와 배합(配合)이 되어야하는데 만일 방직공장에 여자직원만 있는것도 일종의 교가살(交加煞)의 형세라고 할 수 있습니다. 2는 과부, 임산부, 사람의 사망을 대표하기도 합니다.

2, 6 왕래절기(往來切記)

건(乾)은 寒, 곤(坤)은 熱으로 이를 왕래절기(往來切記)라 합니다.니다. 곤궁(坤宮)이 반국(反局)이고 유년(流年)의 육백(六白)이 오게되면 질병(疾病)이 발생하는데 이는 곧 한열병(寒熱病)입니다.

6은 건괘(乾卦)로 남자주인이고 2는 곤괘(坤卦)로 여주인을 나타내는데 곤궁(坤宮) 혹은 애성(挨星) 2가 합국(合局)이 되면 부부화합하여 큰 재물을 이루게 됩니다.

2, 7 서첩과모(庶妾寡母)

곤(坤)과 태(兌)가 만나면 서첩과모(庶妾寡母)의 욕심(慾心)이 생깁니다. 2는 곤괘(坤卦)이고 7은 태괘(兌卦)이니 둘 다 여성을 말하고, 순음(純陰)의 배합인데 이는 부정도화(不正桃花) 즉 동성애를 말합니다. 모녀 상쟁의 의미도 있으며 2, 7 화의 작용에 의해 화재(火災) 혹은 암(癌)으로 인한 고통을 받을 수도 있습니다.

2, 8 승니(僧尼)

2는 과부(寡婦)를 대표하며 8은 젊은남자인데 의미는 단신의 부녀가 어린 자식을 양육하는 모양이기도 하고 8은 사찰(寺刹)을 의미하며 2, 8이 동궁하면 사찰(寺刹)에 많은 과부(寡婦)가 있다는 것이니 곧 비구니를 의미하기도 합니다. 이를 축미환국출승니(丑未換局出僧尼) 라고 합니다.

2, 9 우완지실(愚頑之失)

2는 토(土)이고 9는 화(火)이니 곤궁(坤宮)이 반국(反局)이고 9가 임(臨)하면 우매한 지아비가 나온다 하였습니다. 가령 곤궁(坤宮)에 침실이 있다면 유년(流年)에 9가 오게 되면 쉽게 가정불화(家庭不和)가 생기며, 시비(是非)와 구설(口舌)이 발생하고 여성의 혈병(血病), 가정 내 여성으로 인한 재물분란 등이 있게됩니다.

제 3 항 요결 삼벽(三碧) 녹존(祿存)

삼벽(三碧)은 시비(是非)를 상징합니다. 또 일상생활(日常生活) 중의 화초나 나무를 의미하며 각 가정의 화초, 화분 등도 의미합니다. 만일 방위(方位)가 맞지 않으면 관재구설(官災口舌)의 원인(原因)이 되기도 합니다. 대현공풍수(大玄空風水)에서는 이러한 식물의 배치도 잘 파악해야합니다.

3, 3 치우두랑(蚩尤斗狼)

3이 동궁(同宮)하면 싸우기 좋아하는 호승심(好勝心)을 상징(象徵)하는데 3은 치우성(蚩尤星)이기 때문입니다. 계속적인 싸움을 즐기고 이를 3번을 보면 치우살(蚩尤煞)이라고 합니다. 삼벽(三碧)은 퇴운이 되면 불인(不仁), 불의(不義)를 나타냅니다. 그래서 앞서말한 '치우두랑(蚩尤斗狼)' 현상이 생기게 됩니다.

3, 4 벽록풍마(碧綠瘋魔)

3은 장남(長男), 4는 장녀를 대표합니다. 동궁(同宮)하게되면 퇴폐청년(頹廢青年)을 대표하는데, 예를들면 남자의 무리가 노래를 부르며 흥청대는 것입니다. 3은 적성(敵星)으로 집에 있어서 3, 4의 자리는 쉽게 쉽게 도둑이 침입할 수 있는 곳이 됩니다. 만일 3, 4가 유년(流年)에서 5를 만나면 결과가 심각합니다. 4는 정신착란(精神錯亂)인데 여기에 다시 오황(五黃)의 독약(毒藥)을 더하면 단체가 혹은 여러 개인이 약물중독(藥物中毒), 정신혼란(精神混亂), 마약파티 등이 있게됩니다.

3, 5 재백상신(財帛喪身)

3은 목(木), 하원(下元)의 영신(零神)이고 오황(五黃)과 같이 반국(反局)이 되면 재물(財物)로 인한 관재구설(官災口舌)이 생기게 됩니다. 3과 5는 모두 흉성(凶星)인데 "한호조온녹자염정협록(寒戶遭瘟綠自廉貞夾綠)"이라 하니 3, 5는 정신병(精神病)을 상징하기도 하고 유행성 질병이 한 지역에 유행하여 많은 사람들이 고통받는 일도 생깁니다.

3, 6 피도상(被刀傷)

6은 부친(父親), 장남(長男)을, 진(震)은 장남(長男)을 대표하기에 삼벽(三碧)의 비성(飛星)이 있는 곳의 방위(方位)에 산(山)을 보게 되고 혹은 세곳의 방위에 산(山)을 보거나 유년(流年)의 육백(六白)이 임하게 되면 일반적으로 수족(手足)에 손상(損傷)을 입게 됩니다. 목(木)은 간(肝)으로, 간질환, 간암, 간수술 등의 의미가 있고 육백(六白)이 퇴운성이 되면 일반적으로 자상(刺傷) 혹은 그것이 부친(父親)의 신체에 발생하게 되는 경우가 있습니다.

3, 7 적비관재(賊匪官災)

7은 금(金), 태괘(兌卦), 구설(口舌), 시비(是非)를 뜻하고, 3은 관재구설(官災口舌)을 대표합니다. 3, 7이 중첩되면 강도(强盜) 혹은 관재(官災)가 있게 됩니다. 유년(流年)에 있어서 원국(元局)의 애성(挨星) 혹은 원궁(元宮)의 자리가 반국(反局)일 때 길흉(吉凶)이 발생하게 됩니다.

3, 8 손소구(損小口)

이것은 단순한 목극토(木剋土)가 아니라 원국(元局)의 삼벽(三碧)이 반국(反局)이고 유년(流年)에 팔백(八白)이 임(臨)했을 때 식구중에 어린이에 문제가 생깁니다. 유산도 포함 합니다.

어린아이의 침실에 3, 8의 자리에 위치하면 의외의 사고에 유의해야 합니다.

3, 9 총명기사(聰明奇士)

3은 목(木), 9는 화(火)인데 목(木)은 화(火)를 생(生)하니 목화통명(木火通明)이라 합니다. 목은 진궁(震宮), 혹은 비성(飛星) 3이 있는 궁(宮)에서 수를 보게되고 유년(流年)에 구자(九紫)성이 임하게 될 때 총명(聰明)한 인재가 나오게 됩니다. 즉 출생한 아이가 아주 총명하다는 의미입니다.

제 4 항 요결 사록(四綠) 문곡(文曲)

사록(四綠)은 손괘(巽卦), 풍, 목이고 도서, 화초, 집안의 나무가구, 나무침대, 나무마루판, 문창성(文昌星) 등이고 사록(四綠)이 위치한 곳에 어항(魚缸)이나 구자룡(九子龍)를 놓게 되면 문창(文昌)의 역량(力量)을 강화시켜서 자녀의 학업에 유리합니다. 만일 사록(四綠)의 자리에 잡동사니를 쌓아두게되면 가정의 풍수역량은 많이 떨어지게 됩니다. 유년(流年)의 오황(五黃), 이흑(二黑)이 오게되면 쉽게 질병이 생기거나 재산손실이 있게됩니다.

4, 4 풍울지증(風鬱之症)

침실에 중첩된 4가 있게되면 정신병, 중풍, 유행병, 해소천식, 호흡기질병, 부종 등의 생기기 쉽습니다.

4, 5 전원폐기(田園廢棄)

4는 손괘(巽卦), 풍(風), 표탕(飄蕩), 풍류(風流)를 대표하고 5는 토(土)이므로 둘이 만나게 되면 부동산을 없애는 일이 생깁니다. 또한 4는 유방을 의미하기에 5를 유년(流年)에서 만나게 되면 유방암, 재산손실, 간병 등의 발생이 있게 됩니다.

4, 6 고분지환(鼓盆之歡)

목(木)이 술(戌)을 만나면 고분지환(鼓盆之歡)이 있게되는데 이는 극처(剋妻), 사별(死別), 이혼(離婚) 등이 있게됩니다. 4는 목(木)으로 여성을 대표하고 침실 혹은 주방에 위치할 때 유년(流年)에서 육백(六白)이 오게되면 반드시 처(妻)와의 생사이별(生死離別)이 있게됩니다.

4, 7 도상지험(刀傷之險)

7은 태괘(兌卦), 금(金), 백호(白虎), 소녀(少女), 장녀(長女) 등이고, 사록(四綠)이 반국(反局)이고 유년(流年)에 칠적(七赤)이 임하면 주부 혹은 여성이 쉽게 칼에 상처를 입게 됩니다. 마땅히 조심해야 할 것입니다.

4, 8 소구야풍광(小口也瘋狂)

사록(四綠)이 반국(反局)이고 유년(流年)에 팔백(八白)이 오게되면 집안의 어린이가 쉽게 정신적(精神的)인 문제가 생기게 됩니다. 팔백(八白)은 소아, 어린남자이고 4는 정신계통인데 증상이 심하게 되면 빙의현상(憑依現象)이 있게됩니다.

4, 9 풍취화동(風吹火動)

사록(四綠)이 합국(合局)이고 구자(九紫)와 만나게 되면 목화통명(木火通明)이 되고 만일 반국(反局)이면 화재(火災)의 사고가 생기게 됩니다.

제 5 항 요결 오황(五黃) 염정(廉貞)

오황살(五黃煞)은 풍수(風水)에서 최고(最高)로 흉(凶)한 살성(殺星)입니다. 독약(毒藥), 관재(官災), 구설(口舌), 시비(是非), 암(癌) 등을 대표합니다. 이 살(煞)이 닿는 곳이면 고인(古人)이 이르기를 장(腸)이 손상을 입어 사람을 죽음이 이르게한다고 하였습니다. 오황(五黃)과 이흑(二黑)은 공통점을 가지고 있습니다. 이는 임산부(姙産婦)를 가르키는데 5와 2가 대문(大門), 침실 혹은 임산부가 거처하는곳에 임(臨)하면 안태(安胎)가 됩니다.

5, 6 장자치미(長子痴迷)

합국(合局)이 되면 자녀가 효자이며 전답이 늘어나고 반국(反局)이거나 유년(流年) 육백(六白)성이 임하면 두 별이 합하여서 두통, 골병, 암 등이 발병하고 장자가 아둔해지거나, 송사(訟事)의 어려움이 있게됩니다.

5, 7 자황독약(紫黃毒藥)

5와 7은 최고로 나쁜 조합인데 만일 반국(反局)이라면 자황독약 이라 합니다. 9는 화(火), 열(熱), 5는 독약(毒藥), 7은 입(口) 즉 열성(熱性)의 독약(毒藥)이 입으로 들어가는 모습으로 많은사람이 암(癌)에 걸리게되고 약물중독(藥物中毒), 성병(性病) 등으로 고생하게 됩니다.

5, 8 근상골단(筋像骨斷)

오황(五黃)이 반국(反局)이 될 때 유년(流年)에서 팔백(八白)을 만나게 되면 근상골단(筋像骨斷) 이라고 합니다. 팔백(八白)은 집안의 어린이를 상징하고, 5역시 집안의 꼬마를 상징하니 흉의가 겹쳐서 문제가 발생하기 때문에 정도가 심하면 사망할수도 있습니다. 8은 위, 늑간을 의미하기도 하며 5, 8이 만나면 골병, 근골손상 등이 생기게 됩니다.

5, 9 난산치사(難産致死)

5가 반국(反局)이 된 궁에서 오황(五黃) 혹은 원국(元局)의 5가 침실이 되면 유년(流年)에서 구자(九紫)가 오게 될 때 집안의 임산부는 쉽게 유산을 하거나 산고로 죽기도 합니다.

제 6 항 요결 육백(六白) 무곡(武曲)

육백(六白)은 금(金)이고 건괘(乾卦), 부친(父親), 장남(長男)을 대표합니다. 만일 육백(六白)성이 문제가 생기면 종종 부친(父親)과 장남(長男)에게 동시에 일이 생기기도 합니다. 가장 위험한 상황은 머리에 종양(腫瘍)이 생겨서 암(癌)으로 변하는 경우입니다.

6, 7 교검살(交劍煞)

6, 7은 모두 오행(五行)이 금입니다. 반국(反局)이 되면서 6, 7의 조합일 때 교검살(交劍煞)이라 합니다. 수술, 무력투쟁의 의미도 있습니다.

6, 8 부비도주(富比陶朱)

6, 8 과 2, 8은 같은 모습입니다. 원국(元局)이 합국(合局)이고 6 혹은 2가 유년(流年)에서 팔백(八白)을 보게되면 부비도주, 견금우토 라고 하여 아주 좋은 조합입니다.

6, 9 화소천문(火燒天文)

반국(反局)의 상황에서 육백(六白)은 구자(九紫)를 가장 꺼리는데, 만일 함께한다면 '화소천문' 이라 합니다. 육백(六白)은 건이고 부친(父親) 혹은 장남(長男)을 대표하기에 장남(長男) 혹은 부친(父親)에게 일이 생기는 것입니다. 목부위에 질병이 생기게 됩니다. 육백(六白)은 인체에서 폐, 폐병, 토혈, 각혈 등과 연관이 있습니다. 종전의 폐결핵 역시 6, 9의 영향을 받은 이유입니다.

제 7 항 요결 칠적(七赤) 파군(破軍)

칠적(七赤)은 1984 ~ 2004년까지 시기에 득령(得令)하였습니다. 2004년 이후는 퇴운성(退運星)이 되었습니다. 칠적(七赤)은 구설(口舌), 분쟁(紛爭), 첩(妾), 기녀(妓女) 등 여성을 상징하고 7운(運)에 포르노 사업의 흥행, 노래, 사기 등의 업종이 요행하였습니다.
7은 역술(易術), 의술(醫術) 등도 성업하게됩니다. 다만 7운이 퇴운성(退運星)이 되면 되면 앞서 언급한 업종들이 서서히 몰락하게됩니다.

7, 7 구설시비(口舌是非)

7은 태괘(兌卦)로 구설(口舌), 시비(是非)를 대표하고 하원(下元)에 반국(反局)이 되어 화장실에 임하면 구설(口舌), 시비(是非)가 생깁니다. 7은 백호(白虎)로써 훼손(毁損), 손상(損傷), 피를 보는 등의 사건의 생깁니다. 7은 입인데 7, 7이면 언청이 출생, 구강문제 등으로 고생하고 임산부에게 영향을 줄 수 있으니 반드시 주의해야합니다.

7, 8 오부구명(烏府求名)

칠적(七赤)궁에 서재라고 하면 유년(流年)에서 팔백(八白)이 임할 때 사업이 번성하고 학업에 유리합니다. 7은 금(부를 상징)이고 8은 토(부를 상징)인데 합국(合局)이면 부동산(不動産)을 구입하여 성공하거나 옥(玉), 광산업(鑛産業)으로 발전하게 됩니다.

7, 9 회록지재(回祿之災)

회록지재(回祿之災)의 의미는 얼마를 벌든지 상대방에게 빼앗기는 것을 의미합니다. 고대에 회록지재(回祿之災)는 초가(抄家) 즉 재산(財産)을 몰수(沒收)당하는 것을 말하는데 얼마가 있든지 국가(國家)에 압수(押收)당하는 것을 말합니다. 9, 5는 약물중독(藥物中毒)을 말하는데 여기에 다시 7이 오게 되면 약물(藥物)이 입(口)에 있다는 것입니다. 만일 7이 없다면 9, 5는 피부병(皮膚病)이 됩니다. 유년(流年)에서 7을 만나게 되면 약물이 입으로 가는 모습으로 복통, 암 등을 경험하게 됩니다. 7, 9는 유흥업등을 상징하며 현재에는 인터넷 포르노, 애인대행 등의 업종이 유행하는 것입니다. 어떤사람이 돈을 벌어 유흥으로 돈을 쓰거나 하는 것도 7, 9 회록지재(回祿之災)의 영향입니다.

제 8 항 요결 팔백(八白) 좌보(左輔)

2004 ~ 2024년 까지 8운(運)입니다. 즉 8이 당령(當令)하여 부동산(不動産), 광산업(鑛産業), 애완동물(愛玩動物), 인정흥왕(人丁興旺) 등의 의미가 있고 9는

미래(未來)의 성(星)으로 8, 9가 동궁하면 큰 부자의 뜻이 있게 됩니다.

8, 8 충잔자식(沖殘子息)

8은 간괘(艮卦)이고 소남인데, 반국(反局)이면 다시 유년(流年)에서 팔백(八白)을 보게 되면 반드시 사람이 상하게 되고 막내에 불리, 손재(損財), 유산 등이 있습니다. 8의 반국(反局)은 근골손상의 뜻이 있고 화장실 혹은 하수도에 해당하면 뼈가 부러지거나 다치는 사건이 있게됩니다.

8, 9 혼희중래(婚喜重來)

재물(財物)과 기쁜일이 중복됨을 말합니다. 침실이 여기에 해당하고 유년(流年)에서 9가 다시오면 크게 기쁜일, 혼사, 출산, 승진 등의 일이 있습니다. 화장실이 여기에 해당할 때 유년(流年)에서 9가 다시오면 눈(目)에 문제가 생기거나 도화(桃花)를 범(犯)하거나 이혼(離婚)등의 문제가 생깁니다.

제 9 항 요결 구자(九紫) 우필(右弼)

9는 미래(未來)의 생기(生氣)이고 8운 20년간 역시 왕성(旺星)입니다. 동시에 9는 도화(桃花)를 상징하고 오행(五行)은 화입니다. 정도화(正桃花)가 될지 난도화(亂桃花)가 될지의 구분은 조심해서 살펴야 합니다.

9, 9 청운지로(青雲之路)

9가 두 번 겹치면 두배의 의미와 승승장구(乘勝長驅)를 말합니다. 합국(合局)이 되면 지혜(知慧)와 학문(學文)을 가진 인재(人才)가 되어 능히 청운(青雲)의 꿈을 일게 됩니다. 한 사람의 명리(名利)와 행복한 생활 역시 9, 9 동궁(同宮)에 있습니다.

제 1 장 구궁팔괘지괘법 (九宮八卦之法)

제 1 절 팔괘만물속류 (八卦萬物屬類)

팔괘(八卦)는 선천(先天)과 후천(後天)의 구분이 있습니다. 전설에 선천팔괘는 복희씨가 만들었고 주나라에 이르러 주나라 문왕이 선천팔괘의 기초 위에 후천팔괘를 만들었다고 전해집니다. 이는 역학연구의 기초로 틀을 잡았으며 역경(易經)에 기재된 복희팔괘도는 우주의 8종류의 자연현상을 표시하는 것입니다.

☰ 건괘(乾卦)는 건삼련 天을 대표합니다.

☷ 곤괘(坤卦)는 곤삼절 地를 대표합니다.

☲ 리괘(離卦)는 이허중 火를 대표합니다.(태양(太陽))

☵ 감괘(坎卦)는 감중련 水를 대표합니다.(태음(太陰))

☳ 진괘(震卦)는 진하련 雷를 대표합니다.

☴ 손괘(巽卦)는 손하절 風을 대표합니다.

☶ 간괘(艮卦)는 간상련 山을 대표합니다.

☱ 태괘(兌卦)는 태상절 澤을 대표합니다.

곧 8개의 부호는 세상의 8대 상징을 말하는 것이고 이것은 천, 지, 화, 산, 택, 풍, 뇌, 수의 8가지 상징이 되었습니다. 이것의 8가지가 8번 변화하여 64괘가 탄생하는 것입니다. 즉 선천8괘의 연역으로 64괘가 혹은 후천(後天) 팔괘(八卦)라고도 하는데 선천(先天)을 체(體)로 하여 리(理)로 삼고, 문왕(文王) 팔괘(八卦)를 용(用)으로 지(智)로 삼는 것입니다.

팔괘와 하도, 낙서는 역학의 기초중의 기초가 됩니다.

팔괘만물속류(八卦萬物屬類)

乾卦 : 天, 父, 노인, 관귀, 머리, 뼈, 말, 金, 보석, 옥, 거울, 열매, 단단한 물건

坤卦 : 地, 母, 土, 牛, 가마솥, 문장, 포목, 황색, 자기, 배, 치마, 흑색, 책, 쌀

震卦 : 雷, 長男, 다리, 머리카락, 용, 발굽, 대나무, 악기류, 초목, 청록색, 뱀

巽卦 : 風, 장녀, 닭, 고관절, 풀, 향기, 악취, 줄, 깃털, 선도, 공장, 예술품

坎卦 : 水, 돼지, 귀, 피, 달, 도둑, 어류, 소금, 흑색, 수중생물

離卦 : 火 , 꿩, 日, 눈, 전기, 중녀, 문서, 난로, 게, 조개류, 적자색, 건조물등

艮卦 : 山, 土, 소남, 동자, 개, 손, 손가락, 경로, 사찰, 코

兌卦 : 연못, 소녀, 무당, 혀, 첩, 폐, 양, 노비 등

제 2 절 낙서구궁 배괘배성도 (洛書九宮 配掛配星圖)

풍수길흉(吉凶)을 감정할 때 길흉(吉凶) 판단의 기준이 되고 많이 사용되는 지운반입니다.

4☴	9☲	2☷
3☳	5	7☱
8☶	1☵	6☰

실전에서 운용할 때 지운의 이기적 방법은 각각의 9궁의 실제 상황과 영정(零正), 음양(陰陽)의 방법을 활용하여 귀결하여 길흉(吉凶)화복을 판단합니다. 원운(元運), 영정(零正), 음양(陰陽), 합국(合局), 반국(反局)의 추단을 통해 결과를 추론합니다.

제 3 절 삼원구궁 팔괘분운 (三元九宮八卦分運)

상원(上元)

일백(一白) 탐랑(貪狼) 水運 → 坎 1 宮

이흑(二黑) 거문(巨門) 土運 → 坤 2 宮

삼벽(三碧) 녹존(祿存) 木運 → 震 3 宮

중원(中元)

사록(四綠) 문곡(文曲) 木運 → 巽 4 宮

오황(五黃) 염정(廉貞) 土運 → 中 5 宮

육백(六白) 무곡(武曲) 金運 → 乾 6 宮

하원(下元)

칠적(七赤) 파군(破軍) 金運 → 兌 7 宮

팔백(八白) 좌보(左輔) 土運 → 艮 8 宮

구자(九紫) 우필(右弼) 火運 → 離 9 宮

제 4 절 팔괘 정신영신 (八卦 正神零神)

	상원(上元) 90년	하원(下元) 90년
정신(正神)	坎, 坤, 震, 巽	乾, 兌, 艮, 離
영신(零神)	乾, 兌, 艮, 離	坎, 坤, 震, 巽

제 5 절 팔괘 허실공만 (八卦 虛實空滿)

"山上龍神不下水, 水里龍神不上山"
"산상용신불하수, 수리용신불상산"

우리의 거주 환경에서 정신(正神) 방위(方位)는 만(滿), 실(實), 래수(來水) 등이 정신(正神)의 범위(範圍)에 속(屬)합니다. 만실(滿實)이라고 하는 것은 지세가 높거나 고대원만(高大圓滿), 수려(秀麗)하거나 혹 산의 숲이 미려하고 풍만한 것 혹은 거주하는 곳의 주변이 높은 건축물에 둘러쌓여있는 것 등입니다.

우리 거주환경에서 영신(零神) 방위(方位)는 공(空), 허(虛), 거수(去水) 등의 상태로, 공(空)과 허(虛)는 물의 흐름이 굽어 흐르거나 잠시 머무는 듯 흘러가는 낮은 지세를 말하고, 이는 반궁(反弓)이 없고 횡(橫)으로 흐르지 않아야 합니다. 상원(上元)의 일백(一白)은 정북(正北)에, 2는 서남(西南)에 3운(運)에 정동(正東), 사록(四綠)운에 동남(東南)등에 영성(零星)이 있게 되고, 하원(下元)에 육백(六白)은 서북(西北), 칠적(七赤)은 정서(正西), 팔백(八白)은 동북(東北), 구자(九紫)는 정남(正南)에 있게 됩니다.

제 6 절 팔괘반국단결 (八卦反局斷訣)

乾反头痛坤腹疾，震反足伤巽骨病
坎反耳聋离失明，缺唇歪嘴兑宫推
拐手六指何方应，只因艮宫不合规
巽主秃子翻白眼，长女持刀欲自槌
震巽俱反家生盗，男女疯癫药难医

하원(下元)을 기준으로 설명을 하면, 건궁(乾宮)에 저수지, 하류, 함몰처 등이 있는 것으로, 거주환경의 서북(西北)에 화장실, 하수도, 배기구멍, 어항, 욕실 등이 있으면 반국(反局)이 됩니다. 집안에 거주하는 남자들에게 두통, 뇌출혈, 손재 등으로 문제가 생깁니다.

만일 곤궁(坤宮)에 높은 건축물, 개문, 침실, 서재, 주방, 신위, 쇼파, TV, 에어컨 등은 반국(反局)이 됩니다. 기주하는 여성이 복부질병, 허리비만, 자궁냉증, 물혹, 위장병, 요통, 결혼불리, 고부갈등, 손재 등이 생깁니다.

만일 거주하는 집의 진궁(震宮)에 높은 건축물, 개문, 침실, 서재, 주방, 신위, 쇼파, TV, 에어컨 등은 반국(反局)이 됩니다. 장자나 장남(長男)의 교통사고, 간담질병, 도난당함, 손재시비 등이 생깁니다.

만일 거주하는 집의 손궁(巽宮)에 높은 건축물, 개문, 침실, 서재, 주방, 신위, 쇼파, TV, 에어컨 등은 반국(反局)이 됩니다. 고관절 손상, 근육통, 다이어트 실패 등이 장녀와 큰며느리에게 일어납니다.

만일 거주하는 집의 감궁(坎宮)에 높은 건축물, 개문, 침실, 서재, 주방, 신위, 쇼파, TV, 에어컨 등은 반국(反局)이 됩니다. 귓병, 신장병, 요통, 불임, 정자활동저하, 중남에 응기가 있습니다.

거주하는 집의 리궁(離宮)에 만일 저수지, 하류, 함몰처, 화장실, 하수도, 배기구멍, 어항, 욕실 등이 있으면 반국(反局)인데, 집안에 시력저하, 고도근시, 망막박리, 심장병, 심뇌혈관병 등이 중녀 혹은 둘째며느리에 응합니다.

거주하는 집의 태궁(兌宮)에 만일 저수지, 하류, 함몰처, 화장실, 하수도, 배기구멍, 어항, 욕실 등이 있으면 반국(反局)인데, 언청이, 구설시비 등이 있게 되고, 이는 소녀, 작은 며느리에 응합니다.

거주하는 집의 간궁(艮宮)에 만일 저수지, 하류, 함몰처, 화장실, 하수도, 배기구멍, 어항, 욕실 등이 있으면 반국(反局)이 됩니다. 육손(六指), 소남불리, 결석, 피부병, 어깨손상 등이 있고 막내에게 응합니다.

제 7 절 선후천이기 (先後天理氣)

우리는 거주환경의 길흉(吉凶)을 추리할 때 선천(先天) 팔괘(八卦)를 체(體)로하고 후천(後天) 팔괘(八卦)를 용(用)으로 합니다. 선천팔괘(先天八卦)는 乾, 坤, 坎, 離, 震, 巽, 艮, 兌로, 천지(天地), 일월(日月), 뇌풍(雷風), 산택(山澤) 등 일체의 자연현상(自然現象)을 상징(象徵)합니다. 후천팔괘(後天八卦)는 자연(自然)의 방위(方位)와 음양(陰陽), 영정(零正)의 변화(變化)를 상징(象徵)합니다. 선천팔괘(先天八卦)가 정신(精神)을 후천팔괘(後天八卦)가 인체(人體)를 대표(代表)하는데 어떤부위의 선후천(先後天)의 위치가 손상(실령(失令), 반국(反局))이 되면 그 괘에서 상징하는 인물이 사망하거나 큰 재난, 항거불능의 상태에 빠질 수 있습니다.

제 1 항 선후천팔괘관계도(先後天八卦關係圖)

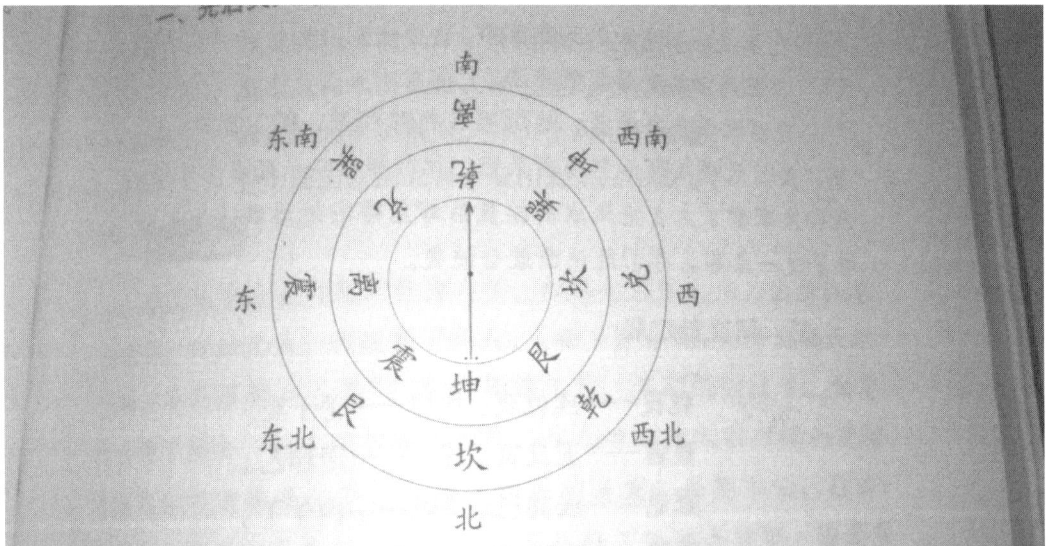

先后天八卦通气图

제 2 항 선후천통기(先後天通氣)

선천 감괘(坎卦)는 후천 태괘(兌卦), 1, 7 통기
선천 곤괘(坤卦)는 후천 감괘(坎卦), 2, 1 통기
선천 진괘(震卦)는 후천 간괘(艮卦), 3, 8 통기
선천 손괘(巽卦)는 후천 곤괘(坤卦), 4, 2 통기
선천 건괘(乾卦)는 후천 리괘(離卦), 6, 9 통기
선천 태괘(兌卦)는 후천 손괘(巽卦), 7, 4 통기
선천 간괘(艮卦)는 후천 건괘(乾卦), 8, 6 통기
선천 리괘(離卦)는 후천 진괘(震卦), 9, 3 통기

위에서 설명한 선후천팔괘의 반국(反局)이 될 때 길흉(吉凶)관계 3가지를 설명합니다.

1. 먼저 선후천의 합국(合局)과 반국(反局)을 살펴야 합니다.
2. 선천의 자리에 출수(出水)가 있다면 그 길흉(吉凶)을 살펴야 합니다.
3. 동궁괘의 분석을 해야합니다.

선후천의 이기(理氣)와 애성(挨星)과 지운(地運) 이기(理氣)는 상호보완(相互補完)의 관계입니다. 그러므로 요점을 잘 잡아서 분석해야 합니다. 삼원(三元) 이기(理氣)의 논리(論理)를 적용하여 모순(矛盾)된 점을 찾아 판단해야 하는데, 많은 사람들이 지운(地運)의 중요점을 간과하는 경우가 많습니다. 요점파악을 잘 하여 하나의 손실로 없어야 할 것입니다.

제 3 항 동궁괘정국(同宮卦定局)

건(乾) 간(艮) → 戌, 乾, 亥 (술, 건, 해)
간(艮) 진(震) → 丑, 乾, 寅 (축, 간, 인)
손(巽) 태(兌) → 辰, 巽, 巳 (진, 손, 사)
곤(坤) 손(巽) → 未, 坤, 申 (미, 곤, 신)
감(坎) 곤(坤) → 壬, 子, 癸 (임, 자, 계)
진(震) 리(離) → 甲, 卯, 乙 (갑, 묘, 을)
리(離) 건(乾) → 丙, 午, 丁 (병, 오, 정)

태(兌) 감(坎) → 庚, 酉, 辛 (경, 유, 신)

선후천 팔괘 동정국은 가족구성원의 건강, 운세의 향배(向背)를 정밀하게 추단하는 방법입니다. 거주환경에서 장기 거주하는 경우, 예를들어 태궁(兌宮)의 위치에 선천(中男), 희천(少女) 관계에 의거, 한곳에 문제가 생기면 두곳의 인물에 영향을 같이 받게 됩니다.

제 4 항 용맥 혈맥 (龍脈血脈)

1. 용맥(龍脈) 통기(通氣) : 예를들어 리용(離龍)에서 건(乾)으로 입수(入首)할 때 건좌손향(乾坐巽向)을 쓰면 용(龍)과 좌산(坐山)이 선후천(先後天) 통기(通氣)가 됩니다.
2. 혈맥(血脈) 통기(通氣) : 진(震), 건(乾)에서 래수(來水)하여 리방(離方)에서 교회(交會)하여 출수(出水)하고 감궁(坎宮)(壬, 子, 癸)으로 산(山)을 삼으면 용진열석(龍進血的)이고 금성수구사(金星水口砂)가 있다면 삼원불패국(三元不敗局)입니다. 건(乾)은 선천(先天)의 리(離)이고 리(離)는 선천(先天)에 진(震)이며 3곳에서 능히 상생하니 상하(上下) 원운(元運)에 모두 수(水)의 도움을 받습니다.

제 5 항 수출선천(水出先天)

坎山離向出水兌卦, 艮山坤向出水乾卦
震山兌向出水艮卦, 巽山乾向出水坤卦
離山坎向出水震卦, 坤山艮向出水坎卦
兌山震向出水巽卦, 乾山巽向出水離卦

구결중에서 좌산(坐山)의 선천(先天)은 인정(人丁)을 말합니다. 만일 선천위(先天位)에서 출수(出水)될 때, 직충(直沖)으로 나가면 선천(先天)을 충(沖)하는것과 같으니 인정(人丁)이 상하게 됩니다.

비본(秘本)에 이르기를 '선천을 어디서 찾는가 어려운 재난에서 소수의 사람만

이 살아남는다' 라고 하였습니다. 내국(內局)이 선천(先天)을 파(破)하면 반드시 어린 남자가 손상을 입습니다. 천간(天干)은 남자(男子)를 대표하고 지지(地支)는 여자(女子)를 대표합니다. 이 방법은 반드시 기운과 원운(元運)을 결합해서 살펴야 합니다. 단독으로 판단하면 실수를 하게됩니다.

예를들어 감좌리향(坎坐離向) 태괘(兌卦)출수이면 상원(上元)에서는 오히려 재물(財物)의 발복이 있으나 하원(下元)에서는 사람이 상하고 손재(損財)가 따릅니다.

제 8 절 선후천반국단결 (先後天反局斷訣)

六九反局傷老父, 二一反局傷老母
三八反局傷長男, 一七反局傷中男
八六反局傷少男, 四二反局傷長女
九三反局傷中女, 七四反局傷少女

이것은 선후천(先後天) 팔괘(八卦) 관계(關係)를 근거(根據)로 하는 것이며 반국(反局)이 되었을 때의 판단법입니다.

6. 9 反局傷老父, 2, 1 反局傷老母

거주하는 집의 건궁(乾宮)과 리궁(離宮)이 동시에, 연못, 히류 저지대 등이면 반국(反局)이고 집의 건궁(乾宮)에에 화장실, 하수도, 배기구, 어항, 욕실 등이 있으면 반국(反局)이고 시력저하, 고도근시, 망막박리, 심장병, 고혈압 등이 있고 집의 둘째딸, 둘째며느리가 특히 나쁘게 됩니다.

거주하는 집의 감궁(坎宮)과 곤궁(坤宮)이 동시에, 높은건물, 문을 내는 것, 침실, 공부방, 주방, 신위, 소파, 에어컨 등이 있으면 반국(反局)이며 집안의 노모가 나쁘게 됩니다.

3. 8 反局傷長男, 1, 7 反局傷中男

거주하는 집의 진궁(震宮)에 높은건물, 문을 내는 것, 침실, 공부방, 주방, 신위, 소파, 에어컨 등이 있으면 반국(反局)이 됩니다.

거주하는 집의 간궁(艮宮)에 연못, 하류 저지대, 거주환경의 서북에 화장실, 하수도, 배기구멍, 어항, 욕실 등이 있으면 반국(反局)이 됩니다. 그리고 이 두 개의 궁이 동시에 반국(反局)이 되면 집안의 장남(長男)이 손상을 입습니다.

거주하는 집의 감궁(坎宮)에 높은건물, 문을 내는 것, 침실, 공부방, 주방, 신위, 소파, 에어컨 등이 있으면 반국(反局)이 됩니다.

또 거주환경의 태궁(兌宮)에 연못, 하류 저지대등이 있고 거주환경의 서북에 화장실, 하수도, 배기구멍, 어항, 욕실 등이 있으면 반국(反局)이 됩니다. 그리고 이 두 개의 궁이 동시에 반국(反局)이 되면 집안의 중남(中男)이 손상을 입습니다.

8, 6 反局傷少男, 4, 2 反局傷長女

거주하는 집의 간궁(艮宮)과 건궁(乾宮)이 동시에 연못, 하류 저지대, 또 거주환경의 서북에 화장실, 하수도, 배기구멍, 어항, 욕실 등이 있으면 반국(反局)이 됩니다. 이 두가지가 동시에 반국(反局)이면 집안의 소남(少男)이 손상을 입습니다.

거주하는 집의 손궁(巽宮)과 곤궁(坤宮)이 동시에 높은건물, 문을 내는 것, 침실, 공부방, 주방, 신위, 소파, 에어컨 등이 있으면 반국(反局)입니다. 이 두 곳이 동시에 반국(反局)이면 집안의 장녀(長女) 혹은 큰 며느리가 손상을 입습니다.

9, 3 反局傷中女, 7, 4 反局傷少女

거주하는 집의 리궁(離宮)에 연못, 하류, 저지대, 거주환경의 서북에 화장실, 하수도, 배기구멍, 어항, 욕실 등이 있으면 반국(反局)이 됩니다.

또 거주하는 환경의 진궁(震宮)에 높은건물, 문을 내는 것, 침실, 공부방, 주방, 신위, 소파, 에어컨 등이 있으면 반국(反局)이며 이 두 곳이 동시에 반국(反局)이 되면 집안의 중녀(中女), 둘째며느리가 손상을 입습니다.

거주하는 집의 태궁(兌宮)에 연못, 하류, 저지대, 거주환경의 서북에 화장실, 하수도, 배기구멍, 어항, 욕실 등이 있으면 반국(反局)이 됩니다.

거주하는 환경의 손궁(巽宮)에 높은건물, 문을 내는 것, 침실, 공부방, 주방, 신위, 소파, 에어컨 등이 있으면 반국(反局)이며 이 두 곳이 동시에 반국(反局)이면 집안의 막내, 막내며느리가 손상을 입습니다.

제 9 절 양원용운법 (兩元運用法)

이것은 대현공풍수(大玄空風水)의 비법(秘法)으로, 9궁 24산의 용(龍), 혈(穴), 사(砂), 수(水) 등을 운용(運用)하는 것입니다. 능숙하게 애성(挨星)과 배합하여 사용하면 신(神)과 같은 적중률을 보일 수 있습니다.

제 1 항 감궁(坎宮) 삼산(三山)

산(山)은 용운(龍運) 물(水)은 수운(水運) 입니다. 이것이 상원 일백(一白)운이고 감룡(坎龍)이 사령(司令)이 됩니다. 물은 반드시 리(離)에서 와야 하고 리(離)의 선천(先天)은 건(乾)입니다. 이것은 첫번째이고 또 1, 6 공종하여 천지 생성수가 되며 건괘(乾卦)가 照神이 되기 때문입니다.

산(山), 수(水)가 이와같이 되면 1운에 (甲子 ~ 甲戌)사람과 재물이 많아집니다.

제 2 항 곤궁(坤宮) 삼산(三山)

이것은 상원(上元) 2운이고 이흑(二黑)이 사령하며 곤산(坤山)에 물은 간(艮)에서 와야하고 간(艮)은 선천의 진궁(震宮)입니다. 진(震)은 장남(長男)이고, 태(兌)는 조신(照神)이는 2, 7 동도이고 천지 생성수가 됩니다.

산수(山水)가 이와같이 되면 2운에 (甲申 ~ 甲午)사람과 재물이 많아집니다.

제 3 항 진궁(震宮) 삼산(三山)

이것은 상원(上元) 3운이고 삼벽(三碧)이 당령(當令)하며 진괘(震卦)입니다. 진산(震山)은 반드시 태(兌)에서 물이 와야하며 태(兌)의 선천(先天)은 감(坎)입니다. 감(坎)은 중남(中男)이고 간(艮)은 조신(照神)인데 3, 8 붕(朋)이고 생성수입니다. 산수(山水)가 이와 같으면 (甲辰 ~ 甲寅) 3운중에 부귀(富貴)하게 됩니다.

제 4 항 손궁(巽宮) 삼산(三山)

이것은 상원(上元) 4운이고 사록(四綠)이 당령(當令)하며 손괘(巽卦)입니다. 손산(巽山)은 반드시 건(乾)에서 물이 와야 하며 건(乾)의 선천(先天)은 간(艮)입니다. 간(艮)은 소남(少男)이고 이는 조신(照神)인데 4, 9는 우(友)이고 생성수입니다. 산수(山水)가 이와 같이 되면 (甲子, 甲戌, 甲申) 4운중에 부귀(富貴)하게 됩니다.

제 5 항 건궁(乾宮) 삼산(三山)

이것은 하원(下元) 6운(運)이고 육백(六白)이 당령(當令)하며 건괘(乾卦)입니다. 건산(乾山)은 반드시 손(巽)에서 물이 와야하며 손(巽)의 선천(先天)은 태(兌)입니다. 태(兌)는 소녀(少女)이고 감(坎)이 조신(照神)이고 1, 6 공종이고 생성수입니다. 산수(山水)가 이와같이 되면(甲午, 甲辰, 甲寅) 6운중에 부귀쌍전(富貴雙全)합니다.

제 6 항 태궁(兌宮) 삼산(三山)

이것은 하원(下元) 7운(運)이고 칠적(七赤)이 당령(當令)하며 태괘(兌卦)입니다. 태산(兌山)은 반드시 진(震)에서 물이 와야하며 진(震)의 선천(先天)은 리(離)입니다. 리(離)는 중녀(中女)이고 곤(坤)이 조신(照神)이며 2, 7 동도(同道)이고 생성수입니다. 산수(山水)가 이와같이 되면(甲子, 甲戌) 7운중에 부귀쌍전(富貴雙全)합니다.

제 7 항 간궁(艮宮) 삼산(三山)

이것은 하원(下元) 8운(運)이고, 팔백(八白)이 당령(當令)하며, 간괘(艮卦)입니다. 간산(艮山)은 반드시 곤(坤)에서 물이 와야하며 곤(坤)의 선천(先天)은 손(巽)입니다. 손(巽)은 장녀(長女)이고 진(震)이 조신(照神)이고 3, 8 붕(朋)이고 생성수입니다. 산수(山水)가 이와 같이 되면 8운중에 (甲申, 甲午) 부귀쌍전(富貴雙全)합니다.

제 8 항 리궁(離宮) 삼산(三山)

이것은 하원(下元) 9운(運)이고 구자(九紫)가 당령(當令)하며 리괘(離卦)입니다. 리산(離山)은 반드시 감(坎)에서 물이 와야하며 감(坎)의 선천(先天)은 곤(坤)입니다. 곤(坤)은 노모(老母)이고 손(巽)의 조신(照神)이고 4, 9 우(友)이고 생성수입니다. 산수(山水)가 이와 같이 되면 하원 9운(甲辰, 甲寅)중에 부귀쌍전(富貴雙全)합니다.

제 10 절 천기일자단(天機一字斷)

천기일자단(天機一字斷)은 선후천(先後天) 이기법(理氣法)에서 유래(由來)되었습니다. 지운(地運)과 대운(大運)을 결합하여 해석하는 방법인데 실제에 있어서도 많이 사용됩니다.

제 1 항 건괘(乾卦)

선천 : 丙, 午, 丁

후천 : 戌, 乾, 亥 상원에 水, 하원에 山

丙, 戌 : 남자단명. 가축중 수컷이 죽음, 복통, 두통, 왼쪽부터 통증시작

午, 乾 : 부친곤란, 두통, 골절, 폐질환, 얼굴종기, 종양, 설사, 안질, 화재, 불임

丁, 亥 : 돼지띠 여성의 사망, 두통, 종양

제 2 항 감괘(坎卦)

선천 : 庚, 酉, 辛 상원에 水, 하원에 山

후천 : 壬, 子, 癸 하원에 山, 상원에 水

庚, 壬 : 중남사망, 방광질환, 가축의 기르기 어려움, 화병, 입건조, 남자도둑.

酉, 子 : 중남(中男) 귀 문제, 신장기능저하, 호색, 도적성,

辛, 癸 : 여성 음란, 도적, 둘째녀 사망, 생리불순, 눈의 어지러움

제 3 항 간괘(艮卦)

선천 : 戌, 乾, 亥 하원에 山

후천 : 丑, 艮, 寅 상원에 水

戌, 丑 : 소남불리, 작은며느리 어려움, 손 허리통증, 인체 중하부 문제의 발생

乾, 艮 : 자살, 도적, 관재, 기혈양허, 소남황달

寅, 亥 : 비장질병, 막내재산, 무자식

제 4 항 진괘(震卦)

선천 : 丑, 艮, 寅 상원에 水, 하원에 山

후천 : 甲, 卯, 乙 상원에 山, 하원에 水

丑, 甲 : 장남(長男) 무자(無子), 요절(夭折), 간담병, 시력저하

艮, 卯 : 남자(男子) 요절(夭折), 20대 요절, 간담병, 좌측늑골이상

寅, 乙 : 장남(長男) 장녀(長女), 구설시비, 오른쪽눈질환, 간담병

제 5 항 손괘(巽卦)

선천 : 未, 坤, 申

후천 : 辰, 巽, 巳 상원에 山, 하원에 水

未, 辰 : 피부, 복부질환, 장녀무자, 장남(長男)재산, 용두사미

坤, 巽 : 고부갈등, 장녀발전느림, 유방통

申, 巳 : 하복통, 폐병, 저림병

제 6 항 리괘(離卦)

선천 : 甲, 卯, 乙 상원에 山, 하원에 水

후천 : 丙, 午, 丁 상원에 水, 상원에 山

甲, 丙 : 둘째, 눈 이상, 상원손재, 관재, 도난, 왼쪽배 통증

卯, 午 : 둘째 곤란, 월경이상, 안구염증, 심장병, 화재

乙, 丁 : 둘째 문제발생, 심뇌이상, 오른쪽 눈병, 음란, 모든원인은 반국(反局)

제 7 항 곤괘(坤卦)

선천 : 壬, 子, 癸

후천 : 未, 坤. 申 상원에 山, 하원에 水

壬, 未 : 계절병, 노모질병, 소화기질병, 왼손마비

子, 坤 : 노모곤란, 해소, 부종, 하원 합국(合局) 出 의사

癸, 申 : 비뇨기병, 두통, 근육통, 냉병

제 8 항 태괘(兌卦)

선천 : 辰, 巽, 巳상원에 山, 하원에 水

후천 : 庚, 酉, 辛상원에 水, 하원에 山

辰, 庚 : 화병사망, 막내곤란, 생리불순, 남녀바람, 성병, 도박중독

巽, 酉 : 생식기병, 손이상, 스토커, 구설시비, 화상

巳, 辛 : 눈병, 칼에 상처, 막내곤란, 연애갈등

제 11 절 팔방삼원기운왕쇠정국 (八方三元氣運旺衰定局)

상원갑자(上元甲子) 60년

坎(通運)	艮(逆煞)	震(生)	巽(生)
離(刑死)	坤(逆煞)	兌(敗)	乾(敗)

중원갑자(中元甲子) 60년

巽(通運)	離(生)	坤(刑死)	兌(逆煞)
乾(逆煞)	坤(逆煞)	艮(刑死)	震(旺運)

하원갑자(下元甲子) 60년

兌(通運)	乾(旺運)	坎(生運)	艮(敗)
震(刑死)	巽(刑死)	離(逆煞)	坤(敗)

8산(山) 혹은 유년(流年)의 운기와 원운(元運)이 같이 생왕(生旺)한 것을 득기(得氣)라 하고 대길(大吉)입니다. 산(山)과 수(水)가 왕(旺)한 해를 만나면 더욱 길(吉)하고 원운(元運)이 쇠(衰)한 것을 실기(失氣)라 하고 대흉(大凶)하며 산(山)과 수(水)가 쇠(衰)한 해(年)를 만나면 절대 주의해야 합니다.

제 12 절 삼원수룡도(三元水龍圖)

제 1 항 탐랑구성(상원 甲子, 甲戌 20년)

煞	生	困
平	一白	平
困	死	崔

제 2 항 거문구성(상원, 甲申, 甲午 20년)

煞	平	死
平	二黑	崔
生	困	死

제 3 항 녹존주성(상원 甲辰, 甲寅 20년)

困	平	煞
死	三碧	生
崔	困	平

제 4 항 문곡주성(중원 甲子, 甲戌, 甲申 30년)

死	崔	困
困	四綠	平
平	煞	生

제 5 항 5. 무곡주성(중원, 甲午, 甲辰, 甲寅 30년)

生	煞	平
平	六白	困
困	崔	死

제 6 항 6. 파군주성(하원 甲子, 甲戌 20년)

平	困	崔
生	七赤	死
煞	平	困

제 7 항 좌보주성(하원 甲申, 甲午 20년)

平	困	生
崔	八白	煞
死	平	困

제 8 항 우필주성(하원 甲辰, 甲寅 20년)

崔	死	平
平	九紫	困
困	生	煞

제 2 장 대현공단법집요(大玄空斷法輯要)

제 1 절 구성반국단(九星反局斷)

만일 거주하는 집의 감궁(坎宮)에 높은건물, 문을 내는 것, 침실, 서재, 주방, 신위, 소파, TV, 에어컨 등이 있으면 반국(反局)인데 이것은 남자(男子)가 음주, 패가망신 등이 생기고 칠적(七赤)이 오게되면 반드시 관재구설(官災口舌), 도둑 등의 일이 생깁니다.

만일 거주하는 집의 곤궁(坤宮)에 높은건물, 문을 내는 것, 침실, 서재, 주방, 신위, 소파, TV, 에어컨 등이 있으면 반국(反局)인데 모친(母親), 유병(有病), 비장질병, 복부팽만, 소나 양을 키우기 어려움, 손재가 끊이지 않음 등이 생깁니다.

만일 거주하는 집의 진궁(震宮)에 높은건물, 문을 내는 것, 침실, 서재, 주방, 신위, 소파, TV, 에어컨 등이 있으면 반국(反局)인데 장자(長子)의 다리병, 간담병, 벼락손상, 큰 재난 등이 있게됩니다.

만일 거주하는 집의 손궁(巽宮)에 높은건물, 문을 내는 것, 침실, 서재, 주방, 신위, 소파, TV, 에어컨 등이 있으면 반국(反局)인데 장녀(長女), 큰 며느리의 허리질병, 정신병, 고부갈등, 천식, 혼인불리, 자살충동, 모친(母親)이 장녀를 비평함 등이 생깁니다.

만일 거주하는 집의 건궁(乾宮)에 연못, 하류 저지대, 거주환경의 서북에 화장실, 하수도, 배기구멍, 어항, 욕실 등이 있으면 반국(反局)이 됩니다. 이것은 부친(父親)의 두통, 어지럼증, 폐병, 토혈, 손재수, 근골질병 등이 있게됩니다.

만일 거주하는 집의 태궁(兌宮)에 연못, 하류 저지대, 거주환경의 서북에 화장실, 하수도, 배기구멍, 어항, 욕실 등이 있으면 반국(反局)이 됩니다. 이것은 소녀(少女), 작은며느리에게 불리하며 폐병, 토혈, 음란, 관재구설(官災口舌), 사고, 닭띠에게도 흉이 발생합니다.

만일 거주하는 집의 간궁(艮宮)에 연못, 하류 저지대, 거주환경의 서북에 화장실, 하수도, 배기구멍, 어항, 욕실 등이 있으면 반국(反局)이 됩니다. 이것은 등 부분의 종양, 위장병, 콧병, 어깨질병, 개미나 쥐가 집안에 있고 소남(少男)에 최고로 흉합니다.

만일 거주하는 집의 리궁(離宮)에 연못, 하류 저지대, 거주환경의 서북에 화장실, 하수도, 배기구멍, 어항, 욕실 등이 있으면 반국(反局)이 됩니다. 이것은 중녀(中女), 둘째며느리에 불리하고 화병, 안질, 시력저하, 망막분리, 심장병, 소장질병, 화재 등이 있게 됩니다.

제 2 절 수파영성단(水破零星斷)

원운(元運)에서 영성(零星)은 사람을 말합니다. 원운(元運)20년간 시간중에서 출수에 해당하면 반드시 사람이 상하게 됩니다. 영성(零星)의 활용방법은 두가지가 있습니다.

1

대현공풍수에서 애성(挨星)이 1운에 일백(一白)으로 출수(出水)
대현공풍수에서 애성(挨星)이 2운에 이흑(二黑)으로 출수(出水)
대현공풍수에서 애성(挨星)이 3운에 삼벽(三碧)으로 출수(出水)
대현공풍수에서 애성(挨星)이 4운에 사록(四綠)으로 출수(出水)
대현공풍수에서 애성(挨星)이 6운에 육백(六白)으로 출수(出水)
대현공풍수에서 애성(挨星)이 7운에 칠적(七赤)으로 출수(出水)
대현공풍수에서 애성(挨星)이 8운에 팔백(八白)으로 출수(出水)
대현공풍수에서 애성(挨星)이 9운에 구자(九紫)로 출수(出水)

2

상원 1운에 영성(零星)은 감궁(坎宮)에 있습니다.
상원 2운에 영성(零星)은 곤궁(坤宮)에 있습니다.
상원 3운에 영성(零星)은 진궁(震宮)에 있습니다.
상원 4운에 영성(零星)은 손궁(巽宮)에 있습니다.
하원 6운에 영성(零星)은 건궁(乾宮)에 있습니다.
하원 7운에 영성(零星)은 태궁(兌宮)에 있습니다.
하원 8운에 영성(零星)은 리궁(離宮)에 있습니다.
하원 9운에 영성(零星)은 간궁(艮宮)에 있습니다.

제 3 절 태세단법(太歲斷法)

비본(秘本)에 이르기를 입택요결(入宅要訣)에 흉신(凶神)을 보는 법으로, 가장 흉(凶)한 것은 태세(太歲)에 임(臨)하는 것입니다. 그보다 더욱 두려운 것은 수구(水口)에 임(臨)하는 것입니다. 천옥경(天玉經)에 태세(太歲)가 어떤 것인지 알아야 분명하게 알 수 있다고 하였습니다. 태세(太歲)는 1년을 관할(管轄)하는데, 합국(合局)이 될 때에는 길흉(吉凶)이 명확하지 않으나 반국(反局)이 되었을 때 문(門), 수구(水口), 용신(用神)에 해당할 때 반드시 흉사(凶事)가 발생합니다.

태세(太歲)의 지반(地盤)과 년반(年盤)의 구별(區別)

1. 지반(地盤) 태세(太歲)

子년에 子方, 丑년에 丑方, 寅년에 寅方, 卯년에 卯方
辰년에 辰方, 巳년에 巳方, 午년에 午方, 未년에 未方
申년에 申方, 酉년에 酉方, 戌년에 戌方, 亥년에 亥方

2. 년반(年盤) 태세(太歲)

子년에 일백(一白), 丑년에 팔백(八白), 寅년에 팔백(八白)
卯년에 삼벽(三碧), 辰, 巳에 사록(四綠), 午년에 구자(九紫)
未, 申에 이흑(二黑), 酉년에 칠적(七赤), 戌, 亥에 육백(六白)

이를 비태세(飛太歲)라고 합니다. 예를들어 갑자(甲子)년은 일백(一白)이 입중(入中)하기에 태세(太歲)가 중궁(中宮)에 있게 되고, 하원(下元) 갑자(甲子)년은 칠적(七赤) 입중(入中)이므로 일백(一白)이 간궁(艮宮)에 있게 되니 태세(太歲)가 간궁(艮宮)인 것입니다.

만일 반국(反局)인데 태세(太歲)가 수구(水口) 또는 출입구(出入口)이면 그 해에 재물(財物)과 사람이 상하게되고 만일 합국(合局)이라면 태세(太歲)가 수구(水口), 출입구(出入口)라면 그 해에 재물(財物)과 사람에 좋은 일이 계속해서 생깁니다.

제 4 절 띠를 활용한 길흉 판단법 (断发迹发凶生肖)

지지를 활용하여 띠를 유추하는 방법인데 구성(九星) 판단의 보조적인 것입니다.

제 1 항 띠와 성공(成功)

① 좌산(坐山)

축좌미향(丑坐未向)이면 丑 → 소띠가 해당

미좌축향(未坐丑向)이면 未 → 양띠가 해당

② 수려한 봉우리

주변의 수려한 산봉우리 혹은 영정(零正) 합국(合局)의 조건

나경(羅經)으로 측정하여 지지(地支)상의 해당(該當)되는 띠가 해당

제 2 항 띠와 실패(失敗)

① 수구(水口)

출수가 나경상의 어느지지에 해당하는지 판단

예를들어 申이 출수구이면 원숭이 띠가 불리

② 요함처(凹陷處)

주변의 산중에서 함몰(陷沒)된곳, 혹은 불합국(不合局)일 때

나경(羅經) 지반(地盤)의 글자로 해당되는 띠를 유추

제 5 절 구성배괘비단(九星配卦秘斷)

육백(六白) 배(配) 건괘(乾卦)

육백(六白)은 무곡(武曲)이 사령(司令)합니다. 득령(得令)하면 노부(老父)가 가권(家權)을 쥐게되고, 용맹(勇猛) 강개(慷慨)하고 실령(失令)하면 노부(老父)에 불리(不利)하고 57세를 넘기기 어렵고, 화병(火病)으로 고통받거나 뇌손상, 두통, 화재, 가축을 키우기 어렵습니다.

寅, 午, 戌 년 혹은 亥년 월에 응험(應驗)합니다.

일백(一白) 배(配) 감괘(坎卦)

일백(一白)은 탐랑(貪狼)이 사령(司令)합니다. 해당인물은 중남(中男)으로 득령(得令)하면 중남(中男)이 발복(發福)합니다. 재물(財物)로 인한 발복(發福)이 빠르고 총명(聰明)한 인재가 나며 실령(失令)하면 중남(中男)에 불리(不利)하여, 여색으로 인한 패가망신, 도난, 관재구설(官災口舌), 소아재난 등이 따릅니다.

12세 혹은 21세 사망하며, 庚, 癸, 辛, 壬년 8월 겨울에 응험(應驗)합니다.

팔백(八白) 배(配) 간괘(艮卦)

팔백(八白)은 좌보(左輔)가 사령(司令)하고 당령(當令)되면 소남(少男)이 발복(發福)합니다. 효심, 총명, 재물, 발달 등이 있습니다. 실령(失令)하면 64세의 수명(壽命)을 가지게 되고, 토혈, 이질, 감질로 사망하게 됩니다. 관재구설(官災口舌), 도적등이 따르며, 寅, 午, 戌년월에 응험이 있습니다.

삼벽(三碧) 배(配) 진괘(震卦)

삼벽(三碧)은 녹존(祿存)이 사령(司令)하고 당령(當令)되면 장남(長男)이 우선발복합니다. 효심인자, 성격강직의 의미가 있으며, 실령(失令)하면 요절(夭折)합니다. 24세 수명(壽命)을 이야기 하며, 토혈, 중풍, 수족마비등이 따릅니다. 亥, 卯, 未, 寅 년 1월에 응험이 있습니다.

사록(四綠) 배(配) 손괘(巽卦)

사록(四綠)은 문곡(文曲)이 사령(司令)하며 득령(得令)하면, 큰 며느리가 가정을 일으키고 현명, 정절, 종명, 소년등과가 있으며, 실령(失令)하면 큰며느리 단명,

산후병, 투신자살, 소아경풍, 여자귀신 출현 등의 일이 일어납니다.

구자(九紫) 배(配) 리괘(離卦)

구자(九紫)는 우필(右弼)이 사령(司令)하며 득령(得令)하면 둘째며느리, 장남(長男), 노부(老父)에 유리하고 예의(禮義)를 알고, 성격이 강직합니다. 실령(失令)하면 둘째가 힘이 들고 수명(壽命)이 27세가 됩니다. 전신질병으로 고생하며, 화재의 위험이 따릅니다. 1궁에 있으면 선천의 외눈이며, 2궁에 있으면 후천의 외눈 혹은 근시가 됩니다. 토혈, 코피, 노부장자가 화병으로 사망할 수 있습니다. 丙, 午, 丁년월, 2, 5월에 응험합니다.

이흑(二黑) 배(配) 곤괘(坤卦)

이흑(二黑)은 거문(巨門)이 사령(司令)하고 노모(老母)가 가정을 일으키고 건강하며, 현모양처, 장원급제등의 일이 있습니다. 실령(失令)하면 노모불리, 비위병, 해소, 천식, 소아식적병이 따라 1~2세에 사망합니다. 음란구설이 뒤따를 수 있으며, 甲, 子, 辰, 未년월에 응험이 있습니다.

칠적(七赤) 배(配) 태괘(兌卦)

칠적(七赤)은 파군(破軍)이 사령(司令)하며 소녀(少女)에 크게 유리하고 부귀(富貴) 쌍전(雙全)합니다. 실령(失令)하면 소녀(少女)가 요절(夭折)하며, 28세의 수명(壽命)을 가지고, 화재(火災), 폐경(肺經), 소아경풍(小兒驚風), 구설(口舌), 호색패가(好色敗家) 등이 따릅니다. 巳, 酉, 丑, 년월에 응험이 있습니다.

제 6 절 상하원양택산향론(上下元陽宅山向論)

건궁(乾宮)

상원(上元) 술(戌), 건(乾), 해(亥) 향(向)에 물이 감고 있으면 90년의 부귀(富貴)가 있고 중앙(中央)은 일자문(一字門)이 좋으며 문 밖은 나무로 가려지면 안됩니다. 이리하면 상원(上元)에 크게 발전(發展)하는데, 마당은 건(乾)방향과 공기유통이 좋아야 하고 상원(上元)에는 장방형(長方形)이 좋습니다. 하원(下元), 술(戌), 건(乾), 해(亥) 향(向)의 경우 주택의 중앙(中央)은 높이가 낮아야하며 대문(大門)은 감궁(坎宮)이 좋아 그리되면 90년의 부귀(富貴)가 보장됩니다. 정원은 한편으로 치우치게 하며 정원 앞 역시 차폐(遮蔽)되어야 하고 만약 장방형(長方形)이면 주방문(廚房門) 역시 차폐(遮蔽)해야 하고 건궁(乾宮)역시 앞을 차폐(遮蔽)해야 합니다.

감궁(坎宮)

상원(上元) 감궁(坎宮) 향(向)일때 대문(大門)은 건궁(乾宮) 혹은 간궁(艮宮)으로 나야하며 90년의 부귀(富貴)가 보장되고 정원은 작아야하고 감궁(坎宮)을 차폐해야하며 감궁(坎宮)은 담이 가려져야하고 하원에서는 대문(大門)은 일자문(一字門)이 좋고 문 외부는 물이 모이면 좋고 차폐되면 안됩니다. 문앞에 건물이 있으면 안됩니다. 감방(坎方)과 공기가 소통되어야하며 집은 장방형(長方形)이 좋습니다.

간궁(艮宮)

간괘(艮卦) 향(向)일 때 상원(上元)에 일자문(一字門)이 좋고 문밖은 물이 모이는 것이 좋고 담으로 막혀있으면 안되며 건물이 있어도 안됩니다. 간방(艮方)과 공기유통이 되어야하며 90년의 부귀가 따릅니다. 건물은 장방형이어야 됩니다.
하원(下元)에는 집이 작은게 좋고 대문(大門)은 감(坎), 간(艮)으로 나는게 좋고 간방(艮方)은 차폐(遮蔽)되어야하며 방 역시 간(艮)방향이 안 보이게 차폐(遮蔽)해야합니다. 이리하면 90년의 부귀가 보장됩니다.

진괘(震卦)

하원(下元) 진괘(震卦) 향(向)은 일자문(一字門)이 좋고, 물이 문앞에 모이는 것이 좋습니다. 차폐(遮蔽)는 안되고 중앙(中央)은 길어야 하고 방(房)이 있으면 안됩니다. 상원(上元)에는 중앙(中央)은 작고 대문(大門)은 간(艮)방향으로, 간방(艮方)에 물이 있으면 좋고 간(艮)방향이 보이는 방은 차폐(遮蔽)해야 합니다.

손괘(巽卦)

하원(下元) 손괘(巽卦) 향(向)은 중앙 마당은 길어야 하고 일자문(一字門)이 좋고 문 밖은 물이 모이는 것이 좋고 차폐되면 안됩니다. 건물역시 좋지 않습니다. 상원(上元)에는 중앙 마당이 작아야 하고 대문(大門)은 리방(離方)으로 되어야하고 문 밖은 물이 감싸면 좋고 손(巽)방위는 차폐되어야합니다.

리괘(離卦)

상원(上元) 리괘(離卦) 향(向)은 중앙마당이 길어야하고 방이 있으면 안됩니다. 대문(大門)은 일자대문(大門), 문 밖은 물이 감싸야 하며 차폐되면 안됩니다. 하원(下元)은 중앙마당이 작아야하고 대문(大門)은 곤(坤), 손(巽) 방향이 좋고 물이 감싸야 하며 리방(離方)은 차폐해야합니다.

곤괘(坤卦)

하원(下元)의 곤괘(坤卦) 삼향(三向)은 중앙이 길어야하고 일자대문(大門)은 꺼리고 문 밖은 물이 감싸야합니다. 상원(上元)에는 방(房)은 작게, 방(房)은 곤(坤)방향은 차폐(遮蔽)해야하고 문은 태(兌), 리(離) 방향이 좋고 물이 감싸야 좋습니다.

태괘(兌卦)

상원(上元) 태괘(兌卦) 삼향(三向)은 중앙이 길어야하고 방(房)은 꺼리며 일자대문(大門)이 좋으며 문 밖은 물이 감싸야 하고 차폐(遮蔽)는 안됩니다. 하원(下元)은 중앙(中央)이 작아야 하며 태(兌) 방위가 보이는 방(房)은 차폐(遮蔽)해야합니다. 문은 곤방(坤方)으로 내야하며 곤방(坤方) 역시 물이 감싸야 좋습니다.

제 7 절 24산 정향, 득령, 실령판단 (論二十四山正向得令失令斷)

제 1 항 임좌병향(壬坐丙向)

득령(得令) : 중남에 크게 이롭고 고향을 떠나서 발복(發福). 가축안전, 부귀쌍전, 후사가 많아짐

실령(失令) : 둘째며느리에 재난이 많습이 따르며, 소아경풍, 토혈, 화재, 음난, 월경불순, 유산, 관재구설(官災口舌), 고부갈등 등

제 2 항 자좌오향(子坐午向)

득령(得令) : 전광석화(電光石火)같이 가문이 일어남 내외(內外)의 재물을 얻어 특이한 성공

실령(失令) : 중녀요절, 관절통, 폐경, 가축키우기, 어려움

제 3 항 계좌정향(癸坐丁向)

득령(得令) : 중녀가 집안을 일으킴, 현자가 태어남, 군자같은 예의범절

실령(失令) : 고부불하, 폐병, 낙태, 음란, 눈병, 가축키우기가 어려움

제 4 항 축좌미향(丑坐未向)

득령(得令) : 노모건강, 남의 돈으로 성공, 문학소질

실령(失令) : 흉통, 관재구설(官災口舌), 다리마비, 소년과부, 가축불리, 폐병, 노모(老母) 음란(淫亂)

제 5 항 간좌곤향(艮坐坤向)

득령(得令) : 노모가 집안을 일으킴, 벼락부자, 물길이 집을 환포하면 장원급제

실령(失令) : 두통, 해소, 황달, 도화, 음란, 소아실적, 자살(목매다는 것)

제 6 항 인좌신향(寅坐申向)

득령(得令) : 노모건강, 효자, 총명, 부귀영원

실령(失令) : 노모불리, 복수, 성병, 폐경, 관재구설(官災口舌)

제 7 항 갑좌경향(甲坐庚向)

득령(得令) : 소녀발달, 남의 돈으로 성공, 소년과갑, 가축유리, 인정발달
실령(失令) : 이혼, 극처, 화재, 주색, 패가, 음란, 자살, 구설, 토혈

제 8 항 묘좌유향(卯坐酉向)

득령(得令) : 벼락부자, 부귀영원, 소녀가장, 만일 수려한 사수(砂水)가 있으면 소년대귀
실령(失令) : 남녀비뇨기병, 풍병, 장님, 이명, 소년질병

제 9 항 을좌신향(乙坐辛向)

득령(得令) : 효자, 효부, 현명, 횡재
실령(失令) : 산부인과병, 토혈, 폐병, 음란, 자상

제 10 항 진좌술향(辰坐戌向)

득령(得令) : 노부건강, 벼락부자, 문무겸비
실령(失令) : 패가망신, 두통, 복통, 외모흉물, 극처, 요절, 음란, 가축불리

제 11 항 손좌건향(巽坐乾向)

득령(得令) : 노부발전, 부귀영원, 말을 키우면 유리
실령(失令) : 맹인, 이명, 두통, 패륜, 자살, 돼지, 개 키우면 불리, 극처사망

제 12 항 해좌사향(亥坐巳向)

득령(得令) : 용맹, 강개한 사람 출생, 무관으로 발전
실령(失令) : 관재구설(官災口舌), 장남(長男)불리, 두통, 다리병

제 13 항 병좌임향(丙坐壬向)

득령(得令) : 중남발복, 횡재, 이로공명
실령(失令) : 남녀현명, 처주권, 강도사건

제 14 항 오좌자향(午坐子向)

득령(得令) : 자수성가, 타향발복, 인정대왕, 부귀쌍전
실령(失令) : 음란, 복수, 타향살이, 심장통증, 몽정

제 15 항 정좌계향(丁坐癸向)

득령(得令) : 상업, 가축유리, 총명천재, 이로공명

실령(失令) : 가축불리, 유산, 폐경, 시력상실, 이명, 성병, 색정

제 16 항 미좌축향(未坐丑向)

득령(得令) : 소남발복, 총명준수, 부귀쌍전

실령(失令) : 복수, 황달, 왼손손상, 요통, 시력저하, 패륜, 자살, 가축불리

제 17 항 곤좌간향(坤坐艮向)

득령(得令) : 상업발복, 셋째 유리, 부귀쌍전

실령(失令) : 소남불리, 부종, 이질, 두통, 관재구설(官災口舌), 개미, 쥐, 피해, 사나운 개의 습격

제 18 항 신좌인향(申坐寅向)

득령(得令) : 소년발복, 외부의 돈으로 성공, 현명, 온순, 부귀쌍전

실령(失令) : 소년조사, 관재구설(官災口舌), 손마비

제 19 항 경좌갑향(庚坐甲向)

득령(得令) : 장남(長男)발복 혹은 상업, 가축유리, 이로공명

실령(失令) : 남자주장 불리, 음란, 자살, 고관절 통증, 도적피해, 소아재난

제 20 항 유좌묘향(酉坐卯向)

득령(得令) : 주인성격 강직, 부귀쌍전, 인물유리, 과갑

실령(失令) : 타박상, 수족손상, 사나운 개, 음란, 관재구설(官災口舌)

제 21 항 술좌진향(戌座辰向)

득령(得令) : 장녀가 가문을 일으킴, 문창, 여성정절

실령(失令) : 장녀불운, 과부, 고관절마비, 음란, 관재, 안질환, 난산, 소아경풍, 양계불리

제 22 항 신좌을향(辛坐乙向)

득령(得令) : 장남(長男)유리, 상업, 가축 내발, 이로공명

실령(失令) : 치통, 인후통, 풍병, 토혈, 폐경, 관재

제 23 항 건좌손향(乾坐巽向)

득령(得令) : 발복, 최재, 소년과갑, 여성주권, 횡재

실령(失令) : 소아질병, 폐경, 음란, 투신자살, 요통, 해소, 황달

제 24 항 해좌사향(亥坐巳向)

득령(得令) : 주인총명, 문인성공

실령(失令) : 유방염, 골통, 화재, 장녀자살, 관재구설(官災口舌), 음란, 여귀신 출몰

제 8 절 평양, 도시, 양택, 산지 (論山區, 平壤, 城市, 陽宅 捷訣)

음택(陰宅)의 문제(問題)는 양택(陽宅)으로 보충(補充)하고
대문(大門)의 문제(問題)는 눈앞의 고통(苦痛)으로 다가옵니다.
양택(陽宅)은 산향(山向)을 논(論)할 필요(必要)가 없고,
오로지 대문(大門)의 향(向)으로 논(論)한다.
상원(上元) 북향(北向)에 건방(乾方)으로 개문(開門)하고
곤향(坤向)은 태방(兌方)으로 문(門)을 내야 편안(便安)하고
진향(震向)은 간방(艮方)으로 문(門)을 내야하고
손향(巽向)은 리방(離方)으로 문(門)을 내야 안정(安定)된다.
1, 2, 3, 4는 상원(上元)이고
6, 7, 8, 9는 하원(下元)이다
중원(中元)은 상하(上下)로 나눈다.
왕산왕향(旺山旺向)이 자연(自然)스럽고
천기(天氣)를 누설(漏泄)하기는 어려우나
세상(世上) 다스리는 것은 한순간이라.
산지(山地), 도시(都市) 주택(住宅)의 경중(輕重)을 판별(判別)해야한다
세세(細細)히 장소(場所)와 물을 논(論)하지 않더라도
도로(道路)와 골목은 아름다워야 한다.
바람을 이야기하기는 어려우나 수법(水法)을 얻으면 발복(發福)은 쉽다.
평지(平地)에서는 물을 우선하고 바람은 도로(道路)를 차폐(遮蔽)시키면 된다.
하천(河川)이나 개울물이 합국(合局)이 되어오면
없던 의식(衣食)이 산(山)을 이루게 된다.
주택(住宅)의 합국(合局)은 모조리 바람에 있는데,
결함(缺陷)된 부분(部分)을 다스리면 길흉(吉凶)이 쉽다.
좋은 운(運)을 타게되면 하루라도 발전(發展)을 하게되며,
반국(反局)이 되면 재물(財物)과 사람에 한번에 헛되게 된다.
집안에 좋은 기운(氣運)이 충만(充滿)한 것은 도로, 골목 등이 좋은것과 같다
당운의 합국(合局)이 중요(重要)하니 어그러지면 기운(氣運)은 단절(斷絶)된다.

제 9 절 음택양택 명운관계 (陰宅陽宅 命運關係)

음양택(陽宅)(陰陽宅)의 길흉(吉凶)은 비교하여 판단하기 쉬운데,
구묘(舊墓)와 신묘(新墓)를 같이 봐야하며
음양택(陽宅)(陰陽宅) 모두 좋은 것이 제일 좋으며
음양택(陽宅)(陰陽宅) 모두 나쁘면 멸문(滅門)의 화가 있다.
양택(陽宅)이 흉(凶)하고 음택(陰宅)이 좋으면 여자에 좋고,
음택(陰宅)이 흉(凶)하고 양택(陽宅)이 좋으면 당장의 경사(慶事)가 있다.
양택(陽宅)이 좋으면 한 사람의 명(命)은 일부분이 되고,
한사람의 명(命)이 좋고 양택(陽宅)이 나쁘면 집에 많은 일이 생긴다.
양택(陽宅)과 사람의 명(命)은 유년(流年)에 의해 알게되는데,
누군가가 방해하여 나빠지는 것이 아닙니다.
명(命)은 한사람의 운(運)을 주관(主管)하고
양택(陽宅)은 가족(家族)에 영향(影響)을 줍니다.

제 3 장 양택 이기요령 (陽宅理氣要領)

대현공풍수(大玄空風水)에서 구체적(具體的)으로 운용(運用)되고 판단(判斷)하는 양택(陽宅) 이기(理氣)의 요소(要素)는 문(門), 로(路), 수구(水口) 및 외육사(外六事) 등이 있습니다. 생활(生活) 환경(環境)에서 나타나는 내외(內外) 육사(六事)는 저수지, 하천, 저지대, 화장실, 하수도, 배기구, 어항, 욕실, 큰 건물, 침실, 문을 내는 것, 공부방, 주방, 신위, 소파, TV, 에어컨 등이 있습니다.

제 1 절 이기중점(理氣重點)

제 1 항 대문(大門)

양택(陽宅)에 있어서 대문(大門)은 납기구(納氣口)의 역할(役割)을 합니다. 대현공풍수(大玄空風水) 이론(理論)에서 지세(地勢)의 고저(高低)를 파악(把握)해서 개문(開門)을 확정(確定)해야 합니다.

요점은 "有水開衰門, 無水開旺門" 인데 실제 운용에 있어서 지대(地帶)가 낮거나 함몰(陷沒)되어 있는 곳을 수(水)로 보게 됩니다. 비가 오게 되면 자연히 물이 모이게 되기 때문입니다. 지세(地勢)가 높으면 산(山)으로 보는데 이것에 의거하여 정신(正神)과 영신(零神)의 위치(位置)와 기준(基準)을 정(定)하는 것입니다. 당연하지만 왕성(旺星)은 지세(地勢)가 높은곳에, 지세가 낮은곳은 영신(零神)이 배당(配當)되는 것이 대현공(大玄空)의 원리(原理)입니다.

땅을 매입 후 집을 짓고 대문(大門)을 낼 때 어느 곳이 택기(宅氣)를 왕성(旺盛)하게 하며 재물(財物)과 인정(人丁)에 좋은지 대현공풍수(大玄空風水) 이론(理論)으로 양택(陽宅)의 사례(事例)를 보겠습니다.

3	7	5
4	2	9
8	6	1

[하원(下元) 임좌병향(壬坐丙向)]

1. 하원(下元)의 임좌병향(壬坐丙向)은 이흑(二黑)이 입중(入中)하여 역행(逆行)하면 위와 같이 되는데, 하원(下元)의 영정신(零正神) 합국(合局) 법칙(法則)에 의거(依據)하여 지세(地勢)와 대조(對照)하여 봅니다. 우선적으로 7운일 때 리궁(離宮)으로 문을 낸다면 리방(離方)의 지세(地勢)가 백보(百步) 내에서 약간 높다면 이것은 이기(理氣)가 형세(形勢)와 합국(合局)이 되는 것입니다. 내부(內部)는 비어있고 외부(外部)는 꽉 차있는 것이라서 당운(當運)의 왕기(旺氣)를 집으로 끌어들이는 것이 됩니다. 7운에 제일 좋은 것이라 할 것입니다.
만일 남쪽의 리궁(離宮)이 지세가 한편으로 낮거나 비가 올 때 취수(取水)가 되거나 모인물이 남쪽에서 나가거나 할 때, 남쪽으로 문을 내면 반국(反局)이 되는데, 이를 '산룡하수(山龍下水)'라고 합니다. 이는 7운에 사람에게 병이 많이 생기고 손재수(損財數), 구설(口舌), 시비(是非)가 끊이지 않게 됩니다.

2. 만일 남쪽의 지세(地勢)가 낮거나, 이 방향으로 문을 내기 어려운 경우 손방(巽方) 혹은 곤방(坤方)으로 생각해 볼 수 있는데, 우선 곤방(坤方)은 문(門)을 낼 수가 없습니다. 그 이유는 오황(五黃)이 위치하고 있기 때문입니다. 여기로 문을 내게 되면 반드시 흉살(凶殺)의 기운(氣運)을 받아서 병을 얻거나 손재수(損財數), 약물중독(藥物中毒)이 생깁니다. 다시 손방(巽方)을 보는데, 외부지형이 약간 높다면 이곳은 반국(反局)이 됩니다. '산룡상산(水龍上山)" 이 되는 것이니 수(水)는 하원(下元)에 영신(零神)이 되어 재물(財物)과 관련이 있는데 반국(反局)이 되면 하원의 90년 기간동안 재물(財物)을 모으기 어렵게 됩니다. 그래서 손방(巽方)으로 대문(大門)을 내기 어려운 것입니다. 만일 이곳이 지세(地勢)가 낮거나 비가 올 때 물이 모이거나 출수(出水)를 하게 되면 합국(合局)이

되는데, 이 때는 손궁(巽宮)으로 문을 내는 것이 좋으며 하원 90년의 성공은 보장받게되어 승진, 대학합격, 재물흥왕 등이 있게됩니다. 이상의 설명에서 양택(陽宅)에서 대문(大門)내는 요령을 설명했습니다. 즉 '有水開衰門(영신문), 無水開旺門(정신문)' 인데 풍수(風水)를 감정(鑑定)할 때 앞서 설명한 이론에 의거하여 길흉(吉凶) 화복(禍福)을 판단하면 됩니다. 대문(大門)이 반국(反局)일 때 일단 태세(太歲) 및 년월(年月)에 오황(五黃), 이흑(二黑), 칠적(七赤)이 대문(大門)에 임할 때 반드시 응험이 있게됩니다. 이것이 대현공풍수(大玄空風水)의 절기(絶技)인 것입니다.

제 2 항 수구(水口)

수구(水口)는 거주지의 바깥에 자연적으로 형성된 래거수(來去水)가 되는 지점을 말합니다. 즉, 취수(取水)와 지세(地勢)가 함몰(陷沒)되어 물이 잠시 머무는 곳 등이 수구(水口)에 해당합니다.
주택 주위에 물이 있을 경우 우리는 대현공풍수(大玄空風水)의 이기법(理氣法)을 활용하면 더욱 정확한 판단을 할 수 있습니다.
아래에 경우의 수를 나열해보겠습니다.

1. 리궁(離宮)에 수(水)가 있거나 정신(正神) 칠적(七赤)이 출수(出水)가 될 때 반국(反局)이 됩니다. 7운에 질병이 많이 생기고 관재구설(官災口舌), 손재수, 50세 이하 요절 등의 흉(凶)한 일들이 생기는데, 오년(午年)이 되면 응험(應驗)하게 됩니다. 조사(祖師) 장대홍의 〈천원가〉 중에서 강조하기를 태세(太歲)가 살(煞)에 임하면 흉사(凶事)가 벼락같이 온다고 하였습니다. 태세(太歲)가 반국(反局)이 된 수구(水口)에 임(臨)하면 대흉(大凶)이 발생(發生)합니다. 이것이 수구(水口)를 통한 흉사(凶事)의 판단(判斷) 기교(技巧)입니다.

2. 수구(水口)가 손궁(巽宮)이면 "발수입영당(拔水入零當)"이며 吉을 주관(主管)하고 하원(下元)에 재물(財物)과 벼슬이 발전(發展)합니다.

3. 곤방(坤方)에 오황(五黃)이 있으면 래수(來水)는 길(吉)하고 거수(去水)는 꺼리는데 래수(來水)는 재물(財物)이 왕성(旺盛)하고 거수(去水)는 손재수(損財數), 관재(官災)가 있게 됩니다.

4. 수(水)가 진방(震方)에 있으면 합국(合局)인데 하원(下元)에 재물(財物)이 왕성(旺盛)해집니다.

5. 수(水)가 태방(兌方)에 있으면 반국(反局)인데 '산룡하수(山龍下水)'입니다. 9운에 인정(人丁)이 불리(不利)하고 유년(酉年)을 방비(防備)해야 합니다.

6. 간방(艮方) 팔백(八白)은 8운(運)의 정신(正神)입니다. 래수(來水)는 길(吉)하고 거수(去水)는 8운(運)에 반드시 소년(少年)이 사망(死亡)하는 일이 발생(發生)합니다.

7. 건방(乾方)의 거수(去水), 취수(取水)는 하원(下元)에 재물(財物)이 왕성(旺盛)해집니다.

8. 감방(坎方), 육백(六白)이 출수(出水)되면 형기(形氣)와 반국(反局)이 되면서 '산룡하수(山龍下水)'가 되어 6운(運)에 부친(父親) 건강악화(健康惡化), 질병(疾病)이 생깁니다.

이상 수구(水口)에 대해서 환경(環境)과 형세(形勢)의 종합(綜合)을 설명(說明)하였습니다. 여러분의 실습(實習)과 체험(體驗)이 중요(重要)하며 자유롭게 운용(運用)할 수 있을 때 적중률(的中率)도 높아질 것입니다.

제 3 항 옥향문향(屋向門向)

'양택(陽宅) 30원칙(原則)'에서 대체적으로 양택(陽宅)은 대문(大門)의 향(向)을 납기(納氣)로 판단하여 길흉(吉凶)을 안다했습니다.

일자문(一字門)은 건물(建物)의 향(向)과 동일하여 알기 쉽고, 이런 경우 집의 향(向)은 내국(內局)의 수로(水路)로 대문(大門)의 향(向)은 외국(外局)의 수로(水路)로 봅니다.

또 만약 대문(大門)이 측면(側面)으로 나게 되면 대문(大門)과 건물(建物)의 향(向)을 같이 참고해서 봐야합니다. 외길내흉(外吉內凶)이면 하자를 없애기 어렵고 외흉내길(外凶內吉)이면 약간 좋은 편입니다.

집의 향(向)과 문(門)의 향(向)을 보는 법은 아래 그림의 설명을 참고하면 됩니다.

그림1.

건물(建物)의 향(向)과 문(門)의 향(向)이 다른 것은 우리 생활중에서 자주보게 됩니다. 독립 건축물, 공장, 유원지, 큰 사무실, 도시의 건축물 등 여러가지 중에 본인의 경험으로 보면 복합건물에서 각 주택의 길흉(吉凶)을 추리할 수 있습니다. 이것은 전체에서 하나씩 분리해서 분석하여 판단해 나가야합니다.

申向

丙向

그림2.

전체 주택의 대문(大門)은 남쪽에 있습니다.

A건물에서 보면 서남쪽에 대문(大門)이 있고

B건물에서 보면 동남쪽에 대문(大門)이 있습니다.

A와 B건물의 향(向)은 같지만 대문(大門)은 서로다른 경우입니다.

따라서 기구(氣口)역시 각각인 것입니다.

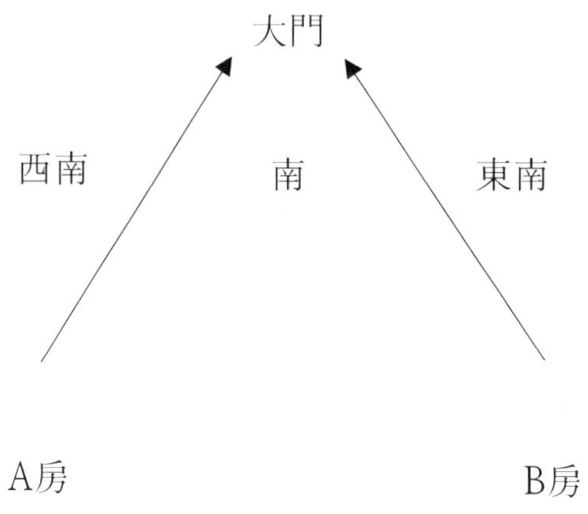

제 4 항 층층생입(層層生入)

현대 건축의 경우 각각의 사무실은 풍수법칙중 층층생입(層層生入)의 원칙(原則)을 적용해야합니다. 이것은 먼저 건물단위(建物單位)의 대문(大門)에 나경을 놓고 외부(外部) 환경(環境)이 어떤지, 사무실(事務室)은 어느 궁(宮)에 있는지 확정(確定) 후에 대문(大門)에 왕기(旺氣)가 임(臨)했는지 살펴보고, 사무실(事務室)의 입구(入口)에 나경(羅經)을 놓고 엘리베이터는 어느 방향인지 보도록 합니다. 엘리베이터는 영신(零神)의 기장(氣場)을 가집니다. 계속해서 사무(事務) 책상(冊床)을 중간(中間)으로 하여 나경(羅經)을 놓고 다시 사무실 입구(入口)는 어느방향에 있는지 따져 길(吉)에 해당하는지 봅니다. 문(門)마다 꺼리는 것은 오황(五黃)과 이흑(二黑)의 살기(殺氣)입니다. 사무실의 사무책상은 오황(五黃)이 오는 것을 제일 꺼립니다.

제 2 절 도시양택(都市陽宅)

우리가 살고 있는 도시의 양택(陽宅)은 대현공풍수(大玄空風水)의 방법을 어떻게 적용(適用)해서 길흉(吉凶)판단을 해야 할까요?
우선적으로 배치(配置), 기구(氣口), 입구(入口), 침실(寢室), 주방(廚房), 화장실, 신위(神位), 공부방 등을 내육사(內六事)로 보고 이 요소들이 사람의 거주에 길흉화복(吉凶禍福), 부귀빈천(富貴貧賤) 등을 각 궁위에 배치하고 상하원(上下元)의 순역(順逆)을 통해 영정신(零正神)에 부합하는지 살핍니다. 즉 기구, 입구, 침실, 주방, 신위, 공부방 등은 정신(正神)이고 이것이 부합이 되면 업무순리, 매사 순조로움등이 있고 부합하지 않으면 각종 문제가 생기게 됩니다. 영신(零神)에 화장실, 하수도, 어항, 배기구 등이 부합되면 재물(財物)상의 이득이 상당해집니다.

예제) 하원(下元) 자좌오향(子坐午向) 삼벽(三碧) 입중(入中)

4	8	6
5	3	1
9	7	2

대문(大門) : 자좌오향(子坐午向)은 일자문(一字門)이 좋습니다. 간문(艮門)도 좋은데, 원운(元運)의 왕기(旺氣)를 받기 때문입니다. 다른 궁은 마땅한 곳이 없습니다. 감궁(坎宮)과 곤궁(坤宮)은 낙서반국(反局)이기 때문에, 만약 문(門)이 있다면 원운(元運)이 가고 나면 즉시 흉(凶)이 발생합니다.

침실(寢室) : 내육사(內六事)에서 침실(寢室)은 정신(正神)에 해당합니다. 간궁(艮宮)과 리궁(離宮)이 제일 좋으며 다음으로 감궁(坎宮)과 곤궁(坤宮)입니다.

주방(廚房) : 내육사(內六事)에서 주방(廚房)은 정신(正神)에 해당합니다. 간궁(艮宮)과 리궁(離宮)이 제일 좋고 그 다음으로 감궁(坎宮)과 곤궁(坤宮)입니다.

신위(神位) : 내육사(內六事)에서 신위(神位)는 정신(正神)에 해당합니다. 간궁(艮宮)과 리궁(離宮)이 제일 좋고 다음으로 감궁(坎宮)과 곤궁(坤宮)입니다.

공부방 : 내육사(內六事)에서 공부방은 정신(正神)에 해당합니다. 감궁(坎宮)과 리궁(離宮)이 제일 좋고 다음으로 곤궁(坤宮)입니다.

화장실, 하수도, 어항, 배기구는 마땅히 영신(零神)에 위치하는 것이 좋습니다. 태궁(兌宮)의 일백(一白), 건궁(乾宮)의 이흑(二黑), 중궁의 삼벽(三碧), 손궁(巽宮)의 사록(四綠)입니다. 이중 최고로 좋은 것은 중궁의 삼벽(三碧), 손궁(巽宮)의 사록(四綠)이고 다음으로 태궁(兌宮)의 일백(一白), 건궁(乾宮)의 이흑(二黑)입니다.

위처럼 합리적(合理的)으로 배치(配置)가 되면 좋을 것입니다. 만일 이에 부합되지 않으면 해당궁의 대표인물에 반드시 어려움이 생기고 재산손해, 매사불리한 경우가 생깁니다.

제 3 절 침실풍수 (寢室風水)

침실(寢室)은 주침실(主寢室)과 보조침실(補助寢室)로 나눌 수 있는데 주침실은 보통 가정에서 제일 큰 면적을 가지고 있습니다. 더불어 인테리어 하기에 아주 좋은 곳입니다. 경우에 따라서 집안에서 제일 수입(收入)이 많은 사람이 거주하기도 합니다.

보조침실은 주 침실을 사용하는 인물을 제외하고 가족(家族)들이 수면(睡眠)을 취하는 곳입니다. 휴식이나 기타 활동을 하는 공간입니다.

방의 주 침실에는 부속(附屬) 욕실(浴室)이 있는 경우가 있습니다. 침실(寢室)의 배치가 좋고 나쁨에 따라 사람의 생활에 직접적인 영향을 줍니다. 일과 공부 등 실용성을 우선시하고 다음으로 인테리어를 계획해야 합니다.

대현공풍수(大玄空風水)에서는 침실을 매우 중요하게 봅니다. 가정(家庭)에 직접적(直接的)인 영향(影響)을 주기 때문에, 가정의 행복, 부부화목, 신체의 건강 등 여러 가지를 알 수 있습니다. 좋은 침실은 배치(配置)뿐만 아니라 물건(物件)의 위치(位置), 색상(色相) 등도 정서(情緒)에 큰 영향을 주기 때문에 가볍게 봐서는 안될 것입니다.

사람의 하루 생활은 아침에 일어나서 일을 하고 해가 지면 쉬게 됩니다. 하루 24시간 중에서 휴식시간의 대부분을 침실에서 보내기 때문에 누가 뭐라해도 침실의 풍수는 중요합니다. 여기에는 개인의 일생과 길흉(吉凶)화복, 출생, 업무, 사업 그리고 유년(流年)이 모두 연관되어 있습니다.

하원(下元) 7운(七運) 계좌정향(癸坐丁向), 일백입중(一白入中) 역행(逆行)

2	6	4
3	1	8
7	5	9

1. 침실(寢室)은 왕성(旺星)이 위치해야하고 집의 중심이 태극(太極)이 됩니다.
2. 침대 역시 왕성(旺星) 혹은 삼길성(三吉星)이 있어야하고 침실의 중심이 태극이 됩니다.
3. 방문(房門)에 왕성(旺星) 혹은 삼길성(三吉星)이 있어야하고 침대의 중심이 태극이됩니다.
4. 최정(催丁)은 정신(正神)과 삼길성(三吉星)을 봐야합니다.

이 집은 침실이 태궁(兌宮)의 팔백(八白), 건궁(乾宮)의 구자(九紫), 간궁(艮宮)의 칠적(七赤), 리궁(離宮)의 육백(六白)이 좋고 침대 역시 앞서 말한 4개 방위의 위치가 좋습니다.

방문은 침대에서 봐서 태궁(兌宮)의 팔백(八白), 간궁(艮宮)의 칠적(七赤), 리궁(離宮)의 육백(六白), 건궁(乾宮)의 구자(九紫)가 좋으며 이상의 원칙에 따라 자신의 침실을 포국(布局)하면 매사가 순조로울 것입니다.

제 4 절 방문풍수 (房門風水)

주택(住宅)의 문(門)이라고 하는 것은 사람의 콧구멍이나 입(口)과도 같은 것입니다. 모두 납기(納氣)의 기능이 있고 기운(氣運)이 들어오는 곳이며 길흉(吉凶)의 기운이 같이 들어옵니다. 가장 중요한 것은 대문(大門)이고 작은문은 다음입니다. 바깥문(外門)이 우선이고 내부의 문(內門)은 그 다음입니다. 문(門)과 주택(住宅)의 배합(配合)에서 배합이 좋으면 길(吉)이고, 배합이 흉(凶)하면 흉(凶)이 됩니다.

대현공(大玄空)에서 정신(正神)은 길(吉)하고 영신(零神)은 흉(凶)합니다. 문(門)은 정신(正神)에 있어야 하고, 영신(零神)은 피해야 합니다. 어리석은 지사가 말하기를 문(門)은 청룡(青龍)으로 내야 하고, 백호(白虎)는 흉(凶)하다고 합니다. 백호(白虎)가 무엇인지 모르면서 백호(白虎)가 길(吉)하다, 청룡(青龍)이 흉(凶)하다 합니다. 무엇이 팔택(八宅)인지, 삼합(三合)인지도 모르면서 말이지요. 본인은 이런 오류에 대해 위서(僞書), 위결(僞訣)이라 생각하고, 사람을 해치는 행위라고 봅니다.

결과적으로 문(門)은 기(氣)를 통과시켜서 내부로 통(通)하게 하는데 반드시 먼저 원운(元運)과 어떠한 관계인지, 길(吉)인지 흉(凶)인지를 살펴야 합니다. 상원(上元)에서 리(離), 감(坎), 곤(坤), 태(兌)의 문(門)은 모두 흉(凶)이 아니며 하원(下元)에서 리(離), 감(坎), 곤(坤), 태(兌)의 문(門)은 모두 길(吉)이 아닙니다. 원운(元運)의 합국(合局), 반국(反局)을 봐서 판단해야 하는 것입니다.

자연환경(自然環境)으로 말하면 개문(開門)하여 왕기(旺氣)가 들어오고 형기(形氣)가 아름다우며 유정(有情)해야하고 뾰족하거나 반배하지 않으며 문 바깥의 도로는 반궁, 직충되지 않아야 합니다.

제 5 절 도로풍수 (道路風水)

현대적 의미의 길은 도로(道路), 차도(車道), 소로(小路), 농촌의 비포장길, 거리 등인데 일반적으로 사람이 다니는 길은 모두 로(路)라고 합니다. 문학가 루쉰은 "세계는 도로가 없습니다. 사람이 다니면서 만들어진 것이 도로입니다."라고 하였습니다.

고대(古代) 중국(中國)의 도로(道路)는, 송대(宋代)에는 로(路), 송원(宋元) 시대(時代)에는 행정지역(行政地域) 이름이 되었습니다. 이것은 명청(明淸) 시대의 성(省)의 명칭이 되었고, 원나라의 로(路)는 명청(明淸)의 관청(官廳)의 명칭(名稱)이 되었습니다.

당나라 중, 후기에는 실제 도로명이 존재하지 않아도 관할 명칭으로 사용한 것이 적지 않았습니다. 그렇다 하더라도 행정상의 혼란은 심하지 않았습니다. 송대(宋代)에 이르러 가장 큰 행정구역이 로(路)가 되었고, 이것은 당나라의 도(道)와 로(路)로 구분되어 최초의 감찰구의 성격을 지니게 되고, 나중에 행정구로 변하게 됩니다. 이것은 중국의 행정구역이 당, 송 왕조에 이르러 도(道), 로(路)로 정착됩니다. 이것은 7세기에서 13세기 후반까지 이르는 근 600여년의 시간에 이루어진 것입니다.

대현공풍수(大玄空風水)에서 로(路)는 동(動)으로 보는데, 생기방(生氣方) 혹은 왕기방(旺氣方)에 있어야 하고, 살기방(殺氣方)은 피해야 합니다. 생기방(生氣方)은 마땅히 동(動)해야 하며 살기방(殺氣方)은 정(靜)해야 하는데, 만일 이것이 동(動)하면 재난(災難)을 초래(招來)합니다.

길의 형태는 구부러지고, 감고, 환포하는 것이 좋은데, 가장 꺼리는 것은 직선, 반궁, 사선 등입니다.

제 6 절 하류, 저수지

중국(中國)에는 장강(長江)과 황하(黃河)라는 양대 하류(河流)가 있습니다. 이는 풍수에서 수룡(水龍)을 대표합니다. 이 두 강(江)은 중국(中國)의 중요 풍수(風水) 격국(格局)을 표방(標榜)합니다.

저수지와 하류는 양택(陽宅)의 환경에서 사람에게 인문적(人文的)으로 깊은 인상을 주기도 하지만, 풍수적(風水的)으로는 영신(零神)에 부합되는가를 살펴야 합니다.

통상적으로 저수지나 하류는 천연적 빗물 혹은 인공적 방법으로 물이 고이거나 흐르게 되는데 저수지는 물이 모이는 곳이고 하류는 유동적(流動的)인 모습을 가지게 됩니다. 모든 저수지, 하류는 먼저 주택에서 어느 위치에 해당하는지 잘 살펴야 합니다. 그래야만 길흉(吉凶)을 정할 수가 있습니다.

저수지의 대(大), 소(小), 강폭(江幅)의 정도 등도 고려해야하며 만일 영신(零神)에 임(臨)하면 재물(財物)이 늘어나게 되고 정신(正神)에 임(臨)하면 재물(財物)과 사람이 다치게 됩니다. 이럴 경우 대현공풍수(大玄空風水)의 방법으로 환형(換形), 화해(化解) 시켜야 합니다.

하원(下元) 8운 계좌정향(癸坐丁向) 일백(一白) 입중(入中) 역행(逆行)

2	6	4
3	1	8
7	5	9

진궁(震宮) 삼벽(三碧), 손궁(巽宮) 이흑(二黑), 곤궁(坤宮) 사록(四綠) 등은 하원(下元)에 쇠성(衰星)이 임(臨)했기에 이 방위에 저수지, 하류가 이 3개의 궁을 거쳐오면 반드시 재물(財物)상의 이익(利益)이 있고 발복(發福)하게 됩니다.

제 7 절 서재풍수 (書齋風水)

만일 집안에 서재(書齋)가 있다면 그것은 어떻게 봐야 할까요? 서재를 만들 경우 거주면적이 충분하다 가정하면 가급적 독자적 공간을 서재로 만드는 것이 좋습니다. 제대로 분리(分離)만 된다면 주변에 영향(影響)을 주지도 않을 것입니다. 또한 독립적(獨立的)인 서재(書齋)를 배치(配置)한다고 하면 사용자(使用者)의 개성(個性)을 고려해야 합니다.

서재(書齋)의 풍수(風水)에서 특히 많이 연구되어야 할 부분이 있습니다. 그 중 제일 중요한 것은 통기(通氣)와 채광(採光)입니다. 사람이 장시간 서재에 머무르기 위해서는 머리가 맑게 하기 위해 신선(新鮮)한 공기(空氣)의 공급(供給)이 중요합니다. 또 항상 출입(出入)히는 문(門), 창문(窓門), 통풍환기(通風換氣), 공기(空氣)의 유동성(流動性)이 확보(確保)되어야 서적(書籍)의 보관(保管)에도 유리(有利)합니다.

서재(書齋)는 침실(寢室)의 내부(內部)에 배치되면 안됩니다. 만일 그렇게 되면 휴식(休息)에 있어서 혼란(混亂)이 생기게 됩니다. 또한 수면(睡眠)에도 영향이 생깁니다. 즉 업무(業務)와 휴식(休息)의 경계선(境界線)이 모호해지고 각자의 기능을 발휘하기에도 문제가 있게 되는 것입니다. 서재는 가정환경의 한 부분으로, 이 또한 생활속에 깊게 녹아있는 것입니다.

불규칙적인 방은 살기(殺氣)를 생산(生産)하는데, 이는 사람에게 심리적(心理的) 스트레스를 유발하기도 합니다. 또 서재는 사무(事務)와 공부(工夫)를 하는 공간(空間)이기도 합니다. 사람으로 하여금 가볍게 사무와 공부를 할수있게 분위기를 연출하기도 하는 곳입니다. 더욱이 휴식(休息)의 범위(範圍)에서 자유로워야 하기도 합니다. 그래서 서재는 임의(任意)로 할 수 없는 부분이 있는 것입니다. 서재의 색상은 보통 크림색을 많이 사용하며 간결하고 밝은 색상은 사람에게 아늑한 느낌을 주게 됩니다.

서재(書齋)는 반드시 안정을 느낄 수 있어야 하며, 충분한 채광(採光)을 고려(考慮)해서 정(定)해야 합니다. 색상, 조명, 장식물 등의 조화가 필요합니다. 각각의 색상은 백색의 벽면과 회종색의 책꽂이, 책상, 의자 등이 배합되어야 하고 다시 소량의 소품으로 서재의 장식을 마무리해야 합니다. 산만함을 피하기 위해서 화분같은 경우 큰 화분과 큰 꽃을 피해야 하며 약간은 작은 것이 좋고 상록(常綠) 계열의 식물이 좋습니다.

미술, 음악, 사진 등의 직업을 가진 사람들은 작업의 편리함에 최고 중점을 둡니다. 그래서 서재는 독립성(獨立性)을 유지해야 하며 또 작업실의 가구나 설비, 컴퓨터, 제도 책상 등이 요구사항에 만족(滿足) 줄 수 있어야 합니다.

많은 건축사들이 설계를 할 때, 편안(便安)과 안정(安定)을 원칙(原則)으로 합니다. 색상은 차가운 계열이 좋고 사람으로 하여금 평정(平靜)을 가지는데 도움이 되게 해야 좋은 것입니다.

이상 서재의 일상적인 금기(禁忌)에 대해 이야기 했는데 대현공(大玄空)에서는 애성(挨星)이 왕위(旺位)에 있어야 하고 현재는 하원 육백(六白), 칠적(七赤), 팔백(八白), 구자(九紫)가 왕위(旺位)입니다. 자신의 사는 곳의 산성(山星)을 근거하여 애성(挨星)을 포국(布局)해서 순역(順逆) 배포(配布)하고 왕성(旺星)이 어느 궁(宮)에 있는지, 어느 궁(宮)을 서재로 해야 하는지 알아야 합니다. 서재의 선택은 애성(挨星)으로 6과 9가 제일 좋습니다. 그 다음으로는 7과 8입니다.

제 8 절 주방풍수 (廚房風水)

우리의 생활중에서 부귀빈천(富貴貧賤)에 관계없이 의식주(衣食住)는 공통적(共通的)인 것입니다. 그 중에 음식(飮食)과 주거(住居)는 상당히 중요한 부분입니다. 이것이 주방풍수(廚房風水)에서 다룰 내용인 것입니다. 전체적인 주거(住居) 부분에서 주방(廚房)은 비교적 적은 부분을 차지합니다. 현대적인 관점에서 보면 주방은 식사를 만드는 것만 아니라 음식의 저장, 재료의 숙성과 요리의 기능, 인테리어의 품격(品格), 맛의 수준 등 한 가정의 생활수준(生活水準)과 집안 전체의 풍수에도 영향을 줍니다.

풍수(風水)의 시각에서 보면 주방은 주택 거주자의 운세(運勢)를 반영하는 곳이고 동시에 액운(厄運)을 다스릴 수 있는 기능도 있습니다.
적절한 배치는 불리한 요소를 해소(解消)시킬 수 있으며 가족의 좋은 운세를 만들어 낼 수도 있는 것입니다. 그 외 몇가지 주의사항은 다음과 같습니다.

제 1 항 주방문(廚房門)과 대문(大門), 후문, 화장실 문이 마주보는 경우

주방문(廚房門)과 대문(大門)이 마주보는 경우 충살(衝殺)이 형성되어 손재(損財), 파산(破産)의 결과가 있을 수 있습니다. 주방문(廚房門)과 후문(後門)이 마주보는 경우 집안 경제의 낭비가 심각하게 됩니다.
주방문과 화장실 문이 마주보는 경우 소화계통의 질병 혹은 재무상(財務上)의 손실이 생깁니다.

제 2 항 개방식 주방을 주의

현대 건축 설계는 요행성(僥倖性)과 공간(空間)의 활용성(活用性)을 중시하는데 개방식 주방의 설계가 많아지고 있습니다. 사실 개방식 주방의 가스대가 노출되어서 음식을 찌거나 튀길 때 연기(煙氣)가 거실까지 퍼지게 됩니다. 물론 후드가 연기를 배출시키지만 완전하지는 않습니다.
그래서 어느정도 연기(煙氣)의 잔상(殘像)이 집안에 남아있게 됩니다. 이것은 거주환경 및 가족의 건강에도 불리하게 됩니다.

제 3 항 주방과 화장실이 나란하거나 서로 마주보는 경우

어떤 주택은 공간의 편의성(便宜性)을 높이기 위해서 주방과 나란히 화장실이 있으며 화장실 문을 닫아놓고 사용하는 경우와 주방을 통해서 화장실을 갈 수 있는 경우가 있습니다. 주방(廚房)은 화(火)에 속하고 정신(正神)이며 화장실은 수(水)에 속하고 영신(零神)입니다. 이 둘이 연결되어 있거나 하나의 문(門)으로 둘을 사용한다면 수화(水火) 상충(相沖)이 일어나게 됩니다. 동시에 화장실의 냄새가 주방에 배게 됩니다. 즉 위생(衛生)에 문제가 생길 수 있는 것입니다. 가족이 쉽게 병이 생길 수 있습니다.
만약 주방과 화장실 문이 서로 마주보면 수화(水火) 상충(相沖)이 되는데 부부가 쉽게 피부병에 걸리거나 위장이 과민해질 수 있습니다.

제 4 항 주방이 집 중앙에 있으면 불리

주방은 화(火)이고 집 중앙에 주방이 위치하면 화소심장(火燒心腸)이라 하며 가족의 건강에 쉽게 영향을 줄 수 있게 됩니다. 주방은 길(吉)한 자리에 배치하고 비교적 안정적(安定的)인 곳에 배치하는 것이 타당합니다.

제 5 항 주방위로 대들보가 있는 경우

주방 내에 만약 대들보가 있다면, 원칙적(原則的)으로는 별다른 영향이 없지만, 대들보가 주방을 누르는 것 같이 보일 때는 주방에서 요리하는 사람에게 불리하여 건강운이 나빠집니다. 그러면 주방은 대현공풍수(大玄空風水)에서 어떻게 보는 것일까요? 주방(廚房)은 정신(正神)에 해당하므로 애성(挨星)의 왕위(旺位)에 배치해야 하는데 현재는 하원(下元)이니 6, 7, 8, 9가 왕기(旺氣)입니다. 자신의 집의 좌향(坐向)을 파악해서 애성(挨星)의 순역(順逆)을 정해서 구궁에 포국(布局)하고 어느궁이 왕위(旺位)인지 알고서 주방을 배치하는데 참고하면 됩니다. 하원(下元)에는 육백(六白), 팔백(八白), 구자(九紫)가 우선이고 다음으로 칠적(七赤)입니다.

제 9 절 화장실의 길흉(吉凶)

주택(住宅)의 풍수(風水)에서 화장실은 절대 가볍게 보면 안됩니다. 가족 전체의 건강(健康), 운세(運勢)가 영향(影響)을 받게 됩니다. 특히 낙서(洛書)의 방위(方位)에서 중앙(中央)에 배치하면 절대 안됩니다. 중앙은 오황(五黃) 토(土)의 성질이고 황제(黃帝)를 대표합니다. 화장실은 수(水)에 속합니다. 오행(五行)상 중앙은 토(土)인데 수(水)의 성질을 가진 화장실을 배치한다면 대흉(大凶)이 발생하게 됩니다. 마치 황제(黃帝)에게 오물(汚物)을 버리는 것과 같습니다.

집의 중심은 사람의 심장(心腸)과 같습니다. 심장(心腸)에 문제가 생기면 안정된 삶을 유지할 수가 없게 됩니다. 더군다나 욕실(浴室)이 중앙에 있게 되면 그에 따른 배관이 다른 방들을 통과하여 가게 되는데 수리(修理), 유지(維持)도 상당히 곤란(困難)한 상황이 생기게 됩니다. 화장실은 집안에서 중요한 설비에 해당하는데 배치, 기후, 경제조건, 문화, 생활습관, 가족구성원 등 모두 중요한 연관성을 가집니다. 화장실의 채광(採光) 역시 중요합니다. 어떤 화장실을 보면 창문하나 없이 배기구 있는데, 배기구는 작동(作動)을 시킬때만 작동하는 것입니다. 이렇게 되면 공기(空氣)가 혼탁(混濁)해지므로 화장실에는 반드시 창문(窓門)에 있어야 합니다. 가장 좋은 것은 햇볕이 충분하고 공기의 유통이 잘 되는 것입니다. 간단하게 이야기 하면, 화장실의 경우 탁한 공기는 쉽게 배출될 수 있고 공기는 신선도를 유지할 수 있으면 됩니다.

만일 공기(空氣)를 유통(流通)시킬 창문(窓門)이 없이 밀폐(密閉)되어 있다면 가족에게 있어 건강에 상당히 불리하게 작용합니다. 만일 방향제(芳香劑)를 사용하면 냄새는 달라지겠지만, 공기 자체가 개선되는 것은 아닙니다.

화장실은 외부(外部)에서 실내(室內)로 들어왔을 때, 곧바로 좌우(左右)에 위치하면 안됩니다. 또한 문을 열고 들어와서 화장실이 보이게 되면 질병(疾病)을 유발하게 됩니다.

팔괘(八卦)에서 동북(東北)은 간괘(艮卦)를 말하는데 간괘(艮卦)는 2004 ~ 2024년 까지의 20년의 기간입니다. 이 기간동안 이 방위에 화장실이 있게 되면 당연히 불리합니다. 사람의 건강, 사업 혹은 재물운에 모두 불리하게 됩니다. 화장실은 쉽게 움직일 수 있는 것이 아닙니다. 오로지 화해(化解)를 할 수 있을 뿐입니다. 만일 간방(艮方)에 화장실이 위치하게 되면 구자룡(九子龍)으로 화해(化解)를 시켜야 합니다.

팔괘(八卦)에서 남(南)쪽은 리괘(離卦)를 말하는데, 리괘(離卦)는 시간적으로 2024 ~ 2044년의 기간입니다. 화장실은 오행(五行)상 수(水)에 속하고 영신(零神)에 위치해야 합니다. 만일 화장실이 리궁(離宮)에 위치하여 반국(反局)이 되면 여성들에게 불리한 일이 생기거나 심장병, 시력저하, 피를 보는 것 등의 흉한 일이 발생하게 됩니다. 역시 구자룡(九子龍)으로 화해(化解)를 시켜야 합니다.

화장실에는 변기와 거울이 중요한 요소인데 여기서 중요한 원칙 3가지를 보면
① 거울과 변기는 서로 마주보면 안됩니다. 변기의 배설물이 내려가는 모습이 굳이 거울에 비춰서 보일 필요는 없는 것입니다. 그냥 변기 위쪽에 거울이 있으면 됩니다. 거울을 볼 때도 변기가 보이지 않으면 합국(合局)입니다.
② 거울과 변기는 화장실 문과 마주보지 않아야 합니다.
③ 화장실의 창문은 반드시 항상 열어놔야 합니다. 그래야 환기가 되고 건조하며 청결해지는 것입니다.

대현공풍수(大玄空風水) 이론(理論)에서는 화장실은 정신(正神)에 있으면 안되고 반드시 영신(零神)에 있어야 합니다. 현재는 하원(下元)에 해당하고 하원(下元)의 영신(零神)은 1, 2, 3, 4입니다.
만일 반국(反局)이 된다면 제때 화해(化解)를 시켜야 합니다. 이는 유년(流年)에 발생하는 흉사(凶事)를 대비함 이기도 합니다.

제 10 절 신위풍수(神位風水)

가정에서 신위(神位)는 어디에 배치하는 것이 제일 좋을까요?
신위(神位)는 주택에서 길방(吉方), 왕방(旺方)에 위치해야 복(福)이 찾아옵니다.
신위(神位)는 좌길(坐吉), 향길(向吉)이어야 하고 주택의 앞면, 주택의 앞쪽 좌우가 좋습니다. 집의 뒤쪽 혹은 쇠방(衰方)에는 안됩니다.
신위(神位)는 집안에서 오황(五黃)의 위치에 있으면 가족이 질병이 많아집니다.
신위(神位)는 견고한 벽을 배산(背山) 해야합니다. 또한 그 앞에 어항(魚缸)을 놓으면 안됩니다.
신위(神位) 아래에 음향기기나 TV를 놓아도 안되는데, 주변에 잡동사니 혹은 개광(開光)하지 않은 공예품(工藝品)을 놓아도 안됩니다.
신위(神位)의 앞뒤에 화장실이 있거나 혹은 내들보가 누르고 있으면 안됩니다.
신위(神位)를 두는 책상(冊床)은 너무 높지 않아야 하고 사람의 코 정도 높이면 적당합니다.
신위(神位) 앞을 전구가 직접 비추면 안됩니다.
상전 혹은 회사(會社)의 신위(神位)는 큰곳에 배치하고 양측면은 문, 복도가 없어야 합니다. 혼인과 재물운에 불리합니다.
신위(神位)와 촛불은 높이가 나란해야 합니다. 어느한쪽이 위치가 낮으면 안됩니다.
신위(神位)를 설치할 때는 택일(擇日)을 해야합니다.
신위(神位) 뒤로는 계단, 주방, 화장실, 부부의 방이 있으면 안됩니다. 아파트의 경우 황토벽이면 가능합니다.

신(神)을 받드는 방법에는 어떤 것이 필요할까요? 필자가 일전에 어떤 집을 감정(鑑定)하여 봤는데 불상과 도교의 신을 같이 모시며 육식(肉食)을 공양하는 것을 보았습니다. 이것은 아주 금기(禁忌)시 되는데 도가(道家)나 불교(佛敎) 모두 선(善)을 근본(根本)으로 살생(殺生)을 하지 않습니다. 그러니 육식(肉食) 공양(供養)을 삼가야 합니다. 대체로 과일 종류면 무방할 것입니다.
그리고 조상(祖上)의 신위(神位)보다 높게 신명(神明)의 신위(神位)가 위치(位置)해야 합니다. 집에서 모시는 신(神)은 하나(一位)정도로, 복잡하지 않게 합니다. 복잡하면 무용지물이 될 수 있기 때문입니다. 집이나 기타 공간에서 신(神)

을 모실 땐 향(香)의 재를 잘 청소하고 청결(淸潔)을 유지해야 하며 아침, 저녁으로 향(向)을 올리고 과일도 바꿔주고 등의 것들이 신(神)에 대한 존경과 예우이니 정성을 다하면 영험(靈驗)하고 좋은 것입니다.

이상 신위(神位)를 대하는 방법에 대해서 설명하였습니다. 대현공풍수(大玄空風水)에는 신위(神位)를 왕성(旺星), 왕기(旺氣)를 중시하고 문(門), 창문(窓門)등이 바로 보지 않게 합니다. 종교(宗敎)의 신앙(信仰)은 인류의 정서에 작용하는데 신앙심으로 승화(昇華)되는 넋입니다.
만일 종교(宗敎)가 없다면 신위(神位)를 집에 봉안(奉安)할 필요는 없는 것입니다. 조상(祖上)의 신위(神位)도 가능합니다. 집안의 배치를 당운(當運)에 맞게 하면 되는 것입니다.

통상적으로 신위(神位)는 집의 중앙(中央)에 위치하고 중궁(中宮)의 입극 애성(挨星)이 왕성(旺星)인지 쇠성(衰星)인지를 살피고 쇠성(衰星)은 흉(凶)하니 피해야합니다. 중궁(中宮)이 왕성(旺星)이 아니라면 다른 궁에서 왕성(旺星)을 찾아야 하며 일백(一白), 육백(六白), 팔백(八白)은 삼길(三吉) 방위이므로 1, 6, 8이 신위 앞의 문이나 길의 방위에 오면 좋은 것입니다.

[하원(下元) 8운 건좌손향(乾坐巽向) 사록(四綠) 입중(入中) 역행(逆行)]

5	9	7
6	4	2
1	8	3

중궁의 4는 문창성(文昌星)이고 하원(下元)에 반국(反局)이니 신위(神位)를 놓으면 안됩니다. 리궁(離宮)의 구자(九紫)는 .운성(8운)이 궁을 생(生)하니 신위를 놓아도 됩니다. 간궁(艮宮)의 일백(一白)은 8운에 토극수(土克水)가 되니 신위(神位)가 불가하며, 배치하게되면 사람이 다치게 됩니다.
감궁(坎宮)의 팔백(八白)은 정신(正神)이니 신위(神位)를 두어도 됩니다.
진궁(震宮)의 육백(六白)은 애성(挨星)과 관세가 좋으니 마땅힙니다.

제 11 절 수간논간 (隨間論間)

수간논간(隨間論間)이란 한 층(層)을 하나의 태극(太極)으로 보는 방법(方法)입니다. 한 건물(建物)에 여러 가구(家口) 혹은 수십 가구가 동거(同居)하게 되면, 그 판단법은 각 가정(家庭)의 문(門)을 위주(爲主)로 하는 것입니다. 각 가정(家庭)으로 들어가는 길(路)을 용(用)으로 하여 그 길(路)의 원운(元運) 왕쇠(旺衰)를 판단하여 득실(得失)을 가리는 것입니다.
현대 건축의 사무동 건물, 빌라, 아파트 등과 같은곳의 공간계획법은 아래의 기준을 참고하면 됩니다.

1. 각 가정의 출입문(出入門)을 기준(基準)으로 좌향(坐向)을 정합니다. 우선 문(門)의 정 중앙(中央)에 나경(羅經)을 놓아 엘리베이터, 계단, 통로가 어느 방위(方位)에 있는지 측정하고 대현공풍수(大玄空風水)의 애성(挨星)을 활용하여 정신(正神), 영신(零神)을 대입하여 길흉(吉凶)을 통변합니다. 이것은 바깥의 환경이 각 세대 구성원의 영향력을 보기위한 것입니다.

2. 실내(室內)에서 전체(全體)의 중심(中心)이 중궁(中宮)이 됩니다. 전체주택의 도면을 구궁(九宮)에 오버랩 시킵니다. 애성(挨星) 구궁도를 기준으로 주인방, 주방, 식당, 침대, 서재, 옷장, 탁자, 신위(神位) 등은 왕성(旺星)이 있는 곳에, 복도, 하수, 욕실, 화장실, 어항, 배기구 등은 영성(零星)의 자리에 배치하는 것이 길(吉)합니다. 이와 반대로 배치되면 흉(凶)이 됩니다. 위의 것 중에서 문, 길(路), 침대, 침실, 신위(神位), 가스렌지 등은 중점을 두어야 합니다. 대체적으로 정신(正神)이 왕기방(旺氣方)이 됩니다. 이상 설명한 것이 한 가정의 대태극(大太極)의 원칙입니다.

3. 연후(然後)에, 각각의 방에 대해 형성되는 소태극(小太極)을 봅니다. 각 방의 중심(中心)이 구궁(九宮)의 중궁(中宮)이 됩니다. 즉 방 하나에 구궁(九宮)이 하나씩 배정 되는 것입니다. 애성(挨星)과 대조해서 영정신(零正神)의 방법으로 방 내에서 각 위치에 대한 길흉(吉凶)을 알수있게 되는 것입니다. 침실을 예로 들면 침대, 옷장, 화장대, 출입문 등은 왕성(旺星)이 배치되어야 하는 것입니다. 또한 다시 침대를 하나의 소태극(小太極)으로 본다면 침대를 중심으로 다시 구

궁(九宮) 분할(分割)을 해보면 침실의 방문은 어디인지 살피는 것입니다. 침대에서 바라본 방문의 위치에 왕성(旺星) 혹은 1, 6, 8의 삼길성(三吉星)이 된다면 모두 길(吉)이 됩니다. 그 외의 방법은 흉(凶)하게 됩니다. 특히 이흑(二黑)과 오황(五黃)은 최고로 흉(凶)합니다. 또 방문(房門)을 중심으로 봤을 때 침실과 바깥통로 및 방(房)과의 관계를 보기도 합니다.

양택(陽宅)을 보는 법은 음택(陰宅)에 비해 조금 복잡합니다. 이는 인체의 구조와 비슷한 것으로 배치 역시 그러합니다. 전해오는 양택(陽宅)서적은 대부분 형태적인 것, 유년(流年)에 대한 것, 팔택비성(八宅飛星) 등등 대현공풍수(大玄空風水)의 진결(眞訣)로 씌여진 책은 없는 것입니다. 공부 역시 어렵지 않습니다. 이론과 실제적 경험 등을 통해 주택, 학교, 관공서, 공장, 병원, 별장, 사원, 극장 등등의 길흉(吉凶)을 애성(挨星)을 통해 알고 나아가 우수한 주택을 설계할 수도 있는 것입니다.

[하원(下元) 8운(運) 계좌정향(癸坐丁向) 일백(一白) 입중(入中) 역행(逆行)]

2	6	4
3	1	8
7	5	9

1. 각 주택의 정문이 향이 되고, 엘리베이터, 계단은 손궁(巽宮) 이흑(二黑)에, 진궁(震宮) 삼벽(三碧)에, 곤궁(坤宮) 사록(四綠) 등이 통로, 환기구 등은 일백(一白) 중앙에, 리궁(離宮)의 육백(六白)과 태궁(兌宮)의 팔백(八白)도 무방합니다.

2. 주택의 중심을 중궁으로 하고 주방, 식당, 신위, 침대, 소파, 침실 등은 간궁(艮宮)의 7, 건궁(乾宮)의 구자(九紫), 리궁(離宮)의 육백(六白), 태궁(兌宮)의 팔백(八白) 등이 좋고 서재는 중궁의 1, 리궁(離宮)의 육백(六白), 태궁(兌宮)의 팔백(八白) 등이 좋고 배기구, 큰 창문, 욕실, 하수도, 어항 등은 손궁(巽宮)의 이흑(二黑), 진궁(震宮)의 삼벽(三碧), 곤궁(坤宮)의 사록(四綠), 중궁 일백(一白) 등이 좋으니 기타 나머지는 스스로 유추하여 판단하면 좋을 것입니다.

제 12 절 添丁進口(첨정진구)

경(經)에 이르기를 산(山)은 인정(人丁)을 주관(主管)하고 물(水)은 재물(財物)을 주관(主管)한다 하였습니다. 용(龍)은 귀천(貴賤)을, 사(砂)는 수요(壽夭)를 관장(管掌)하는데, 이것은 대략적인 것이고 대현공풍수(大玄空風水)에서는 산(山), 룡(龍), 사(砂)가 인정(人丁), 빈부(貧富), 귀천(貴賤), 수요(壽夭)를 관장하며 운용법에 있어서는 산룡(山龍)은 수(水)가 없어도 부자가 되게 할 수 있고 평양(平壤)의 수(水)도 산(山)이 없어도 인정(人丁)을 잘 되게 할 수가 있습니다. 귀천(貴賤) 역시 산수(山水)의 수려(秀麗)함에 따라 구분할 수 있으며 수요(壽夭) 역시 사(砂)의 향배(向背)에 따라 구분할 수 있습니다.

다만 이 모든 것들은 원운(元運)과 애성(挨星)의 합국(合局), 반국(反局), 향배(向背), 성(星)과 궁(宮)의 생극(生剋) 관계(關係)로 알 수 있습니다. 남자는 1, 3, 6, 7이 왕성(旺星)이 될 대 유리하며 여자는 2, 4, 7, 9가 왕성(旺星)이 될 때 유리합니다. 정신(正神)이 되면 총명(聰明), 영리하고 퇴기(退氣)가 되면 사람이 우매(愚昧)하고 다치게 됩니다.

양택(陽宅)에서 인정(人丁)의 사례를 보겠습니다.

[下元 8運 卯坐酉向 三碧 入中 逆行]

4	8	6
5	3	1
9	7	2

1. 좌산(坐山)의 오황(五黃)은 래수(來水)가 좋으며 거수(去水)는 불리하고 만일, 높은건물, 전봇대 등이 있으면 불임, 유산, 자궁의 임신, 기형아, 요독증, 알콜중독, 성병 등이 걱정되고 창고, 저장소 등 채광이 잘되고 깨끗함을 유지하면 좋습니다.
2. 리궁(離宮)의 팔백(八白) : 왕성(旺星)이고 궁(宮)이 생(生)을 합니다. 경에 8이 9를 보면 결혼한다고 했고 팔백(八白)의 유년(流年)성이 오게 되면 혼인이나

득남하게 됩니다. 이 공간은 신혼침실이나 서재, 주방, 가스렌지 등이 배치되면 좋습니다.

3. 곤궁(坤宮)의 육백(六白) : 궁(宮)이 성(星)을 생(生)합니다.(土生金) 비록 퇴기(退氣)이지만 생(生)을 받고 있습니다. 완벽하지 못함이 있습니다. 자식을 얻기에 조금 더디다. 노인의 방이 적합하고 보검(寶劍)을 여기에 두면 노익장(老益壯)을 이루게 할 수 있습니다.

4. 간궁(艮宮)의 구자(九紫) : 성(星)이 궁(宮)을 생(生)하고 있습니다. 인정(人丁)이 늘어나는 속도가 정말 빠릅니다. 침실, 서재, 신호방, 주방, 조리대 등이 좋습니다.

5. 유년(流年)비성(飛星)이 1, 6, 9, 8이 리궁(離宮)에 임하면 곤궁(坤宮), 간궁(艮宮) 역시 인정(人丁)이 늘어나게 됩니다.

제 13 절 합국의 중요성 (合局重要)

대현공(大玄空) 풍수이론(風水理論)중에서 비성(飛星)을 공부하는 것 뿐만 아니라 합국(合局)의 법칙을 이해하는 것도 중요(重要)합니다. 어떤 사람이 비성(飛星)의 운용법도 알고 최관(催官)의 방법도 알게 되어 7운의 시기에 자신의 집 대문(大門)을 이흑(二黑)에 위치하게 하였습니다. 목적(目的)은 자신의 자녀를 대학에 보내는 것이었습니다. 그러나 생각지도 않게 자녀의 성적은 대학에 가기 어려웠고 배우자까지 잃었습니다. 기술(奇術)이 정밀(精密)하지 못해서 자신이 어려움을 당한 것입니다.

사실 문제는 합국(合局)의 법칙을 이해하지 못한것에 있습니다. 집 밖의 지세(地勢)가 높았는데 이흑(二黑)은 하원(下元)에 영신(零神)에 해당합니다. 즉 저지대(低地帶)라야 하는 것입니다. 실제 현장은 지세가 높았습니다. 그러면 반국(反局)이 아니겠습니까? "산룡상산(水龍上山)"이 되는 것입니다.

이렇게 되면 다음과 같은 문제들이 발생합니다.

첫 번째, 돈을 모을 수 없고 생활이 곤란해 집니다.

두 번째, 이흑(二黑)반국(反局), 2는 곤괘(坤卦), 곤은 여성을 말합니다. 그래서 처에게 문제가 발생한 것입니다. 2, 7은 동도(同道)라고 하지만 반국(反局)이 되면 재난을 초래하는 것입니다. 이것은 아주 중요한 내용입니다. 특히 도시의 경우 두 건물 사이에 공간이 생기게 되는데 연속해서 또 다른 건물이 있게 되는 경우가 있습니다. 이런 상황속에서 건물과 건물사이를 수(水)로 보는 것이 기존의 현공풍수인데 심씨현공학(沈氏玄空學)에서는 수(水)밖에 산(山)이 있다고 합니다. 사실 이러한 조합은 화복(禍福)과 무관(無關)하며 일고(一顧)의 가치(價値)도 없습니다.

대현공풍수(大玄空風水)에서 중시(重視)하는 것은 문(門)의 납기(納氣)와 지세(地勢)의 고저(高低), 길이 어디서 오는지, 물이 어디로 나가는가 이것들이 중요합니다. 이것으로 화복(禍福)을 구분짓는 것입니다.

제 14 절 체용의 해설 (體用解說)

체(體)라고 하는 것은 자연환경(自然環境)속에서 우리눈으로 볼 수 있는 산수(山水), 고저(高低), 기복(起伏), 만환(彎環)입니다.
용(用)이라고 하는 것은 원운(元運)의 영정(零正), 왕쇠(旺衰), 수산납수(收山納水)의 일종의 이기적 이론입니다.

"체(體)가 없으면 용(用)이 효과(效果)가 없고"
"용(用)이 없으면 체(體)가 반응(反應)이 없다"

이들의 관계를 간단히 설명하는 것입니다. 비록 산수(山水)가 정감(情感)있고 아름답다 하더라도 대현공풍수(大玄空風水)의 수산납수(收山納水)의 이론을 모른다면 언제 길흉(吉凶)이 일어나는지 모르게 됩니다. 만일 산수(山水)의 형태를 떠나서 이야기 한다면 헛소리에 불과하게 됩니다. 체(體)와 용(用)은 서로 의지하며 상호보완적(相互補完的)이기 때문에 어느것 하나 부족하면 안되는 것입니다. 주택에 있어서 내육사(內六事) 곧 체(體)는 문, 주침실, 두 번째 침실, 서재, 신위, 주방, 화장실, 하수도, 어항, 냉장고, 옷장, TV, 소파, 식당책상 등이고 원운(元運)과 자산 그리고 애성(挨星)구궁반 등이 용(用) 이 됩니다. 운반(運盤)과 실제(實際)의 형세(形勢)를 결합해서 길흉(吉凶)을 판단할 때 이것이 체용(體用)의 관계가 되는 것입니다.

제 15 절 애성지운변(挨星地運變)

앞서 설명한 대현공풍수(大玄空風水) 이기법(理氣法)은 애성(挨星)을 위주로 하였고 지운(地運)에 대한 것은 그 다음이었습니다. 실제로는 이 두가지 이론을 활용하여 감정을 할 대 두가지 모두 합국(合局)이 되면 최상(最上)이고, 애성(挨星)과 지운(地運) 모두 반국(反局)이 되면 최악(最惡)이 됩니다. 애성반국(挨星反局)이고 지운합국(地運合局)의 경우 흉(凶)이 비교적 가볍고 애성합국(挨星合局), 지운반국(地運反局)의 경우 큰 흉(凶)은 없습니다. 예를들어 하원(下元) 양택(陽宅) 신좌인향(申坐寅向)의 경우 수구(水口)는 간(艮), 애성(挨星)은 7이며 지운(地運)의 간(艮)은 8이 되어 출수(出水)가 됩니다. 이 두가지 모두 반국(反局)이 됩니다. 결과는 7운에 상정파재(傷丁破財)가 됩니다.

2	6	4
3	1	8
7	5	9

파군(破軍)으로 출수(出水)가 되면 지운반국(地運反局)은 아니지만 결과(結果)는 큰 손재수(損財數)가 생기게 됩니다. 이는 파군(破軍)의 특수성(特殊性) 때문입니다. 만약 6운(運)에 육백(六白)이 1, 2, 3, 4 궁에서 출수(出水)한다면 지운(地運)은 반국(反局)이 아닙니다. 그러므로 큰 흉으로 보지 않고, 父의 두통, 어지럼증 등으로 볼 수 있습니다.

제 16 절 대현공애성 취사선택 (大玄空挨星取捨)

애성(挨星), 지운(地運), 선후천(先後天) 이론의 결합(結合)을 통해서 높은 적중률을 확보할 수 있습니다.

예를 들어 7운(運)에 칠적(七赤)이 거수구(去水口)에 있으면 상정(傷丁), 손재수(損財數)가 있게 되는데 지운(地運)과 결합하여 분석하면 자세히 알 수 있습니다. 산수(山水)의 지형(地形)이 합국(合局)이라면 "수리용신불상산(水里龍神不上山), 산상룡신불하수(山上龍神不下水)"라고 합니다. 하지만 형세가 합국(合局)되지 않으면 애성(挨星)으로 판단한 내용은 헛소리가 되는 것입니다.

이는 "認金龍, 一經一衛緯妙無窮 動不動, 直待高人施妙用" 이기 때문인데, 이는 각 궁의 구성(九星)의 길흉(吉凶)을 합국(合局)의 법칙에 의해 판단한다는 것입니다.

애성(挨星)은 본래 길흉(吉凶)의 구분이 없습니다. 그것이 정해지는 것은 합국(合局), 반국(反局)에 의해 정해지는 것입니다. 길흉(吉凶)이 누구에게 나타나는가는 구성배괘(九星配卦)를 분석하여 알 수가 있습니다. 대현공풍수(大玄空風水)를 활용하여 설계, 건축을 하는 것은 어떤 풍수학파보다 뛰어난 기법입니다.

대현공풍수(大玄空風水)의 설계시 고려되는 부분은 "불상산(不上山), 불하수(不下水)" 입니다. 즉 상산하수(上山下水)가 되면 반드시 인정(人丁)이 다치기에 삼원지리(三元地理)에서 가장 꺼리는 것입니다. 즉, 물을 보아야 하는데 산(山)을 보거나, 산(山)을 봐야하는데 물을 보는 것은 반국(反局)을 형성해서 영정(零正)이 전도(顚倒)되는 것입니다.

1~9의 숫자중에 당원운(當元運)은 왕(王)의 지위가 되고, 하천(河川)은 수(水)이므로 영신(零神)에 임(臨)해야 합니다. 만약 수(水)가 없다면 저지대(低地帶), 요함처(凹陷處)를 보아 동일하게 적용합니다. 이것이 대현공풍수의 설계상 응용되는 부분입니다.
예를들어 상원(上元) 일백(一白)운에 내룡(來龍) 래수(來水)에 정신(正神) 1, 2,

3, 4가 되어야 하고, 출수(出水) 저지대(低地帶) 등에는 영신(零神) 6, 7, 8, 9가 되어야 합니다. 하원(下元)에 6, 7, 8, 9가 정신(正神)이니 이 방향은 물을 보면 안되고 1, 2, 3, 4는 영신(零神)이므로 높으면 안되고 물(水)을 봐야합니다. 만일 영신방(零神方)의 지대(地帶)가 높거나, 물(水)을 보지 못하고 산(山)을 보게 되면 영신(零神)이 전도(顚倒)되어 반국(反局)이 되는 것입니다.
특히 4개의 영신(零神) 중에서 부모괘(父母卦)로 출수(出水)가 되면 최재(催財)를 하게 하는 작용이 더욱 강해집니다.
내부(內部), 외부(外部)의 수(水)는 애성(挨星)법으로 소납(消納)해야 하는데 면적이 크고 넓디면 자칫 흉(凶)을 당힐 우려가 있으며, 애싱(挨星)의 겸향(兼向)을 사용하면 전화위복(轉禍爲福) 시킬 수 있습니다.

대현공(大玄空)의 정신(正神)으로 수산(收山), 수풍(收風), 수기(收氣)를 하고, 영신(零神)으로 수수(收水)를 하면 효과(効果)가 상당합니다.
또 여러 층으로 되어있는 건물의 경우 도문(道門)의 비전(秘傳)중에 각각의 대문(大門)에 나경(羅經)을 놓아서 외부(外部)의 수(水)를 살피는 방법이 있습니다. 사무동 건물은 입구(入口)에 나경(羅經)을 놓아서 대문(大門)의 왕기를 살피고 사무실은 사무실문에서 계단과 영신(零神)을 수기(收氣)하고 사무실 책상에 나경을 놓고 하는 식으로 단위별로 나누어서 보는 방법입니다.

제 17 절 장공 '천원오가' (蔣公 天元五歌)

人生最重是陽基，卻與墳塋福力齊。
宅氣不寧招禍咎，骨埋真穴貴難期。
建國定都關治亂，築城置鎮系安危。
試看田舍豐盈者, 半是陽居偶合宜。
陽居擇地水龍同，不厭前篇議論重。
但比陰居宜闊大，不爭秀麗喜粗雄。
大江大河收氣厚，涓流滴水不關風。
若得亂流如織錦，不分元運也亨通。

위의 내용은 인생에서 제일 중요한 것은 환경이고 직접적인 영향을 주며 국가의 운세, 도시의 운세 등이 환경과 원운(元運)의 합국(合局), 반국(反局)이 결합되어. 행복을 가져오거나 불행을 가져오게 된다는 것입니다. 윗 글은 수룡(水龍)의 영정(零正)의 기준과 땅을 선택하여 건축하는 방법을 말하고 있습니다.

1. 득수(得水), 즉 영신(零神)은 물이 있는곳에 해당되어야 하며, 저지대, 강, 호수, 환포수, 하류교차지점 등은 재물(財物)의 기운이 이루어집니다. 곧, 물이 규모가 크면 재물도 왕성해집니다.
2. 집터는 넓고 막힘이 없어야 합니다. 나무나 건축물에 의해 차폐되지 않아야 좋은 기운이 접근해 올 수 있습니다.

宅龍動地水就裁，尤重三門八卦排。
只取三元生旺氣，引他入室是胞胎。
一門乘旺兩門囚，少有嘉祥不可留。
兩門交慶一門休，大事歡欣小事愁。
須用門門都合吉，一家福祿永無憂。
三門先把正門量，後門房門一樣裝。
別有旁門並側戶，一通外氣即分張。
設若便門無好位，一門獨出始為強。
門為宅骨路為筋，筋骨交連血脈均。

若是吉門兼惡路，酸漿入酪不堪斟。

양택(陽宅)의 문(門)은 기구(氣口)라고 합니다. 즉, 문(門)이 상당히 중요합니다. 양택(陽宅)의 문에는 왕성(旺星)이 와야 하며 흉(凶)일 경우 측면, 옆으로 바꾸거나 여의치 않으면 폐문(閉門)을 시켜야합니다. 결국 문은 생기(生氣)를 납기(納氣)시켜야 합니다. 다음으로 길(路)을 살펴야 합니다. 만일 잘 살펴서 개문(開門)하지 않으면 왕기(旺氣)와 쇠기(衰氣)가 혼잡되어 길(吉)이 길(吉)이 아니고 흉(凶)이 약간 있게 됩니다.

內路常兼外路看，宅深內路審門闌。
外路迎神並界氣，迎神界氣兩重關。
更有風門通八氣，牆空屋缺皆難避。
若遇祥風福頓增，若遇殺風殃立至。

내부와 외부의 길은 같이 봐야합니다. 만일 외부(外部)가 길(吉)하더라도 내부에서 흉(凶)이 되면 안되기 때문입니다. 반드시 내외(內外)의 길이 당운(當運)의 왕기(旺氣)를 받아야 합니다.

矗矗高高名嶠星，樓台殿閣亦同評。
或在身傍或遙應，能迴八氣到家庭。
嶠壓旺方能受蔭，嶠壓凶方死氣侵。

거주하는 환경의 좌우, 전후에 높은 탑, 입체다리, 건물, 뾰족한 것 등을 '교성(嶠星)'이라 합니다. 교성(嶠星)은 정신방(正神方)의 백보(百步) 밖에 있어야 합니다.

衝嶠衝路莫輕猜，須與元龍一例排。
衝起樂宮無價寶，衝起囚宮化作灰。
宅前逼近有奇峰，不分衰旺也成凶。
抬頭咫尺巍峨起，泰山壓倒有何功。

본 내용은 집 주변에서의 嶠충(沖), 로충(路沖)을 말하고 있습니다. '낙궁(落宮)'은 당운(當運)의 왕기방(旺氣方)이고 인궁(引宮)은 당운(當運)의 쇠기(衰氣)이고 '교(嶠)'는 정신(正神)에 있어야하며 충(沖)을 해오면 길(吉)이 줄어듭니다. 주택의 바로앞에 큰 건물이 있다면, 즉 너무 근접해있으면 그것이 왕쇠(旺衰)에 관계없이 불길(不吉)합니다. 왜냐하면 왕기방(旺氣方)의 기운진입을 막고, 쇠방위(衰方位)는 영신(零神)인데 상산(上山)이 되기 때문입니다.

村居曠蕩無關鎖，地水與門一道編。
城巷稠居池水潤，路風門嶠並同權。
一到分房宅氣改，一門常作兩門推。
有時內路作外路，入室私門是握機。
當辨親疏並遠近，抽爻換象出神奇。

농촌의 경우 문(門), 수(水)가 중요하며 도시는 도로, 바람입구, 대문(大門), 교성 등을 종합분석 해야합니다. 방분(房分)을 할 때에는 전체 집에서 자신의 방이 어디인지 알고 다시 좌향(坐向)을 정해서 소태극(小太極)을 나누어야 합니다. 그래야 작은 길흉(吉凶)도 알 수가 있습니다.

論屋神祠祖最嚴，故人營造廟為先。
夫婦內房尤特重，陰陽配合宅根源。
八宅因門坐向空，一元衰旺定真蹤。
運遇遷移宅氣改，人家興廢巧相逢。

옛 사람들은 사원(祠院)을 우선 중시했고 길방(吉方)에 배치했습니다. 부부의 거주배치는 그 다음으로 중시했습니다. 가택의 원운(元運) 왕쇠(旺衰)는 수시로 변합니다. 대현공(大玄空)에 정통하지 않으면 그 현묘함을 알기 어렵습니다.

天醫福德莫安排，豈是周公真八宅。
無極大士傳流的，誰見游年獲福澤。
逢興鬼絕更昌隆，遇替生延皆困迫。
太歲神殺若加臨，禍福當關如霹靂。

門內房房有宅神，值神值星交互測。
此是游年剖吉凶，不合三元總虛擲。
九星層進論高低，間架先天卦數推。
雖有書傳都不驗，漫勞大匠資心機。

본 내용은 민간(民間)의 속사(俗士)들이 양택(陽宅) 유년(流年) 및 구성(九星), 복층건물의 판단오류 등에 대해 오류를 범(犯)하는 것을 비평하는 내용입니다. 본 내용에 대해서는 차후 전문적인 저술을 통해 논할 것입니다.

山龍宅法有何功，八面山門亦辨風。
或有山溪來界合，兼風兼水兩相從。
若論來龍休論結，論結藏穴不藏宮。
縱使皇都與郡邑，祇審開陽不審龍。
俗言龍去結陽宅，此是時師識見庸。
但取陽居釀家福，山居不及澤居雄。
陰居蔭骨及兒孫，陽宅氛氤及此身。
偶爾僑居並客館，庵堂香火有神靈。
遇者三元輪轉氣，吉凶如響不容情。
透明此卷天元宅，一到人家識廢興。

양택(陽宅)에서는 용(龍)을 중요하게 보지 않습니다.
산지의 양택(陽宅)은 바람입구에 대해 판별을 잘 해야 합니다.
강가의 양택(陽宅)은 수구(水口)에 대해 판별을 잘해야 합니다.
궁궐, 도읍 역시 양기(陽氣)를 중시하고 래룡(來龍)을 따지지 않습니다.
양택(陽宅)은 주위환경과 원운(元運), 영정, 합국(合局), 반국(反局)을 중시합니다.

담장의 결여된 부분은 일종의 풍문(風門)입니다. 산, 계곡의 함몰(陷沒)된 곳에서 불어오는 바람과 같습니다. 그곳이 왕기방(旺氣方)이면 상풍(祥風)이라 하고 쇠기방(衰氣方)이면 살풍(煞風)이라 합니다.

대현공풍수(大玄空風水)를 배운 사람이라면 원운(元運), 영정(零正), 음양(陰陽)을 활용하여 양택(陽宅) 풍수(風水)를 판단한다면 진일보(進一步)한 길흉(吉凶)을 알게 될 것입니다.

제 4 장 안혈이기요령(安穴理氣要領)

제 1 절 천기안혈(天機安穴)

천기(天機)라는 것은 천지(天地)의 기미(幾微)를 판단하는 길흉(吉凶)의 표준인 것입니다. 천지의 변화에 부합되게 배치(配置)하는 것이 천기(天機)인 것입니다.

천지인(天地人) 삼반괘(三盤卦)를 나누는 방법은 용(龍), 향(向), 수(水)를 일괘순칭(一卦純淸)에 맞추는 것입니다.
경(經)에 이르기를 만약 금고(金庫)를 빌릴 수 있으면 가난에서 벗어나 오래도록 봄을 누릴 수 있다고 하였습니다. 예를들어 건(乾), 곤(坤), 간(艮), 손(巽), 자(子), 오(午), 묘(卯), 유(酉)는 천원(天元)이고 용맥(龍脈)의 래거수(來去水)가 팔괘(八卦)와 합치될 때 좌산입향(坐山立向) 역시 그러하면 천기(天機)가 길(吉)하다고 합니다. 만일 산향출괘(山向出卦)가 서로 다르면 천기(天機)가 흉(凶)하게 되는 것입니다.

甲, 庚, 丙, 壬, 辰, 戌, 丑, 未는 지원(地元)입니다.
乙, 辛, 丁, 癸, 寅, 申, 巳, 亥는 인원(人元)입니다.
이 두가지 역시 앞의 내용과 동일합니다. 즉 천지인(天地人) 삼괘(三卦)는 용향수(龍向水)를 반드시 하나의 괘로 순청(純淸)되게 해야합니다. 간지(干支)가 차착되지 않고 향수(向水)에 음양(陰陽)이 배합되어야 길(吉)하게 됩니다.

만약, 용맥이 子, 삼차수(三叉水)가 午이고, 용수(龍水)를 乾山으로 하여 손(巽)으로 향(向)을 세우면 천원(天元) 일괘순청(一卦純淸)이 되어 길(吉)이 되는 것입니다.

만약 辰, 巳, 丙으로 향을 세우면 괘가 혼잡(混雜)이 되어 흉(凶)이 됩니다. 또 용맥이 庚방에서 오고 삼차수(三叉水)가 甲방일때 丑으로 입향하면 지원(地元) 일괘순청(一卦純淸)이 됩니다. 만일 艮이나 寅으로 향을 정하면 흉(凶)이 됩니다.

또 용맥이 乙方에서 오고 삼차수구(三叉水口)가 辛이며 申向으로 입향하면 인원(人元) 일괘순청(一卦純淸)인데 庚이나 坤向으로 입향하면 흉(凶)이 됩니다. 천기(天機)가 제대로 이루어지면 시험합격, 벼슬, 남자가 貴를 얻는 것입니다. 천기(天機)가 혼잡(混雜)되면 부를 이룰 수는 없고, 貴는 어려우며 간혹 작은벼슬이나 문장으로 이름을 낼 수는 있습니다.

순괘일청(純卦一淸) 혹은 박잡(駁雜)은 원운(元運) 애성(挨星)을 위주로 하여 구성(九星)을 보조로 길흉(吉凶)을 판단합니다.
성길수길(星吉水吉)은 모두 생왕(生旺)이 중요하고 모두 합일되어야 복이 두텁습니다. 그렇지만 벼슬의 대소(大小)는 여전히 형기인 용혈사수(龍穴砂水)로 논해야 합니다.

천지인(天地人) 삼원(三元)의 각 원(原)은 각 팔괘(八卦)의 괘기(卦氣)를 가지고 있으며 서로 통(通)하는 부분도 있습니다. 丙午丁(남), 壬子癸(북)은 선천(先天) 건(乾)으로 부(父)가 되고, 곤(坤)은 모(母)로써 천지(天地) 노음(老陰) 노양(老陽)의 대부모(大父母)이고 건곤(乾坤)이 6자녀를 낳아서 팔괘(八卦)가 되었습니다. 다시 큰 자녀가 손자를 낳고 건, 곤은 다시 6자녀를 生하니 건, 丙午丁과 곤, 壬子癸 등은 현공대괘(玄空大卦)의 각 효(爻)의 부모(父母)가 되었습니다. 그래서 天元 → 子午와 人元 →癸丁 그리고 地元 →壬丙 등이 부모(父母)가 됩니다. 중요한 것은 부모(父母)와 자식(子息)의 배합이고 부모가 생성이 되면 본체(本體)를 부모로 활용해서 방분(房分)과 태세(太歲)에도 응용하는 것입니다.
甲庚丙壬은 子午卯酉의 逆子이고 사위라고 할 수 있습니다.
辰戌丑未는 乾坤艮巽의 逆女이고 진짜 딸이고,
甲庚丙壬의 처자와 母가 동행하는 것입니다.
건곤감손은 지원 갑경병임, 진술축미, 부부의 윗사람입니다.
四正四偶 음양은, 양은 순, 정하고 음은 역, 정하니 천지자연의 전도됨을 기초로 합니다.
寅申巳亥는 건, 곤, 간, 손의 순효이자 순녀입니다. 반대로 타인의 여아는 을신정계의 처자가 되는 것입니다. 이는 성별이 여아이기에 부모와 동행할 수 없습니다. 을신정계와 진술축미는 어울리게 되면 차착이 됩니다. 이것은 자녀가 혼란에 빠진 모습이고 패절이 됩니다.

갑, 경, 병, 임과 인, 신, 사, 해는 어울리게 되면 차착이 됩니다. 이것은 며느리가 혼란에 빠진 모습이고 잠시 영화는 누릴 수 있지만 시간이 꽤되면 패절에 이르게 됩니다.
갑, 경, 병, 임과 자, 오, 묘, 유는 어울리게 되면 차착이 됩니다. 이것은 동궁차착이라 하는데 부친(父親)과 사위는 같은 혈연이 아닙니다. 따라서 불균형이 생겨나기 쉽습니다.

자오묘유는 陽父이고 을, 신, 정, 계, 건곤간손은 陰母인데 이것은 四維입니다.
진, 술, 축, 미는 順子逆女이니 眞子女인 것입니나.
대부모라는 것은 선천팔괘가 변한 현공대괘 외에 매괘의 中爻가 선천팔괘 각 괘의 本氣의 本位가 되는 것입니다.

이로써 사정, 사유, 음양 성질 및 산수음양 배합의 논리를 알았을 것입니다.
사정, 子午卯酉 는 매기의 음양을 막론하고 고르게 宮氣를 품은 부성이 있습니다.
사유 건, 곤, 간, 손은 괘기의 財氣를 품은 모성이 있습니다.
자오묘유 四正의 陽父가 역행하면 갑경병임, 건곤간손, 四維의 陰母가 되며, 순행해서 인, 신, 사, 해, 역자, 순녀, 며느리와 사위인데 모두 他女가 낳은 子女입니다. 그중 순, 역 및 시간의 방향성(向星)은 구분해야 합니다.

제 2 절 성문일결 (城門一訣)

경(經)에 "五星一訣 非眞術, 城門一訣最爲良" 이라 했는데 오성(五星)의 성문(城門)을 알면 집을 짓는 것, 산소를 정하는데 길(吉)하다 하였습니다. 일반 지사들은 괘를 뒤집어 음양(陰陽)을 정하거나 용의 출맥을 모르거나 또 사수(砂水)로 판단을 합니다.

양공의 '보조경'에 참된 비결은 비록 부자라도 알려주기 어렵다고 하였습니다. 만약 사람이 이것을 알게되면 천하(天下)의 지선(地仙)이라 할 것입니다.
"오성일결비진술(五星一訣非眞術)"은 곧 각자의 풍수를 추리할 때 간지오행(五行)으로 입향 수산출살 하거나 천성 28수 오행(五行)으로 입향하거나 혹 보성괘를 정음정양으로 납수를 정하는 것은 모두 위술이고 어리석은 방법이라는 것입니다.
음양(陰陽)이라는 것은 원운(元運)이 시간에 따라 변하는 것으로 고정적인 음양(陰陽)은 없는 것입니다. 오행(五行)의 괘기(卦氣)로 성문(城門)을 논하거나 괘기(卦氣)의 원운(元運)활동에 의해 음양(陰陽)을 정하거나 하는 것입니다.

그래서 성문결(城門訣)은 용수(龍水) 교회(交會)의 기장(氣場)이고 원운(元運)의 합국(合局), 반국(反局)을 판단하여 길흉(吉凶)을 정하는 것입니다.

城 : 래룡(來龍)이 행룡(行龍)하다 주저 앉은곳 또는 좌우(左右)로 움직이다 잠시 멈춘 곳입니다.
門 : 산세(山勢)가 개장한 개합처(開合處)입니다. 다만 대현공풍수(大玄空風水)에서는 수구(水口)를 말합니다. 물이 모이는 곳을 일러 진성문결이라 합니다. 좌향과 용수가 원운(元運)의 영, 정신과 부합이 되고 이것을 다시 시간의 흐름에 따른 왕쇠, 강약에 취사선택을 하여 유년(流年) 자백과 다시 대조하고 길, 흉을 정하는 것입니다. 일반 지사들은 용의 출맥도 모르고 괘기를 통한 좌향도 모르고 만일 좌향이 틀리면 태세의 길흉(吉凶)역시 알기 어려우며 남도 자신도 도울 수가 없게 도니다.
장대홍 선사의 '청낭서' 중에 삼차수구(三叉水口)를 세밀히 살피면 이라는 말이 있는데, 이 한마디, 삼차(三叉)가 성분(城門)인 것입니다. 또 혈맥을 살피면 來

龍도 알 수가 있고 삼차수구(三叉水口)가 어느 방향에 있는지 알면 어느 용이 어느맥으로 오는지도 알게되는 것입니다.

'보조경'에 성문(城門)은 일가골육(예를들어 삼차수구가 癸)이면 , 出기는 丁 , 乙, 辛, 癸등 모두 인원용이라야 순수한 것이 됩니다. 내룡을 식별할 수 있으면 어떻게 입향납수를 해야 할지 알게 됩니다. 효과도 좋게 되는 것입니다. 성문... 곧 취수, 환수 물이 모이는 곳입니다. 잠시 물이 머무르는 곳이기도 합니다.

제 3 절 용향수의 원칙 (龍向水原則)

제 1 항 용(龍)과 향(向)

예를 들어 건곤간손(乾坤艮巽) 자오묘유(子午卯酉)는 천원괘(天元卦)인데, 용맥(龍脈), 래거수(來去水) 등이 한 괘(卦) 내에 있으면서 좌산(坐山)과 입향(立向)도 같은 괘(卦)에 있으면 용합향(龍合向)이라 길(吉)합니다. 甲, 庚, 丙, 壬, 辰, 戌, 丑, 未는 지원괘(地元卦)이고 용맥(龍脈), 래거수(來去水)와 좌향(坐向)이 모두 같은 괘(卦)에 있으면 용합향(龍合向)이 되어 길(吉)합니다.

을신정계(乙辛丁癸), 인신사해(寅申巳亥)는 인원괘(人元卦)이고 용맥(龍脈), 래거수(來去水)와 좌향(坐向)이 모두 같은 괘(卦)면 용합향(龍合向)이 되어 길(吉)합니다.

제 2 항 향합수(向合水)

건곤간손(乾坤艮巽) 向 자오묘유(子午卯酉) 水

자오묘유(子午卯酉) 向 건곤간손(乾坤艮巽) 水

갑경병임(甲庚丙壬) 向 진술축미(辰戌丑未) 水

진술축미(辰戌丑未) 向 갑경병임(甲庚丙壬) 水

을신정계(乙辛丁癸) 向 인신사해(寅申巳亥) 水

인신사해(寅申巳亥) 向 을신정계(乙辛丁癸) 水

간동지수(干向支水), 지동간수(支向干水)는 자웅배합(雌雄配合)의 방법입니다.

제 3 항 향합수(向合水)

건곤간손(乾坤艮巽) 향은 수(水)의 래거(來去)가 진술축미(辰戌丑未)를 사용할 수 있는데, 천원향(天元向)은 지원(地元) 수(水)를 겸할수 있으나 인원(人元)은 불가합니다.

건곤간손(乾坤艮巽) 향은 인신사해(寅申巳亥)를 겸할 수 있으나 자오묘유(子午卯酉) 래거수(來去水)를 사용하면 안되고, 반드시 을신정계(乙辛丁癸) 래거수(來去水)를 사용해야 합니다. 인신사해(寅申巳亥) 래거수(來去水)도 가능합니다.

지원(地元)의 향(向)과 수(水)는 지원(地元)만 사용하고 천원(天元)과 인원(人元)은 혼잡(混雜)되면 안됩니다.

제 4 항 수합삼길(水合三吉)

'천옥경(天玉經)에 용(龍)은 향(向)과 합(合)하고 향(向)은 수(水)와 합(合)하면 수합삼길(水合三吉)이라 하였습니다. 이것은 용합향(龍合向), 향합수(向合水), 용향수(龍向水), 일괘순청(一卦純淸)을 말합니다. 이하 수합삼길(水合三吉)에 대해 해석을 해보면 삼길(三吉)은 최관수(催官水)를 말하는데, 왕재수(旺財水)와 오황수(五黃水)를 말합니다.

수구(水口) 애성(挨星)과 운(運)의 합십(合十)의 관계는 왕재수(旺財水)라고 하는데 이론의 기초는 낙서(洛書)에 있습니다.

최재수(催財水)는 재물(才物), 기업경영(企業經營) 개선(改善), 가정경제(家政經濟) 발전(發展) 등을 가져옵니다.

애성(挨星) 5가 래수(來水)에 있으면 최관(催官)과 최귀(催貴), 최재(催財)를 겸(兼)하는데 관왕재왕(官旺財旺)인 것입니다.

왕재(旺財)는 왕생궁(旺生宮)하게 되니 오황수(五黃水)의 재력(財力)은 최고(最高)라고 할 수 있습니다. 그래서 애성(挨星) 입향(立向)을 할 때 삼길수를 활용한 최관(催官), 최재(催財)를 이용하는 것이 부귀쌍전하는 것입니다.

제 4 절 애성겸괘 법칙 (挨星兼卦法則)

제 1 항 겸고수봉(兼顧秀峰)

향(向)에 수려한 봉우리가 있다면 그것은 명예와 벼슬을 상징합니다. 용(龍)의 진혈(眞穴)을 정할 때에도 향(向)에 수려한 봉이 있다면 대학자 및 국가의 녹(錄)을 먹는 사람이 나옵니다.

평야(平野)에서 좌향(坐向)을 정할 때 비록 수려한 산봉우리가 없더라도 합국(合局)이 된다면 귀(貴)를 얻는것도 가능합니다. 예를들어 자산오향(子山午向)에서 애성(挨星)이 이기(理氣)와 합(合)이되면 향(向)에 수려한 봉우리가 있을 때 자계겸오정(子癸兼午丁)을 한다면 앞은 산은 문필봉이 되는 것입니다.

제 2 항 2. 향겸소살(向兼消煞)

입향(立向)시에 원운(元運)과 애성(挨星)이 이기법칙에 부합되더라도 향상(向上)의 물이 직충(直沖)으로 오게 되면 이는 흉살(凶煞)이 되어 반드시 피해야 합니다. 하지만 겸향(兼向)을 사용하여 소살(消煞)시키는 방법이 있습니다.

자좌오향(子坐午向)을 예로 들어 정방(丁方)의 요함처(凹陷處)에서 직충이 들어오면 입향(立向)할 때 임자겸병오(壬子兼丙午)로 하게 되면 흉살(凶煞)을 피할 수 있습니다.

제 3 항 겸도표준(兼度標準)

실제 겸괘(兼卦)의 운용에 있어서 천괘와 인원, 지원을 겸하는 것은 4~6도 사이 입니다. 좌향(坐向)의 차이가 6~7도면 출괘(出卦)를 할 수 있는 것입니다. 다만 산(山)과 산(産) 사이는 안됩니다. 이것을 기봉(騎縫)이라고 합니다. 신(神)이나 귀신(鬼神)도 흉(凶)을 발휘(發揮)할 수 없게 됩니다.

인원, 지원과 천괘 사이는 1~2도이고 정향(正向)을 쓰게 되면 당운(當運)이 지나가면 속패(速敗)하게 됩니다. 하지만 겸향(兼向)을 하게 되면 부귀(富貴)가 길어집니다. 천옥경(天玉經)에 정산(正山), 정향(正向)이면 운이 가고나면 과부(寡婦), 관재구설(官災口舌)이 있고 겸향(兼向)하게 되면 참된 신(神)의 길을 알게 된다고 하였습니다.

제 4 항 직달보구(直達補救)

애성(挨星)이 당왕한 수(水)에 오는 것을 '직달(直達)'이라 하고 부분적으로 흉수(凶水)가 길(吉)로 바뀌는 것을 '보구(補救)'라 합니다.

예를들어 7운 이흑(二黑) 혹은 삼벽(三碧)의 거수(去水), 취수(取水)를 직달(直達)이라 하고 이 둘은 최관(催官), 최재(催財)하므로 왕재(旺財)하여 좋은 효과를 볼 수 있습니다.

만약 물의 면적이 넓어서 다른 궁(宮)까지 걸쳐 있다면 한곳은 길(吉), 한곳은 흉(凶)이 되는데 이 때 겸괘를 활용하면 흉변길(凶變吉)이 되어 이를 보구(補救)라고 하는 것입니다.

제 5 절 방분의 운용 (運用房分)

우리는 실제 풍수 감정에 있어서 누가 그 영향을 받게 되는지, 남자인지, 여자인지 혹은 부모인지, 자식인지 궁금해집니다. 아래에 소개하는 방법을 참고하여 유추하면 될 것입니다.

제 1 항 삼원방분(三元房分)

天元 : 子午卯酉, 乾坤艮巽, 장남(長男)(1, 4, 7)

地元 : 辰戌丑未, 甲庚丙壬, 중남(中男)(2, 5, 8)

人元 : 寅申巳亥, 乙辛丁癸, 소남(少男)(3, 6, 9)

제 2 항 선천팔괘분(先天八卦分)

壬 子 癸, 선천(先天) 곤괘(坤卦) 노모(老母)(各房)

未 坤 申, 선천(先天) 손괘(巽卦) 장녀(長女)(1, 4, 7)

甲 卯 乙, 선천(先天) 리괘(離卦) 중녀(中女)(2, 5, 8)

辰 巽 巳, 선천(先天) 태괘(兌卦) 소녀(少女)(3, 6, 9)

丙 午 丁, 선천(先天) 건괘(乾卦) 노부(老父)(各房)

丑 艮 寅, 선천(先天) 진괘(震卦) 장남(長男)(1, 4, 7)

庚 酉 辛, 선천(先天) 감괘(坎卦) 중남(中男)(2, 5, 8)

戌 乾 亥, 선천(先天) 간괘(艮卦) 소남(少男)(3, 6, 9)

제 3 항 구성방분(九星房分)

일백(一白) 중남(中男).(2, 5, 8)

이흑(二黑) 노모(老母) 장녀(長女), 주부(主婦)

삼벽(三碧) 장남(長男)(1, 4, 7)

사록(四綠) 장녀(長女)(1, 4, 7)

오황(五黃) 원운(元運)에 따라 음양(陰陽)이 정해진다

육백(六白) 노부(老父), 장남(長男), 가장(家長)

칠적(七赤) 소녀(少女)(3, 6, 9)

팔백(八白) 소남(少男)(3, 6, 9)

구자(九紫) 중녀(中女)(2, 5, 8)

天元 子午卯酉, 乾坤艮巽은 당운에 귀(貴), 실운에 천(賤)

地元 辰戌丑未, 甲庚丙壬은 당운에 부(富), 실운에 빈(貧)

人元 寅申巳亥, 乙辛丁癸는 당운에 지(智), 실운에 우(愚)

제 6 절 래거이수 (來去二水)

정신(正神)이 래수(來水)에 임(臨)하면
정재(丁財)가 왕성(旺盛)하여 자손(子孫)이 늘어납니다.

정신(正神)이 거수(去水)에 임(臨)하면
인정(人丁)이 대패(大敗)하고 손재(損財)가 있어 불리(不利)합니다.

수(水)는 산(山)의 혈맥정수(血脈淨水)입니다. 산수(山水)와 음양(陰陽)이 어우러져 있을 때 용맥(龍脈)의 득실(得失)과 수구(水口)를 잘 살펴야 합니다. 사마두타가 이르기를 돌(石)은 산(山)의 뼈이고 토(土)는 산(山)의 육(肉)이고, 수(水)는 산(山)의 혈맥(血脈)이며 초목(草木)은 산(山)의 털(毛)이라 하였습니다. 골육(骨肉), 혈맥(血脈), 털(毛) 모두 혈관(血管)이 지나갑니다. 대현공풍수(大玄空風水)의 중점(重點)은 수구(水口)입니다.

여기에서는 래거수(來去水)가 화복(華服)의 원인(原因)이기 때문입니다. 그래서 래거수(來去水)는 생사문(生死門)이라는 말도 있습니다. 영신(零神)이 수구(水口)에 오면 재물(財物)이 늘어나기에 물의 형태가 유정(有情)한지, 무정(無情)한지 봐야 하는데 之, 玄 모양이거나 환포(環抱)하면 재물(財物)이 더욱 크게 늘어납니다. 그러나 영신(零神)에 수구(水口)가 되더라도 물의 형태가 직충(直沖)이 되고 관쇄(關鎖)가 없다면, 비록 재물을 모으게 되더라도 재물을 저축하지는 못하게 됩니다. 결론은 이기(理氣)와 형기(形氣)를 겸(兼)해서 봐야합니다.

제 7 절 거수래산 (去水來山)

거수(去水)와 래산(來山)은 산(山)과 물(水)이 유정(有情)해야 한다는 것입니다. 마치 한편의 시와 그림을 보듯이 숲이 무성하고 물이 천천히 유정(有情)하게 굽이 돌아가는 것 등입니다. 풍수상 좀 더 추가하여 설명해 본다면 다음과 같습니다.

1. 형세(形勢) : 거수(去水)는 완만(緩慢)하고 유정(有情)하게 흘러가야하며 수구(水口)가 관쇄(關鎖)가 잘 되고 산(山)은 개장(開場)하여 굽이치면서 층층(層層)이 행룡(行龍)하여 올 때 '合情'이 됩니다.

2. 이기(理氣) : 거수(去水)는 영신(零神)이 임(臨)해야 좋고 래산(來山)은 정신(正神) 왕성(旺星)이 임(臨)해야 '合情'이 됩니다.

제 8 절 삼대괘 해설 (三大卦解)

결(訣)에 이르기를 '산(山)과 평양용(平壤龍)은 삼반괘(三盤卦)를 사용해야 음양택(陰陽宅)의 수산출살(收山出煞)의 묘(妙)를 살릴 수 있다고 하였습니다. 애성(挨星)을 겸한다면 취길피흉(取吉避凶)의 오묘함을 알 수 있습니다. 천옥경(天玉經)에 동서삼반괘(東西三盤卦)를 알면 그 가치는 천금(千金)과도 같다고 하였습니다. 또 장공(蔣公)이 이르기를 24龍의 뿌리는 팔괘(八卦)이고 팔괘(八卦)는 삼괘(三卦)로 나뉘는데 일반지사는 이를 모른다 하였습니다.

이것은 대현공풍수(大玄空風水)의 비전(秘傳)입니다.
현공(玄功) 삼대괘(三大卦)는 다음과 같습니다.
子午卯酉, 乾坤艮巽은 천원괘(天元卦), 부모괘(父母卦)입니다.
辰戌丑未, 甲庚丙壬은 지원괘(地元卦), 강동괘(江東卦)입니다.
寅申巳亥, 乙辛丁癸는 인원괘(人元卦), 강서괘(江西卦)입니다.

子午卯酉는 1, 3, 7, 9로 사정방(四正方)의 양방(陽方)에 있으며 父라고 합니다. 乾坤艮巽은 사우방(四偶方)에 있으며 음(陰)이고 모(母)이며 이 둘을 부모(父母)라고 합니다.
甲庚丙壬은 子午卯酉의 역자(逆子)이고
辰戌丑未는 乾坤艮巽의 역자(逆子)입니다.
이는 모두 부모괘(父母卦)와 동행하지 않습니다. 그렇기에 독립적으로 사용합니다. 좌우(左右)의 괘(卦)를 겸(兼)하지도 않는데, 경에 '강동괘(江東卦)는 하나만 길(吉)하다. 8神, 4개 중의 하나이다 라고 했습니다.
乙辛丁癸는 子午卯酉의 순자(順子)이고
寅申巳亥는 乾坤艮巽의 역자(順子)입니다.
이는 모두 부모괘(父母卦)와 동행합니다. 1~2도 정도의 범위면 됩니다.
경(經)에 '강서괘(江西卦)는 배룡(配龍)할 때 8神 4개 중 둘을 겸한다 라고 하였습니다.'

제 9 절 안혈락맥비법(安穴落脉秘法)

진룡(眞龍)이 낙맥(落脉)을 하려면 반드시 성체(星體)를 일으켜야합니다. 개면하여 어깨를 펴고 가슴을 펴고 허리를 세워서 크게 하는 것이 마치 임산부가 출산을 하듯 전면을 향해 밀어보내는 것과 같은데, 반대편에서는 그 형세가 보이지 않아야 하며 좌우(左右)에서, 모서리에서 볼 수 있으므로 이것을 음체양락(陰体陽落)이라 합니다.

양락혈(陽落穴)은 그 형태가 약간 오므린 손바닥 모습이며 경계가 분명하고 주변이 미세하게 혈(穴)을 감싸고 있으며 중앙에 혈훈(穴暈)이 네모나고 중앙이 조금 뾰족하게 솟아있습니다. 약간 광택이 나는 이것을 양락(陽落) 와혈(窩穴)이라 하고 여기에 장사(葬事)지내면 내부(大富) 대귀(大貴)하게됩니다.

양락결혈체(陽落結穴體)는 반드시 와(窩), 겸(鉗) 두 종류인데 반드시 개구(開口)해야하며 개구(開口)라고 하는 것은 사람의 입을 열고 닫는것과 같습니다. 개(開)하면 양(陽)이고 폐(閉)하면 음(陰)입니다. 다만 여기에 진짜와 가짜가 있는데 분합(分合)이 분명해야하고 혈(穴)을 미세하게 감싸는 것이 진혈(眞穴)입니다. 그렇지 않으면 가짜혈입니다. 이러한 내용을 아는자 천하에 몇이나 될런지요. 이것이 진실된 혈의 비밀입니다.

요(凹)의 결혈(結穴)은 대체로 두 종류입니다. 하나는 음래양락(陰來陽落)이고 또 하나는 양래음락(陽來陰落)입니다. 음락혈(陰落穴)은 그 형세가 칼등같고 마신 손바닥을 엎어놓은 것 같은데 유(乳)와 돌(突)의 혈(穴)을 만듭니다. 둥글넓적하여 수려하면 혈의 성질이 분명하고 쉽게 음락혈(陰落穴)을 알아볼 수 있습니다. 파 끝단같으며 늘어진 젖같이 혈이 맺힙니다. 이런 혈체는 혈훈(穴暈)이 분명하게 보입니다.
용호(龍虎)가 감싸주는 것이 필요합니다.
아울러 바람을 받지 않아야 진혈(眞穴)입니다.
만약 용호(龍虎)가 보호하지 않으면 혈(穴)이 아니고 가짜혈입니다.
혈훈(穴暈)이 분명해도 개면하지 않으면 장례를 모시기가 어렵습니다.

제 10 절 낙맥수혈비법(落脈受穴秘法)

지리(地理)의 도(道)는 음양(陰陽)을 막론하고 독자적으로 존재할 수 없습니다. 만물(萬物)은 반드시 음양(陰陽)이 배합되어야 합니다. 양(陽)은 음(陰)을, 음(陰)은 양(陽)을 품고 있으며 양(陽)은 음(陰)에서 살 수 있고 음(陰)은 양(陽)에서 살 수 있습니다. 강함은 부드러움에 존재하고 부드러움은 강함속에 존재합니다.

음덕(陰德)은 홍제(弘濟)라하고 양(陽)의 덕(德)은 순창(順昌)이라, 양은 음을 살리고 음은 양을 키우며 음은 양을 향하고 양은 음을 향합니다. 음양(陰陽)이 서로 마주하면 복록(福祿)이 영원(永遠)합니다. 음양(陰陽)이 서로 도우면 허물이 없습니다. 하늘이 임(臨)하는 곳에 땅의 덕(德)이 감응(感應)하고 형세를 따라 머물러 기(氣)가 쌓이면 만물이 생겨납니다.

기(氣)가 감응(感應)하면 그 화복(禍福)은 사람에 이르고 산(山)에서는 혈(穴)을 맺습니다. 양(陽)이 있으니 음(陰)이 와서 맞받고 음(陰)이 있으니 양(陽)이 와서 맞받습니다. 이러한 모습에 결혈(結穴)이 비로서 이루어지게 됩니다. 양맥(陽脈)의 내룡(來龍)은 마치 손바닥을 하늘로 살짝 오므린것같은 모습이고 혈(穴)을 이룰 때에는 반드시 손바닥을 뒤집은 모습이 됩니다. 이것이 양체(陽體)가 음체(陰體)로 변한 모습이고 음양교구의 묘(妙)이며 합격(合格)이 되고 가히 복(福)이라 말할 수 있습니다.

양룡(陽龍)이 와서 음혈(陰穴)을 맺을 때는 내룡(來龍)이 수목(水木) 두가지로 되는데 수성(水星)은 포(泡), 목성(木星)은 절(節)로 장사지내야 합니다. 모든 용(龍)의 양체(陽體)는 손바닥을 뒤집은 모습이며 평평하게 오고 결혈(結穴)은 유돌혈(乳突穴)로 혹은 절(節)로, 혹은 포(泡)로 혹은 잔은 엎어 놓은것같은 모습이니 음양교구의 완성된 모습이고 다시 형세(形勢)를 이루어 기(氣)가 쌓이고 바람은 멈추며 기(氣)가 모이고 산수(山水)가 교회(交會)하니 혈훈(穴暈) 태극(太極)이 선명하고 게의 눈, 새우수염같은 모습이고 소명당(小明堂) 내에 선익, 우각이 교차해야하니 비로소 은은하게 혈(穴)을 감싸는 것입니다. 이것이 바른 혈입니다. 한 치의 의심없이 장사지내면 됩니다. 이리하면 덕이 있는 자에게 복이 이르게 되는 것입니다.

산지(山地)는 음(陰)이고 평지(平地)는 양(陽)입니다. 이것이 풍수(風水)의 대강입니다. 높이 솟은 것은 음(陰)이고 평탄한 것은 양(陽)입니다. 이것이 법칙(法則)이고 강령(綱領)이고 정해진 것이니 음양(陰陽)자연(自然)에 대해 알게 될 것입니다.

성(星)은 박환(薄宦)되어야 귀(貴)하고
용(龍)은 변화(變化)되어야 아름답습니다.
음(陰)이 변(變)하면 양(陽)이고 양(陽)이 변(變)하면 음(陰)이니 음양(陰陽)이 서로 교류(交流)하면 만물(萬物)이 생겨납니다.

손바닥을 엎은 모습의 음룡(陰龍)은 반드시 손바닥을 뒤집은 양맥(陽脈)으로 결혈(結穴)하며 음(陰)이 오면 양(陽)이 받고 음(陰)이 극(極)에 이르면 양(陽)이 생겨나고 음맥(陰脈) 내룡(來龍)이 결혈(結穴)을 할 때는 반드시 양(陽)으로 양와혈(陽窩穴)로 이루어지는데, 모습이 마치 말발굽자국같고 음맥(陰脈)은 거미줄 같은 모습입니다. 대개 거미줄이나 말굽자국같이 돌기(突起)되면 음(陰)이라 하고 말굽자국같이 평평하면 양(陽)이고 양(陽)은 음(陰)을 향(向)하고 양(陽)은 음(陰)을 생(生)하니 음(陰)의 뿌리는 양(陽)에 있습니다. 이것이 자웅(雌雄)의 태도이고 음극(陰極)양생(陽生)의 이치입니다.

제 11 절 접맥완급비법(接脉緩急秘法)

산지(山地)의 용(龍)은 대부분 음맥(陰脈)에 해당하고 행룡(行龍)이 수컷처럼 급하게, 기복이 솟고 떨어지며 산봉우리에는 암석(巖石)이 쌓여있고 산세가 반동하며 마치 맹호(猛虎)가 숲을 나오는 것과 같습니다. 기세등등한 용(龍)이 바다로 달려 나가는것과 같으니 역량이 강력합니다.

이런 류(類)의 혈(穴)의 형태는 반드시 그 기세에서 평온한 곳에 점혈(點穴)을 해야합니다. 급하게 오면 완만한 곳에 장사지내야 하니 가감(加減)의 방법을 사용해야 합니다.
만일, 용맥(龍脈)이 폐기되면 그 원신(元身)이 상하게 되니 맥체(脈體)가 상(傷)하고 반드시 살기(殺氣)를 받게 됩니다. 원신(元身)이 상하면 기(氣)는 누설(漏泄)됩니다.

살(煞)을 받아서 설기(洩氣)되면 유골도 손상을 받고 반복되면 그것은 나중에 재로 변하게 됩니다. 그래서 이런 형세의 땅을 보게되면 절대 선택하지 말고 다른 담맥의 완만한 곳을 찾아 하관을 해야합니다. 그리하면 반드시 복록(福祿)이 오래 갈 것입니다.

용맥(龍脈)이 완만하게 오면 점혈(點穴)은 급한 곳에 해야합니다. 양맥(陽脈)은 탄탄하고 세력이 완만하면서 구불구불하게 옵니다. 용(龍)이 완만하니 지세(地勢)가 급해지는 곳에 사용함이 좋습니다. 모습이 마치 처가 끝 5~7촌 정도입니다. 이 범위를 벗어나게 되면 유골은 진흙으로 바뀌게 됩니다. 이것이 용맥(龍脈)의 완급비법(緩急秘法)입니다. 양맥(陽脈) 내룡(來龍)은 행룡(行龍)이 구불구불하고 완만하며 힘이 약합니다. 진기는 흩어지고 모이지 않으니 그 입수결혈처(入首結穴處)는 의심스러울 정도로 지나치게 완만합니다.

용(龍)의 세(勢)가 너무 완만하면 생기(生氣)는 흩어지고, 원신은 부족하게 되니, 양맥(陽脈)의 결혈처(結穴處)는 반드시 솟아오르고 돌출(突出)되어야 합니다. 즉 양(陽)이 극(極)에 이르러 음(陰)이 생겨나는 것입니다.

자웅(雌雄)이 교구(交媾)해야 혈(穴)이 맺히는 것입니다. 단, 이런류의 혈(穴)의 형태는 반드시 둥근 처마끝 모습의 5~7촌 되는곳에 땅을 파고 하관을 해야합니다. 그래야만 생기를 영접(迎接)할 수 있습니다. 만일 그리하지 않으면 맥(脈)이 분리(分離) 탈기(脫氣)되어 냉기(冷氣)가 유골에 침범하여 유골이 검게 변하고 나중에 진흙으로 변하는 사고가 생기게 됩니다.

자법에서는 완급(緩急)을 봐서 혈(穴)을 정해야 합니다. 그래야 복(福)을 사람에게 줄 수 있습니다. 만일 대충 처리하면 흉(凶)을 초래하게 됩니다. 장법의 요지는 화복(禍福)을 정하는데 있습니다. 많이 답산(踏山)하고 많이 공부하고 노력하면 복을 얻을 수 있습니다.

제 12 절 안혈고저비법(安穴高低秘法)

혈(穴)의 고저(高低)를 정하는 것은 그 위치에 구애됨은 없고 용맥(龍脈)의 박환(薄宦)에 의해 태를 이루는 것입니다. 혈(穴)은 산 정상에 있거나 깊은 계곡의 낮은 곳에 있기도 합니다. 원칙(原則)은 장풍(藏風)과 4산이 조응(照應)하는 것입니다. 예를들어 '구름속의 신선'(雲中仙, 혈 형태의 별명)은 바람을 받지 않아야하며 높은 곳을 꺼리지 않습니다.

낮은 지대의 혈(穴)은 물의 바깥이 아닌 물가라면 비록 낮고 깊은 계곡이라도 해가 되지 않습니다. 점혈법은 자연에서 그 증거를 찾을 수 있습니다.

4산이 높으면 혈(穴)이 높아야 길(吉)합니다.
4산이 낮으면 혈(穴)이 낮아야 길(吉)합니다.
4산이 평범하면 혈(穴)은 그 속에 있습니다.
물이 왼편으로 보이면 혈(穴)은 왼편에 있습니다.
물이 오른편으로 보이면 혈(穴)은 오른편에 있습니다.
용(龍)이 급하게 오면 혈(穴)은 앞에 있으며
용(龍)이 완만하게 오면 혈(穴)은 뒤에 있습니다.
음맥(陰脈) 내룡(來龍)은 혈(穴)이 양(陽)에 있고
양맥(陽脈) 내룡(來龍)은 혈(穴)이 음(陰)에 있습니다.
이것은 천고(千古)의 진리(眞理)입니다.

태극, 나경, 토숙, 분합, 선익, 명견, 천심십도, 전순, 합금, 대소팔자, 우각, 새우수염, 게눈 등은 혈을 찾는 도구들입니다. 참된 이치를 스스로 깨닫는다면 사람이 스스로 밝아져서 고저(高低)에 얽매이지 않게됩니다.

제 13 절 안혈험혈비법(安穴驗穴秘法)

용(龍)은 생기(生氣)를 길(吉), 사기(死氣)를 흉(凶)으로 합니다.
음룡(陰龍)의 세(勢)가 급하게 오면 완만해지는 곳이 생(生)이고 세(勢)가 강한 곳은 사(死)입니다.
양룡(陽龍)의 세(勢)가 약하게 오면 강해지는 곳이 생(生)이고 세가 약한곳은 사(死)입니다.

혈(穴)의 후박(厚薄)도 생사(生死)와 연결됩니다.
왼편이 후(厚)하면 오른편이 생(生)이고 왼편이 박(薄)하면 오른편이 사(死)입니다.
오른편이 후(厚)하면 왼편이 생(生)이고 오른편이 박(薄)하면 왼편이 사(死)입니다.

사(死)는 음양(陰陽)이 완전히 변(變)하지 않은 것이고 생(生)은 음양(陰陽)이 완전히 변화(變化)한 것입니다.

사(砂)의 명암(明暗)은 수(水)의 넓고 좁음에 생사(生死)의 구분(區分)이 있습니다. 수(水)가 멀리서 좁게 오는 것은 생(生)이고 넓게 오는 것은 사(死)입니다. 생사(生死)는 기(氣)와 살(煞)이고 생(生)은 기(氣)이고 향(向)을 취해야 하며 사(死)는 살(煞)이고 배(背)를 피해야 합니다. 점혈(點穴) 안장(安葬)의 비법(秘法)은 사(死)를 버리고 생(生)을 취하여 추길피흉(追吉避凶)하는 것입니다.

무릇 강약(强弱), 후박(厚薄), 명암(明暗)에서 참된 것은 사(死)를 버리고 생(生)을 취하는 것이 대법(大法)입니다. 경서(經書)의 법(法)의 밝은 것이니 이를 잘 이해하면 취사선택(取捨選擇)은 쉬울 것입니다.

제 14 절 안혈심천비법 (安穴深淺秘法)

산지(山地)는 음(陰)에 속하고 습기(濕氣)가 비교적 많습니다.
맥락(脈絡)이 분명(分明)하고 생기(生氣)는 위로 뜨고 사기(死氣)는 아래로 가라앉습니다. 그래서 가볍게 장사 지냅니다. 다만 너무 얇게 하면 안되는데 너무 얇게 천장(淺藏)하게 되면 생기(生氣)를 타지 못하게 되고, 도리어 사기(死氣)가 침범할 수 있습니다.

평지(平地)는 양(陽)에 속하고 습기(濕氣)가 비교적 적습니다.
맥락(脈絡)이 분명치 않고 기세(氣勢)가 평온(平穩)합니다. 생기(生氣)가 아래로 가고 사기(死氣)는 위로 갑니다. 그래서 심장(深藏)을 해야합니다. 다만 너무 깊이 가게 되면 생기(生氣)를 얻지 못하게 될 수 있고 바람이 불게되면 사기(死氣)가 침범할 수 있습니다.

천(淺)을 천혈(天穴)이라 하고 심(深)을 지혈(地穴)이라 합니다.
천(天)과 비슷하지만 천(天)이 아니고 지(地)와 비슷하지만 지(地)가 아닙니다.
자세히 구별하여 심천(深淺)의 대강을 세우고 평지, 고산을 강령으로, 강령을 심사하고 유사함을 구별해야합니다. 하나의 예로 유추하여 알수있어야 하니 여러분도 세세히 살펴서 깨닫길 바랍니다.

제 5 장 양택(陽宅) 48국 해설

본장은 대현공풍수의 원운(元運), 왕쇠 이론을 상, 하원 48개의 도면으로 설명한 것입니다. 특히 양택(陽宅)에 집중하여 설명했으나 감정시에는 반드시 주변 형세와 결합해서 봐야 영험할 것입니다. 즉 形, 理를 종합하여 판단해야 적중함이 많을 것이니 이를 잘 활용하여 실전에 참고하기를 바랍니다.

제 13 절 상원 24국

제 1 항 상원1국 : 임좌병향(壬坐丙向)

1	6	8
9	2	4
5	7	3

이 국은 巽으로 문을 내면 1운에 신동, 장원급제, 총명한 아이가 출생합니다. 건방에 3운에 人丁이 많아지나 수명은 조금 짧다. 장남(長男)이 발달합니다.

태방 4운에 人丁이 많고 간방은 5운 전 10년에 장녀에 유리합니다.

비성(飛星) 1, 3, 4, 5가 있는 궁은 지세가 높거나 水를 보면 안됩니다. 그 외의 궁은 水를 보면 문을 내도 됩니다.

山 : 주방, 신위, 침실, 서재, 내문 등
坎 : 소녀음란, 주색패가, 토혈, 학생득병
坤 : 소남패륜, 부동산시비, 복부통증, 뱀에물림, 개에물림
震 : 중방손재, 눈병, 심장병, 시숙갈등, 돌발사고
巽 : 재물왕성, 지세가 합국(合局)이면 신동, 장원급제
乾 : 3운 旺丁, 장남(長男)발달, 수명짧음
兌 : 4운 旺丁, 출미녀, 준수한 인물

離 : 人丁少, 패륜, 관재구설(官災口舌)

艮 : 5운전 10년, 부녀가권, 장녀유리

水 : 화장실, 하수도, 어항 등

坎 : 3운 旺財, 소녀유리, 출미녀, 막내발전, 입담이 좋음

坤 : 2운 횡재, 소남유리, 복통주의

震 : 1운 발복, 장남(長男)(자녀적음), 중녀유리

巽 : 1운 傷丁, 부종, 비뇨기질병, 물조심(둘째)

乾 : 3운 傷丁, 장남(長男)패가, 노부장수, 시비

兌 : 4운 傷丁, 장녀음란, 구설, 결혼변동

離 : 1운 발달, 장남(長男), 둘째인재

艮 : 去水 관재시비, 來水 발복 횡재

제 2 항 상원 2국 : 자좌오향

2	7	9
1	3	5
6	8	4

이 국은 1운과 같이 포국(布局)을 하면 乾으로 문을 내면 안되고 겁살을 범하는 것입니다. 평양은 무방하고 산지는 안됩니다.

산향 애성(挨星)이 모두 영신이니 손, 건, 진 세곳의 지세가 높아야 하고 다른 궁의 지형은 낮아야합니다. 水를 보면 좋습니다.

山 : 주방, 신위, 침실, 서재, 내문 등

坎 : 어린이, 총명한 사람 불리, 소남, 나이어린사람 불리

坤 : 1운 손재, 근시, 외눈, 중녀 폐경

震 : 장남(長男), 중남유리, 중남발복, 총명한 아이 출생

巽 : 2운 人丁발달, 백면서생, 2운 재물 발달, 노모가 가업 발달시킴

乾 : 부녀 낭만, 장녀주도, 4운 人丁 발달

兌 : 중원 30년 人丁발달, 소녀시비, 질병, 고통

艮 : 손재수, 머리병, 1, 3운 傷丁, 나이어린사람 다침, 홀아비

離 : 구설, 시비, 중녀, 소녀음란, 화재, 어려움 가중

水 : 화장실, 하수도, 어항 등

坎 : 소년신동, 父사고, 중남요절, 신장병

坤 : 중녀가정주도, 문인, 미녀, 노모 단명

震 : 부녀단명, 동성애, 장남(長男), 중남불리, 음란, 성병

巽 : 2운 人丁불리, 장녀, 큰며느리 음란, 6년 후 장남(長男)발달, 외교가

乾 : 초년 불리, 장녀, 큰며느리 음란, 6년 후 장남(長男)발달, 외교가

兌 : 막내유리, 소녀가정주도, 횡재, 성녀출상, 장원

艮 : 장남(長男), 막내 가정주도, 효자, 남녀미남, 부동산 발달, 명성

離 : 막내 며느리 둘째 유리, 미녀, 변호사, 법관

제 3 항 상원 3국 : 계좌정향(癸坐丁向)

9	5	7
8	1	3
4	6	2

향에 오황이 있으니 취수가 있으면 좋고 크고 깊으면 더 좋습니다. 좌에 육백(六白)이 있으니 물이 감싸거나 유정하면 재물에 크게 유리합니다. 건, 태, 간궁(艮宮)에 지세가 높고 크면 人丁이 발달합니다. 水는 손, 진궁(震宮)으로 문은 간, 태궁(兌宮)으로, 침실은 건, 간, 태궁(兌宮)이 좋습니다.

山 : 주방, 신위, 침실, 서재, 내문 등

坎 : 구설, 시비, 관재, 노인단명

坤 : 혈광사, 소녀음란, 구설

震 : 나이어린 식구의 사고, 절손, 소남단명, 손, 어깨 손상

巽 : 절손, 중녀눈병, 혈광사, 음란

乾 : 노모가정주도, 2운 人丁발달, 발육이 느림, 재물유리

兌 : 출장입상, 3운 人丁, 財 왕성

艮 : 장녀 유리, 장원급제, 3배 이익

離 : 마약 중독, 자살, 중녀관재 구설

水 : 화장실, 하수도, 어항 등

坎 : 大貴, 1운 재물왕성, 단 절손

坤 : 출성녀, 변호사, 2운 人丁 발달

震 : 출생천재, 효자, 上元財 왕성, 3운 人丁감소

巽 : 과갑, 아름다운 며느리, 才女

乾 : 2운 人丁손상, 과부, 노모단명

兌 : 장남(長男)패가, 관재, 시비, 도적, 간 질환

艮 : 큰며느리 음란, 3운 주인불리, 傷丁

離 : 대발횡재, 중녀눈병, 문인, 부귀 최고위치

제 4 항 상원 4국 : 축좌미향(丑坐未向)

1	5	3
2	9	7
6	4	8

좌공조만, 향용이 점점 높아지면 人丁, 財物이 왕성해집니다. 문은 一字門, 감, 진, 손 궁이 좋고 水는 태, 리궁(離宮)이 취수가 되면 더욱 좋습니다.

山 : 주방, 신위, 침실, 서재, 내문 등

坎 : 수목상생, 사록(四綠) 득위, 연속장원, 여자미모, 부귀, 人丁발달, 남자자손 발달

坤 : 애성(挨星)합국(合局), 장남(長男)발달, 승득, 득재, 2운 재물 3운 人丁발달

震 : 부동산 발전, 노모가권, 현모양처, 건강, 총명, 효자, 급제

巽 : 1, 4 문장, 중남발복, 公財, 私財, 속발 1운 총명

乾 : 소남요절, 64세 단명, 곤재구설, 도덕, 인 오 술년 절손, 양자를 들임

兌 : 산을 보면 복음, 막내며느리 전권, 폐병, 살상, 도적, 28세 소녀요절, 주색패가, 사 유 축년 조심

艮 : 노부 불리, 57세 단명, 화병, 장남(長男)구설, 가축불리, 인오술년에 좋지 않습니다.

離 : 마약중독, 유년(流年) 칠적(七赤) 응기, 중녀흉사, 인오술년, 월 관재구설(官災口舌)

水 : 화장실, 하수도, 어항 등

坎 : 사탕일음, 중남호색, 1운 傷丁, 4운 丁財 양재

坤 : 관재, 장남(長男)불리, 3운 傷丁, 未 申년 월 응험

震 : 관재, 구설, 시비, 노모 흉, 장자패륜, 산후질병, 복부창만병

巽 : 중남불리, 호색사망, 도둑, 소아재난, 12, 21세 사망, 1운 傷丁

乾 : 상원대발, 소남발복, 소남발복, 총명인재, 人財왕성

兌 : 2운 催貴, 3운 재물발복, 사업가, 미녀, 소녀가권주도, 언변유창

艮 : 노부가 집을 일으킴, 1운 최관, 4운 발복, 문무공명, 장방유리

離 : 물이모여야 吉, 횡재, 去水파재, 중녀눈병, 주색잡기, 혼인부정

제 5 항 상원5국 : 간좌곤향(艮坐坤向)

8	3	1
9	7	5
4	2	6

상원에 이국은 재물과 사람이 크게 흥합니다. 대대로 장원이 나오고 신동, 水는 진, 손으로 出하고 兌에 모이면 재물이 유리해집니다. 만일 일자문을 내면 이방으로 내야 상원의 왕기가 들어옵니다.

山 : 주방, 신위, 침실, 서재, 내문 등

坎 : 노모가권, 막내발적, 2운 정재왕성, 운이가면 중남절손

坤 : 상원왕기, 중남발달, 1운 왕정, 운이 가면 고향을 떠나야 吉

震 : 애성(挨星)반국(反局), 중녀안질, 음란, 시비다단

巽 : 소남불리, 傷丁, 3운 傷丁, 2운 손재

乾 : 남자단명, 관재시비, 1운 傷丁, 3운 극자, 4운 손재

兌 : 송사, 시비, 횡액, 소녀음란, 약으로 유지

艮 : 1, 2, 4운 유리, 장녀가권, 문화융성, 4운 말에

離 : 목화통명, 과갑, 장자발전, 해 묘 미 년 월 응험

水 : 화장실, 하수도, 어항 등

坎 : 중남 타향살이, 노모불리, 중남시비, 음란, 복부질병

坤 : 傷丁(남자), 傷中男, 자녀방 안됨, 엄마로부터 비평을 많이당함

震 : 중녀유리, 장남(長男) 1, 2, 4운 재물 풍부, 3운 傷丁

巽 : 소남발전, 4운단명, 2, 3운 재물왕성, 운이가면 凶

乾 : 1운 최정, 3운 발복, 4운 관운 왕성, 장남(長男) 老男

兌 : 취수 혹은 래수면 횡재, 미녀출생, 말 잘함

艮 : 4운 傷主, 2운 후 10년 재물이익, 3운 말에 사람이 늘어남

離 : 3운 傷人, 시비파재, 4운 人丁 줄어듬, 4운말 人丁늘어남, 1운 후 10년 재물유리

제 6 항 상원 6국 : 인좌신향(寅坐申向)

9	4	2
1	8	6
5	3	7

향의 이흑(二黑), 一字門이 좋고 문앞은 형세적으로 점점높아지면 상원의 旺氣가 오게 되고 재물과 사람이 늘어납니다. 좌는 오황이다, 水가 유정하면 대횡재를 하며 감, 진궁(震宮)은 주인방이, 리궁(離宮)은 서재, 태궁(兌宮)은 出水하면

좋습니다.

山 : 주방, 신위, 침실, 서재, 내문 등

坎 : 신분상승, 장자 유리, 문장탁월, 연속장원

坤 : 2운 旺丁, 노모가권, 부동산 대박

震 : 신분극 상승, 가정화목, 1운 이후 부녀 단명

巽 : 중녀불임, 양자, 음란, 파재

乾 : 가사불화, 손재, 傷丁, 부녀다툼, 나이차 많은 결혼

兌 : 범법, 차사고, 刀傷, 불륜(원조교제)

艮 : 소년 약물중독, 비위병, 기형아출생, 근골손상

離 : 문장유명, 연속장원, 남아득남, 총명수재

水 : 화장실, 하수도, 어항 등

坎 : 횡액주의, 전기감전, 뱀물림, 중독, 출혈, 장남(長男)감응

坤 : 질병주의, 열성병, 감기, 이질, 자궁출형

震 : 개 조심, 뱀 조심, 가파인망, 중남감응

巽 : 수재출현, 예능발달, 미녀수상

乾 : 재물 명예 쌍전, 出文人 , 첩가권, 편애소부, 부귀쌍전

兌 : 재물증진, 자손총명, 부녀미색, 서자, 처첩불화

艮 : 貴子출생, 대박재물, 부동산이득, 소방이 집을 일으킴, 최관귀, 5운전 10년 傷丁

離 : 화재, 파산, 음란, 자살, 4운절손, 1운 파재

제 7 항 상원 7국 : 갑좌경향(甲坐庚向)

9	5	7
8	1	3
4	6	2

3운에 이국을 쓸 수 있고 一子門을 내고 座뒤에 물이 모인다면 재물과 사람이 모두 늘어납니다. 水는 감과 곤으로 나가면 좋고 간, 건은 주침실로 좋습니다.

리궁(離宮)에 취수가 되면 재물이 대박입니다.

山 : 주방, 신위, 침실, 서재, 내문 등
坎 : 1운 말 일백(一白) 명인 사람 발복, 유정, 혈뇨, 뇌출혈, 주색기호, 망상
坤 : 소부가 시어미를 속임, 부녀재난, 노모주권, 자녀희소, 사통
震 : 어린이 불리, 부동산 손해, 처자재난, 낙태, 절손
巽 : 둘째 부녀 혈광사, 심장병, 중풍, 자손 희소
乾 : 어미가 집안을 발복시킴, 재물발달
兌 : 主貴, 출장입상
艮 : 장녀유리, 현인달사, 예술가, 장원급제, 3배 이득
離 : 마약중독, 성병, 음란, 약물중독
水 : 화장실, 하수도, 어항 등
坎 : 主 지혜, 大貴, 1운에 재물 발달, 人丁은 희소
坤 : 횡재, 여자가 貴함
震 : 출문사, 효자효녀, 3운 人丁 희소
巽 : 문장출중, 예능인, 여자장원급제, 婦女 미색
乾 : 홀아비, 과부, 사이비 군자, 귀신출몰
兌 : 도적, 실물, 강도, 관재, 肝病, 수족상처
艮 : 소부음산, 4운주의 傷丁, 큰며느리 주의
離 : 래수 吉, 취수, 대발횡재, 중녀발달, 출문인, 화가

제 8 항 상원 8국 : 묘좌유향(卯坐酉向)

2	7	9
1	3	5
6	8	4

향에 물이 모이면 횡재를 하게 됩니다. 좌의 뒤가 높으면 丁, 財가 많아집니다. 진, 손은 주인방이 좋고 出水는 곤, 이, 간이 합국(合局)입니다.

山 : 주방, 신위, 침실, 서재, 내문 등

坎 : 중남 신장병, 부동산 불리, 갑자기 시비, 연속관재

坤 : 중녀불리, 공처가, 불임, 야반도주

震 : 중남, 장남(長男) 유리, 장원급제, 부귀쌍전

巽 : 어부지리, 현모양처, 미녀, 부동산 이득

乾 : 서자득재, 장녀, 장남(長男)유리, 창업가

兌 : 관재구설(官災口舌), 약물중독, 시비, 소녀음란, 성병, 사형

艮 : 부녀장수, 중풍, 대장, 위장병, 정신병, 살상

離 : 소부폐병, 치질, 구설손재, 줄초상(여자다음 남자), 절손, 난산, 도난

水 : 화장실, 하수도, 어항 등

坎 : 산수화가, 학문심후, 소남발복, 광산, 산림업

坤 : 부동산 증대, 부귀, 횡재, 과갑, 횡재

震 : 중남 傷, 요절, 난산, 부녀단명, 물조심

巽 : 노모재산, 비 위병, 전답시비, 4, 5째 식구 주의, 인오술년 감응

乾 : 관재, 구설, 장녀, 남녀불륜, 용두사미

兌 : 래수, 취수횡재, 성녀, 상원, 언어전문가, 외교가, 소설가, 논평

艮 : 재물증진, 부동산 이득, 공명현달, 장, 소방 발전, 남녀미남

離 : 변호사, 법관, 出美婦, 2, 3운 財, 丁 발달

제 9 항 상원 9국 : 을좌신향(乙坐辛向)

1	6	8
9	2	4
5	7	3

향성(向星)의 사록(四綠)에 지세가 높고 一字門을 내면 또 좌성 9가 영신으로 지세가 낮고 물을 보면 합국(合局)입니다. 간궁(艮宮)에 취수, 리궁(離宮)으로 出水하면 財, 丁이 대발합니다. 주 침실은 손이 좋고 이, 곤, 감으로 출수하면

합국(合局)입니다.

山 : 주방, 신위, 침실, 서재, 내문 등

坎 : 1운 재운 고통, 2운 人丁감소, 3운 고통, 소녀불리, 음란 등

坤 : 2운 고통, 파재, 3운 人丁감소, 개에 물림, 낙태, 경제곤란

震 : 남녀방탕, 애정으로 인한 원한, 감옥, 폭발, 호색, 간병, 눈병

巽 : 문창과갑, 貴子출산, 음식점, 서, 화 문학, 명사풍류

乾 : 3운 旺丁, 1운 손재, 명리쌍전

兌 : 외유내강, 용모수려, 4운 催丁, 3운 손재, 2운 人丁 감소

艮 : 3운 人丁 감소, 소남약물중독, 정신병, 인과응보

離 : 남녀불륜, 고혈압, 뇌출혈, 노인흉사, 패륜

水 : 화장실, 하수도, 어항 등

坎 : 언변유창, 재자가인, 문채미려, 심려가, 의사, 소방 旺丁

坤 : 득남, 부동산 이득, 광업발전, 소남가업, 2운 말 人丁 감소

震 : 장남(長男), 중남 급제, 중녀장수, 둘째며느리 득남, 최관

巽 : 물조심, 장녀불리, 신 담 질병, 중나배우자 음란

乾 : 관재구설(官災口舌), 난맥자초, 3운 損丁, 장방불리

兌 : 음란패가, 간 담병, 흉사자초, 관재, 구설, 구금

艮 : 來水, 취수 즉 인재 배출, 대발횡재, 복록쌍전

離 : 1운 최귀, 친구유친, 동지화합, 3, 4운 발재

제 10 항 상원 10국 : 진좌술향(辰坐戌向)

7	2	9
8	6	4
3	1	5

향에 오황 수가 있으니 래수, 취수가 되면 대발횡재가 됩니다. 좌가 지세가 낮

으면 합국(合局)입니다. 물은 진궁(震宮)으로 나가야 좋습니다. 침실은 태, 이, 감 3개의 궁이 좋습니다.

山 : 주방, 신위, 침실, 서재, 내문 등
坎 : 횡재수, 1운 중남 발전, 旺丁, 최위, 총명지혜
坤 : 화토조염, 남녀동거, 남자수명 단명, 소아양자 1운 損丁
震 : 소아 키우기 어려움, 극처, 극자, 낙태, 손재
巽 : 금목형전, 해소, 정신착란, 심장병, 음란, 傷 부녀
乾 : 주인득병, 맹나흉의, 목매다, 위 대장 병
兌 : 4운 旺丁, 1운 파재, 2운 人丁감소, 3운 장녀불리
艮 : 득남, 2운피재
離 : 부동산 늘어남, 시험유리, 부동산 재물풍성, 1, 4운 장녀불리
水 : 화장실, 하수도, 어항 등
坎 : 귓병, 낙태, 산증, 유정, 1운 傷丁
坤 : 시험유리, 부동산 재물 늘어남, 중녀유리
震 : 출생 貴子, 전진위한 후티, 건축, 광업유리
巽 : 권력장악, 감형, 외유내강, 용모수려
乾 : 주도개국, 재물 원천 크게 유리
兌 : 남자단명, 수술, 구성
艮 : 傷丁, 형제불화, 8년 이내 파재, 도적난동
離 : 근시안, 점유, 복막염, 모친(母親)재난, 2운 損丁

제 11 항 상원 11국 : 손좌건향(巽坐乾向)

7	2	9
8	6	4
3	1	5

향으로 출수하면 손재, 傷丁합니다. 만일 취수가 되면 부귀쌍전합니다. 좌는 지세가 낮으면 합국(合局)입니다. 水는 곤방으로 나가면 여성에게 재난이 닥친다. 2운 傷丁, 취수가 되면 1, 4운에 재물발복합니다.

山 : 주방, 신위, 침실, 서재, 내문 등
坎 : 중남 가권주도, 1운 財, 丁 왕성
坤 : 중녀음란, 공처가
震 : 소아 양육 어려움, 관재, 구설, 시비, 도난
巽 : 소녀다정, 성병, 음란
乾 : 관재, 구설, 마약중독, 연장자 단명, 人丁 불리
兌 : 2운 人丁불리, 3운 손재, 4운 丁, 財 왕성, 1운 질병 고통
艮 : 3운 人丁왕성, 단 손재수
離 : 전답발복, 노모가권, 중녀눈병
水 : 화장실, 하수도, 어항 등
坎 : 중방귀병, 신장질환, 음란, 1운 損丁, 주인불리
坤 : 중녀가권, 출귀인, 문인, 화가
震 : 소남주권, 광산업, 부동산 발복, 장남(長男), 3운 人丁 감소, 손재
巽 : 변호사, 발명가, 간병
乾 : 횡재, 催 관 貴, 노부가권
兌 : 傷 장녀, 큰 며느리 1운 질병고통, 장녀음란, 시비
艮 : 3운 傷丁, 형제불화, 근골질병, 목소리 쉼
離 : 노모단명, 전답불리, 위출혈, 복막염, 어리석은자, 문맹

제 12 항 상원 12국 : 사좌해향(巳坐亥向)

3	8	1
2	4	6
7	9	5

좌가 산세가 높이 솟아야 하며 향에 물이 모이면 人丁, 財가 왕성해집니다. 水는 감궁(坎宮) 이, 태, 간으로 나가야 하며 침실은 진, 손, 곤 3개의 궁이 좋습니다.

山 : 주방, 신위, 침실, 서재, 내문 등

坎 : 중녀눈병, 공처가, 만나면 헤어짐, 주색, 적막강산

坤 : 삼고초려, 득남, 대중심리 이용 성공, 농업, 토지 성공

震 : 다시한번, 노모, 장남(長男) 가권주도, 2, 3운 丁財왕성

巽 : 催生 공명성공, 부동산발전, 장남(長男), 장녀 전배, 자녀현달

乾 : 관재구설(官災口舌), 마약중독, 질병, 부부불화, 장자 정신미약

兌 : 강도, 관재, 사고, 교검살, 여 음란

艮 : 소녀, 소방 시비, 입술병, 멸문지하

離 : 먼저 소남불리 다음중녀, 귀 목소리 문제, 불상사 발생

水 : 화장실, 하수도, 어항 등

坎 : 중녀발복, 4운 재물왕성, 1운 傷丁

坤 : 중녀발복, 4운 재물왕성, 1운 傷丁

震 : 노모손상, 장녀, 2, 4운 丁財쌍패

巽 : 장방 3, 4운 丁財 양패, 관재분주, 예측못한 재난

乾 : 국보급 인재, 旺丁, 횡재

兌 : 무관성공, 타향성(向星)공, 병권 장악

艮 : 재자가인, 속발속성, 초능력, 소남 소녀 발달

離 : 혼인경사, 미용, 출생 貴子, 소남 大利

제 13 항 상원 13국 : 병좌임향(丙坐壬向)

8	3	1
9	7	5
4	2	6

좌와 향이 모두 旺星입니다. 향의 앞이 지세가 높이 솟아있고 좌의 뒤기 래용이 오고 水가 건방으로 나가면 丁, 財가 흥왕합니다. 주인방은 곤, 이, 감, 간이 좋습니다.

山 : 주방, 신위, 침실, 서재, 내문 등
坎 : 노모가권, 중남발복, 타향발복, 1, 2운 丁,財 왕성
坤 : 중남발전, 농업 크게 유리, 득자, 발명유리
震 : 남녀방탕, 시비다단, 사랑으로 고통, 폭발사건, 투옥, 간병, 대장병
巽 : 소남시비사기, 강간, 척추병, 류마티스
乾 : 노고, 관재, 뇌질병, 과부, 홀아비, 폐병
兌 : 마약중독, 소녀음란, 성병, 변태, 주술저주, 잔병치레, 창녀
艮 : 혼인화합, 장녀, 큰 며느리 유리
離 : 득남, 급제 최관 3운 旺丁
水 : 화장실, 하수도, 어항 등
坎 : 1, 2운 傷丁, 노모, 중남 단명, 전답시비
坤 : 물조심, 재난가중, 중남재난, 비, 신 질병
震 : 중녀복록, 중부임신, 오, 술, 해, 묘, 미년 득남, 3운 損丁
巽 : 최정, 남녀취직, 2, 3운 丁, 財 왕성, 4운 人丁 감소
乾 : 돈이모임, 노부가권주도, 1, 4운 丁, 財 왕성
兌 : 남모르는 도움, 催丁
艮 : 자상, 큰 며느리, 소남 다툼, 음란도주
離 : 가족갈등, 재난막측, 혈광사, 다리다침

제 14 항 상원 14국 : 오좌자향(午坐子向)

1	5	3
2	9	7
6	4	8

평양수가 좌를 감싸야 하고 향은 약간 높아야 하며 형세가 이러하면 합국(合局)이고 丁財가 왕성해지고 水는 간, 태, 건으로 나가면 좋고 침실은 감, 곤, 진, 손이 좋습니다.

山 : 주방, 신위, 침실, 서재, 내문 등
坎 : 장원급제, 장녀, 중남 유리
坤 : 안거낙빈, 탈태환골, 부동산 발달, 장자유리
震 : 시비가리기, 장자, 노모유리
巽 : 10년 한가, 음식점, 사법공정, 명사 풍류
乾 : 소남패륜, 소남부동산 손해, 위, 대장질병
兌 : 골육상쟁, 폐병, 살상, 도적, 구설, 소녀음란
艮 : 노부증병, 기침, 대장, 위 질병
離 : 중간며느리 불리, 화병, 약물유지
水 : 화장실, 하수도, 어항 등
坎 : 가족갈등, 음란, 신장, 담, 질병, 관절담병
坤 : 연속사고, 차사고, 장남(長男)패륜, 모친(母親)비위병, 부동산 시비
震 : 모친(母親)재난, 비위질병, 부동산 시비 손해, 비구니
巽 : 물조심, 장녀불리, 중남재난, 신장 담질병, 경박
乾 : 전탑 이득, 횡재
兌 : 음덕이재, 큰재물 모음, 손녀유리, 연예인
艮 : 재물증가, 人丁늘어남, 막내발복, 노부가권
離 : 횡재수, 중녀가권, 출미녀, 문장우수

제 15 항 상원 15국 : 정좌계향(丁坐癸向)

9	4	2
1	8	6
5	3	7

산과 향이 모두 정신입니다. 지세가 약간 높고 一字門을 내면 합국(合局)이 됩니다. 水, 건, 태, 손으로 나가야 좋습니다. 침실은 감, 이, 곤, 진이 되면 丁財 모두 왕성해집니다.

山 : 주방, 신위, 침실, 서재, 내문 등
坎 : 집안화목, 재산무성, 장남(長男), 중남발달, 자손영예
坤 : 군중에 의한 성공, 득남, 농업, 토지발복, 발명특허
震 : 문무겸용, 책략, 득남, 창업, 1, 3운 丁, 財대발
巽 : 부녀 음란, 간, 담병, 눈병, 장염, 고관절병
乾 : 의절, 시비, 남녀불륜, 감언이설
兌 : 시비, 원조교제, 협박
艮 : 시비, 소년마약중독, 여드름, 인과응보, 정신병
離 : 현모양처, 이재치부, 4운 財旺
水 : 화장실, 하수도, 어항 등
坎 : 가파인망, 1, 3운, 실족, 사망, 도적
坤 : 형벌, 탐심, 2운 절손, 과부
震 : 불안, 분열, 관재구설(官災口舌), 1운가흉
巽 : 부녀가권, 안정, 합작, 화평
乾 : 상원 丁財왕성, 소녀, 노부가권
兌 : 자녀총명, 부녀미모, 장남(長男), 소남왕재
艮 : 來水吉, 出수상, 고승, 천재아동, 수복쌍전
離 : 비방, 가파인장, 간담병, 고관절병, 화재, 부녀불량

제 16 항 상원 16국 : 미좌축향

2	7	9
1	3	5
6	8	4

이것은 평양국이며 좌가 지세가 낮고 향은 물이 유정하게 나가고 만약 리궁(離宮)은 높고 크다면 재물불리, 관재구설(官災口舌), 소녀음란, 이웃불화하고 손궁(巽宮)으로 水가 나가면 도화가 발생하고 문은 손, 진궁(震宮)이 좋고 침실도 좋으며 水는 이, 감, 간궁(艮宮)으로 나가면 좋고 태궁(兌宮)에 취수가 되면 상원에 횡재와 人丁이 왕성해집니다.

山 : 주방, 신위, 침실, 서재, 내문 등
坎 : 土克水, 어린사람불리, 자손패륜, 광업유리
坤 : 부녀단명, 안질, 결핵토혈, 절손
震 : 중방, 장남(長男)유리, 장원급제, 발복
巽 : 장녀 사업유리, 티끌모아 태산, 현모양처
乾 : 문에 재능, 작은투자 큰 기쁨, 양식업 발달, 고난창업 기업가
兌 : 막내며느리 중병, 구설, 성병, 식중독, 변태, 창기, 주술저주
艮 : 살상, 중풍, 위 대장질병, 노부, 소남 재난
離 : 소부 중녀 폐병, 구설 파재, 송사
水 : 화장실, 하수도, 어항 등
坎 : 지혜무량, 임신득남, 광업발전, 소남타향성(向星)공
坤 : 공직성공, 人丁왕성, 경사, 도예, 명성천하
震 : 요절, 난산, 수액재난, 장자방랑, 간 담 질병
巽 : 모친(母親)재난, 비위질병, 전답시비, 파재, 비담질병
乾 : 구설, 관재, 초상, 음란, 재난초래
兌 : 취수, 재물 무궁, 여자장원, 평론가, 외교가
艮 : 효자, 거부, 정신여유
離 : 미녀, 변호사, 법관, 소녀가권

제 17 항 상원 17국 : 곤좌간향(坤坐艮向)

1	6	8
9	2	4
5	7	3

향에 오황이 위치해있으니 취수가 된다면 丁, 財가 크게 유리하고 좌는 지세가 낮아야 합국(合局)입니다. 평양에서 사용가능한 것입니다. 문은 건, 태, 손궁(巽宮)이 좋으며 水는 진, 리궁(離宮)으로 出하면 좋고 침실은 건, 태, 손 궁이 이롭습니다.

山 : 주방, 신위, 침실, 서재, 내문 등
坎 : 주색잡기, 혼외정사, 구설시비, 소녀음란
坤 : 경제곤란, 개에 물림, 유산, 동분서주, 소방빈곤
震 : 남녀방탕, 연애 번민, 구금 감옥 화재, 간병, 대장병, 색을 탐함
巽 : 문장 출중, 서화, 문학가, 풍류, 호인, 청백리
乾 : 장남(長男)성공, 건축업 성공, 어부지리
兌 : 사면복권, 권력쟁취, 용모수려, 정직
艮 : 소년 약물중독, 코암, 정신병, 보복
離 : 남녀불륜, 고혈압, 패륜, 뇌출혈, 노인흉사
水 : 화장실, 하수도, 어항 등
坎 : 득남, 청렴결백, 정절여자
坤 : 부동산, 광산업, 소남창업, 득남, 경로효자
震 : 득남, 최관, 재물이 늘어남, 중남 박학다식, 장원급제
巽 : 가족달등, 파재, 음란, 수액재난, 신장, 담 질병
乾 : 구설관재, 구금, 장자괜재, 3운 傷丁
兌 : 부녀음란, 시비, 구설, 관재, 흉폭 초래
艮 : 부동산 증진, 소남, 발복가문, 횡재대발

離 : 장남(長男), 노부이득, 붕우유친, 동지화합, 최고영예

제 18 항 상원 18국 : 신좌인향(申坐寅向)

9	5	7
8	1	3
4	6	2

본국은 영, 정이 전도되었습니다. 리궁(離宮)에 취수가 되면 재물이 크게 발전합니다. 진, 손궁(巽宮)으로 出水하면 좋고 침실은 건, 태, 간 3개 궁이 좋으며 문은 一字文이 吉합니다.

山 : 주방, 신위, 침실, 서재, 내문 등
坎 : 관재소송, 노부단명, 재산분쟁
坤 : 고부불화, 시비구설, 여인왕국, 사이비뉴스, 제왕절개
震 : 소남요절, 부동산 손재, 비위장 손상
巽 : 둘째며느리 혈광, 심계, 담, 대장질병
乾 : 발재, 부동산증진, 득남, 노모 발복 가정, 효자
兌 : 장자유리, 목표달성, 남녀결혼, 충신열사, 문무쌍전, 여성배우자 극귀
艮 : 중매결혼 성공, 부인수절, 중의, 분재가
離 : 약물중독, 음란, 고나재, 구설, 중녀시비, 안질
水 : 화장실, 하수도, 어항 등
坎 : 집주인 순수함, 상업발복, 득남 貴子, 공명현달
坤 : 人丁증가, 소녀총명
震 : 경로존중, 소남발복가권, 수공예, 광산업
巽 : 문장출중, 시험유리, 중방발전, 득남貴子
乾 : 미신, 귀신장난, 사익추구, 위장질환
兌 : 도난, 재난초래, 관재구설(官災口舌)
艮 : 자산, 광부, 소남구설, 유산, 파재, 음란, 損유아, 담 위장질병

離 : 미인, 귀부인, 부귀극품, 협녀, 열사, 문명종교가, 횡제

제 19 항 상원19국 : 경좌갑향(庚坐甲向)

9	4	2
1	8	6
5	3	7

이국은 좌산(坐山)이 높으면 안됩니다. 만일 높게되면 상산(上山)이 됩니다. 관재구설(官災口舌), 송사가 있게 되니 마땅히 저지대(低地帶)에 물이 유정(有情)해야 합니다. 향은 조금씩 높아져야 합니다. 문은 일자문(一字門)이 좋고 수(水)는 건궁(乾宮)으로 출수(出水)가 좋고 침실은 곤(坤), 감(坎), 리궁(離宮)이 좋으며 합국(合局)이라 합니다.

山 : 주방, 신위, 침실, 서재, 내문 등
坎 : 몸이 귀해집니다. 장방유리, 득남, 창업, 문무겸비
坤 : 出 명의, 부동산증진, 충신, 대기만성, 현모양처
震 : 중방유리, 발복, 최귀, 장원급제
巽 : 부녀음란, 간담질병, 중녀눈병, 시비, 화재, 장염
乾 : 도주, 재난, 주색시비, 남녀불륜
兌 : 칼부림, 시비, 관사, 살상, 폐질환, 골육상쟁
艮 : 소남신장 질환, 마약, 부동산감소, 치매, 비위장병
離 : 문장장원, 장남(長男)득남, 문무겸비, 형제단결
水 : 화장실, 하수도, 어항 등
坎 : 재난막측, 장자방탕, 도난, 시비
坤 : 모친(母親)허물, 치매, 부종, 복부질환, 위장병, 이흑(二黑)성 물조심
震 : 물조심, 중남방탕, 간, 신장병, 이농
巽 : 시험유리, 중녀 貴, 득남
乾 : 무관으로 성공, 부자, 정부대 변인

兌 : 무관직채 유리, 임신, 재물이 늘어남, 외지발달, 병권장악
艮 : 횡재, 천재출생, 고승, 광물연구가, 성현, 선불
離 : 부인정절훼손, 고부불화, 큰며느리 혈광, 담낭질환

제 20 항 상원20국 : 유좌묘향(酉坐卯向)

1	5	3
2	9	7
6	4	8

본국은 영정이 전도되었습니다. 좌(坐)에 물이 유정(有情)하게 흘러야 좋으며 향은 일자문(一字門)을 내면 합국(合局)입니다. 그리되면 정(丁), 재(財)가 왕성(旺盛)해집니다. 침실은 손(巽), 감(坎), 곤궁(坤宮)이 좋고 수(水)는 간(艮), 건(乾), 태궁(兌宮)이 출수(出水)되면 좋은 것입니다.

山 : 주방, 신위, 침실, 서재, 내문 등
坎 : 시험유리, 旺丁
坤 : 장자유리, 효자, 가정화목, 2, 3운 丁財왕성
震 : 부동산 발복, 내외순리, 승진, 재물늘어남
巽 : 탐랑득위, 장원급제, 남녀총명, 부귀, 인정왕성
乾 : 소남요절, 傷 유아, 절손, 공명무드, 정신병, 폐질병
兌 : 골육상정, 소부전권, 폐병, 음란, 살상, 도적, 구설
艮 : 노부, 집주인요절, 양육조건 어려움, 정신병, 폐병, 절손
離 : 중녀질환, 마약중독, 성병, 화병, 혈광사, 난임
水 : 화장실, 하수도, 어항 등
坎 : 탕아남녀, 가파인망, 도망, 간장병
坤 : 차량사고, 도난, 역자패모, 부동산, 원예업, 패가

震 : 모친(母親)단명, 丁財양패, 지진재난, 위장, 간질병
巽 : 주색음란, 남녀불륜, 도적, 노숙, 남녀방탕
乾 : 부동산 이득, 횡재발생
兌 : 발재이득, 변호사, 입심유명
艮 : 재물과 人丁이 늘어남
離 : 부귀극품, 미인, 귀부인, 문명, 절세기재, 최고영예

제 21 항 상원 21국 : 신좌을향(辛坐乙向)

8	3	1
9	7	5
4	2	6

본국의 좌(坐)에 오황(五黃)이 있습니다. 만약 물이 있다면 크고 깊어야 합니다. 이런 형세가 되면 크게 횡재를 이룰 수가 있습니다. 향에 구자(九紫)가 있으니 평야에 넓고 크면 합국(合局)입니다. 水는 건, 진으로 出水해야 하고 문은 감, 간, 이, 곤이 좋으며 침실은 감, 간, 이, 곤이 좋습니다.

山 : 주방, 신위, 침실, 서재, 내문 등
坎 : 농업토지 발복, 득남, 다수를 이용하여 성공, 능력자 픽업
坤 : 농사유리, 중방가권
震 : 둘째며느리 혈광사, 심장통증, 눈병, 두통
巽 : 소남위장병, 損 유아, 복부질환, 재산줄어듬
乾 : 골육상잔, 살상, 도덕, 관재, 집주인 단명
兌 : 소녀약물중독, 소부중병, 전담구설, 황부종, 치매
艮 : 4운 旺丁, 큰며느리 유리, 고부불화, 적선지가, 필유여경
離 : 예능재능, 장자부귀
水 : 화장실, 하수도, 어항 등
坎 : 전답시비, 횡액연속, 비 신장질병, 모친(母親)허물

坤 : 물조심, 중남허물, 신장병, 부종, 냉성복부질환

震 : 득남, 최관, 재산증진, 중녀발복, 중부득남

巽 : 최정, 소방발복, 출산총명천재

乾 : 최관, 노부발복가정, 재산이 늘어남

兌 : 소녀총명, 대황재

艮 : 자상, 큰며느리, 시비, 파재, 담질병

離 : 재난막측, 장남(長男) 人丁불리, 시비, 도난, 가족불화

제 22 항 상원 22국 : 술좌진향(戌座辰向)

3	8	1
2	4	6
7	9	5

본국은 향이 높아야 하고 좌의 뒤가 물이 모여야 丁財가 좋아집니다. 문은 一字門이 좋고 水는 감, 간, 태로 出水하는게 좋습니다. 침실은 곤, 진, 손이며 문을 내는 방향도 동일합니다.

山 : 주방, 신위, 침실, 서재, 내문 등

坎 : 처가 남편을 속임, 용두사미, 둘째며느리 혈액병, 중녀눈병, 야반도주

坤 : 농사대길, 중남유리

震 : 장남(長男), 노모 가정 유리, 최정, 농사발전

巽 : 부부동심, 귀한처를 얻음, 득남, 임업유리

乾 : 홀아비, 노인치매증, 폐암, 횡사, 관재, 마약

兌 : 폐질환, 골육상잔, 시비패배

艮 : 극夫, 실패손재, 입술질환, 시비구설

離 : 소남, 둘째며느리 허물, 눈병, 담, 심장 위장 질병

水 : 화장실, 하수도, 어항 등

坎 : 부부정배, 재물풍부, 공명현달

坤 : 중남불리, 물조심, 유행질병, 비 신장질병

震 : 가정불화, 모친(母親)허물, 비위손상, 경련, 관절병

巽 : 파재, 장남(長男) 傷風, 재난막측, 관형, 간담 질병

乾 : 창업, 통솔, 성인, 예절

兌 : 재물증가, 자손총명, 미녀재혼, 자손서출, 무관귀복

艮 : 음양정배, 부부화순, 부귀쌍전, 인재양왕

離 : 소남유리, 득남貴子, 복록증가, 산행이득

제 23 항 상원23국 : 건좌손향(乾坐巽向)

3	8	1
2	4	6
7	9	5

향에 삼벽(三碧)이 있고 지세가 약간 높아야 하며 一字門을 내면 좋고 좌에는 오황이 있으니 취수가 되면 묘하고 곤, 진궁(震宮)은 지세가 높아야 하며 (人丁에 유리) 태, 간, 이 궁은 지세가 낮거나 出水가 되면 財가 유리해집니다.

山 : 주방, 신위, 침실, 서재, 내문 등

坎 : 용두사미, 처가 남편을 속임, 월경불순, 다리, 비뇨기 질병

坤 : 토목업 유리, 내외단결, 공평무사, 충신

震 : 외유내강, 부부화목, 승진, 재물증진, 원상복귀

巽 : 장방유리, 부부화순, 자손명예, 부귀쌍전, 공명, 부동산이득

乾 : 주인중병, 막내요절, 위 대장질병, 천재지변, 폐 위암, 무정자

兌 : 교검살, 골육상쟁, 파산, 위 대장질병, 남녀불륜, 사기

艮 : 처克夫, 파재, 입술질병, 멸문지화

離 : 소남, 중녀 傷, 자손음란, 맹아, 결핵

水 : 화장실, 하수도, 어항 등

坎 : 중남중녀, 음양정배, 재물풍부, 공명현달

坤 : 중남불리, 수액재난, 유행병, 비위장병

震 : 자녀불효, 모친(母親)냉혹, 모친(母親)재난, 경련, 관절병, 비위손상

巽 : 장남(長男)호색, 재산파산, 재난막측, 관재, 간담질병

乾 : 창업, 통솔, 성인

兌 : 재물증진, 자녀총명, 중혼, 무관부귀, 혼외자

艮 : 음양정배, 부부화순, 부귀쌍전, 丁財왕성

離 : 소남유리, 득남, 貴子, 산행유리, 횡재

제 24 항 상원 24국 : 해좌사향(亥坐巳向)

7	2	9
8	6	4
3	1	5

본국은 향에 칠적(七赤)이 있고 물이 있으면 一字門이 좋고 좌에 오황이 있으니 취수가 되면 旺財, 催丁하며 평양주택이면 더욱 吉합니다. 곤, 진궁(震宮)은 지세가 낮아야 좋고 출수되도 좋으며 감, 태, 간, 이방은 지세가 높으면 人丁, 건강에 吉합니다.

山 : 주방, 신위, 침실, 서재, 내문 등

坎 : 상업발복, 횡재, 결핵토혈, 부녀요절

坤 : 남자단명, 독자, 결핵토혈, 부녀요절

震 : 남매불화, 파재, 소아불리, 비위허한, 吉처傷子

巽 : 파재, 관재구설(官災口舌), 음란, 남녀傷身 인재, 폐위암, 무정자

乾 : 집주인 재난, 소방, 어린이 흉재, 위대장질병, 치매, 무정자

兌 : 성신, 권력장악, 용모수려, 모친(母親)정직

艮 : 진보를 위한 후퇴, 충효자손, 글재주 득남, 건축농업유리

離 : 부동산 재산증진, 시험유리, 이로공명, 부녀명예

水 : 화장실, 하수도, 어항 등

坎 : 부동산 재난증진, 물조심, 고민불안, 설사, 신 방광병

坤 : 전답증진, 부귀, 득남, 장원급제

震 : 소남유리, 경로사상, 형제, 화목, 수공예, 화분, 곡물상 유리

巽 : 소녀, 권력장악, 여성용모수려, 모친(母親)정직

乾 : 개업, 창업, 통솔

兌 : 법치, 믿음, 용모 수려

艮 : 충효집안, 문학우수, 출생, 건축농업 크게유리

離 : 둘째며느리 가권발복, 부동산증진, 공명유리, 이로공명

제 14 절 하원24국

제 1 항 하원 1국 : 임좌병향

3	7	5
4	2	9
8	6	1

이 국은 리방(離方)에 칠적(七赤)이 임하고 있으니 지세가 약간 높아야하고 일자문(一字門)을 내어야 좋습니다. 7운에 貴, 변호사, 법관, 달변가, 미인 등이 나오고 곤방(坤方)에 래수(來水)가 유정(有情)하고 손방(巽方)으로 출수(出水)하면 7운에 크게 발복(發福)하고 간(艮), 태궁(兌宮)은 8, 9운에 왕정(旺丁)하니, 이 방위에 물을 보면 안됩니다.

山 : 주방, 신위, 침실, 서재, 내문 등
坎 : 육백(六白), 6운에 旺丁, 노부가권, 주인강직
坤 : 오황, 부부불화, 모친(母親)다병, 홀아비, 과부, 낙태, 유산
震 : 장남(長男)파재, 주색잡기, 관재, 간 담 질병
巽 : 장남(長男)불리, 도적, 걸인, 연속관재, 재난막측, 간, 담 신경계질병
乾 : 중남불리, 파재, 신장질병, 6운 旺 催丁
兌 : 소녀, 중녀 운세 발전, 변호사, 법관, 미인, 달변
艮 : 소남발복, 막내발재, 총명, 천재출생, 효자, 丁財왕성, 8운 旺丁
離 : 소녀, 중녀유리, 미인, 변호사, 법관, 달변
水 : 화장실, 하수도, 어항 등
坎 : 다리, 뼈 통증, 중년장남(長男)중혼, 가정혼란, 6운 노부재난
坤 : 부동산 발복, 모친(母親)주권, 가업왕성, 출 명의, 기인, 충신열사
震 : 배우자현처, 현부, 부귀쌍전, 자손복록
巽 : 장남(長男), 장녀화목, 공명이득, 전답유리, 자손현명
乾 : 중남재운유리, 문장, 노부불리, 위 다리통증, 폐염

兌 : 중녀불리, 소녀, 줄초상, 관재구설(官災口舌), 파재, 화재, 폐렴
艮 : 어린이 생존위험, 부녀단명, 식체, 복통
離 : 7운傷丁, 부동산손재, 관재, 구설, 화재

제 2 항 하원 2국 : 자좌오향(子坐午向)

4	8	6
5	3	1
9	7	2

이 국은 향(向)에 팔백(八白)이 있기 때문에 지세(地勢)가 약간 높아야 하고 일자문(一字門)을 내야 합니다. 만약 리(離), 손(巽)이 지세(地勢)가 낮다면 손방(巽方)으로 문을 내는 것이 좋고 오황(五黃) 래수(來水)가 손(巽)으로 출수(出水)하면 발복(發福)이 번개같고 간(艮), 리(離) 방향으로 출수(出水)하면 반드시 주인이 사망합니다.

山 : 주방, 신위, 침실, 서재, 내문 등
坎 : 소녀유리, 소방 7운에 貴, 득남
坤 : 財旺, 효자
震 : 도박, 교통사고, 수족사고, 폐암동
巽 : 중풍, 해소, 과부, 진퇴양난, 암내
乾 : 손재, 담장붕괴, 귀신장난, 사리사욕
兌 : 도화주색, 문장불리, 신장질병
艮 : 장손번성, 횡재, 복록증가, 소남유리
離 : 득남, 산행득재, 중, 소방 대유리
水 : 화장실, 하수도, 어항 등
坎 : 소녀재난, 도화주색, 자손패절, 토혈질병
坤 : 민심부족, 노부두통, 뼈, 다리통증, 도깨비재물
震 : 장방부귀, 건축창업, 농업, 임업 유리

巽 : 부녀주권, 적선, 유방백세, 목재업유리, 자녀재능

乾 : 노모유리, 노부, 소남재난, 뼈 다리통증, 폐럼

兌 : 傷중남, 소녀, 자손패절, 토혈병

艮 : 소남손해, 傷중녀, 농아, 폐결핵, 사이비종교, 횡액

離 : 傷소남, 중녀폐경, 안질, 시력상실, 토혈, 비출혈

제 3 항 하원 3국 : 계좌정향(癸坐丁向)

2	6	4
3	1	8
7	5	9

손궁(巽宮)에 이흑(二黑)이 임(臨)했습니다. 만약 여기로 문(門)을 내면 질병(疾病)이 계속됩니다. 진(震), 손방(巽方)으로 출수(出水)하면 가정이 부귀(富貴)하고 곤(坤)으로 출수(出水)하면 모친(母親)에게 불리하고 건(乾), 태(兌), 리(離), 간(艮)이 만실(滿室) 고대(高大)하면 인정(人丁)이 건강합니다. 집 뒤에 뾰족한 형세가 중첩되면 자(子), 오(午) 태세(太歲)가 올 때 재난(災難)이 연속됩니다.

山 : 주방, 신위, 침실, 서재, 내문 등

坎 : 파재, 중남불리, 노모, 신장질병, 알콜중독, 비뇨기질병, 人丁손상

坤 : 고부불화, 비장, 복부질병, 도난사고, 노모낙상

震 : 음란파재, 장남(長男)관재, 장방불리

巽 : 고부불화, 전답시비, 파재, 비위손상, 노모유책

乾 : 친구유친, 동지화합, 최고영예, 장방유리

兌 : 부부정배, 부귀쌍전, 丁財왕성

艮 : 부부화합, 재자가인, 명리쌍전, 丁財왕성

離 : 명리쌍전, 장남(長男), 둘째며느리 유리, 붕우유친

水 : 화장실, 하수도, 어항 등

坎 : 催丁, 중남유리, 중남대발, 횡재

坤 : 모친(母親)가출, 미녀, 현모양처, 고부화목, 공명현달

震 : 장남(長男)大, 재백증진, 공명성공, 가업흥왕
巽 : 노모유리, 현모양처, 미녀, 자산즈악, 적은노력 큰성공
乾 : 노부중병, 중녀산액, 장방자손 불리, 관재, 실물, 시력저하
兌 : 처극부, 실물파재, 멸문지하, 입술병
艮 : 멸문지화, 유아생존위험
離 : 노부불리, 중녀 질병연속, 관재, 실물, 고아, 패절

제 4 항 하원 4국 : 축좌미향(丑坐未向)

8	4	6
7	9	2
3	5	1

태궁(兌宮)에 이흑(二黑)이 임(任)했습니다. 이 방향으로 문을 낸다면 질병이 계속됩니다. 진궁(震宮)에 취수(取水) 혹은 출수(出水)가 되면 파재하게 됩니다. 건궁(乾宮)은 평탄해야하고 만약 감(坎)은 고랑이 있으면 절손(絶孫)하게됩니다. 감궁(坎宮)은 물이 유정(有情)하게 와야하고 리방(離方)으로 출수(出水)하게 되면 재물(財物)이 왕(旺)해지고 손(巽)방위에 높은 봉우리가 있으면 학자(學者)가 나오고 곤궁(坤宮)이 지세(地勢)가 낮으면 노부(老父)가 두통(頭痛)이 있고 태궁(兌宮) 출수(出水)는 도화(桃花)를 범하게 되며 7운에는 명예를 높이게 됩니다.

山 : 주방, 신위, 침실, 서재, 내문 등
坎 : 물가조심, 알콜중독, 비뇨기 질병 발생, 傷丁
坤 : 무곡득위, 부모경사, 재물왕성, 자손효자, 丁財 왕성
震 : 문무쌍전, 명리쌍수, 남녀결혼, 매사순리
巽 : 문장수려, 혼인화합, 분재가, 티끌모아태산, 한의사
乾 : 중년남성, 노부작첩, 가정혼란
兌 : 부자불화, 살인, 화재, 폐, 비질병
艮 : 장남(長男)불리, 소남 7운 파재, 형제불화, 8년 내 파산→도척작난

離 : 화재혈광, 파재, 자살, 어지럼증, 간 담질병

水 : 화장실, 하수도, 어항 등

坎 : 중남유리, 催丁, 중남대발횡재

坤 : 불리노부, 머리질병, 가정혼란, 도화주색

震 : 관재구설(官災口舌), 자중지란, 수족손상, 傷 4~5人

巽 : 8운 傷丁, 자상, 큰 며느리 소남 다툼, 큰며느리 탁내 망신, 丁財패절

乾 : 문장유명, 중남발재

兌 : 횡재수, 生貴女, 부자, 남녀효자

艮 : 전진위한 후퇴, 충효가문, 형제우의, 건축, 농림유리, 出生貴子

離 : 시험유리, 장방발전, 목화통명, 부녀통명, 적선가문

제 5 항 하원 5국 : 간좌곤향(艮坐坤向)

6	2	4
5	7	9
1	3	8

리궁(離宮)에 이흑(二黑)이 임했습니다. 여기로 문을 내면 질병이 많아집니다. 곤(坤), 감(坎)으로 출수(出水)하면 재(財)가 왕(旺)해집니다.

태궁(兌宮)이 지세(地勢)가 낮으면 9운에 반드시 상정(傷丁)합니다. 진궁(震宮)에 래수(來水)하고 정(丁)방위로 출수(出水)하면 정재(丁財) 모두 왕성합니다. 간궁(艮宮)이 약간 높으면 신장에 병이 있고 손궁(巽宮)이 지세(地勢)가 낮으면 노부가 두통을 가지게 됩니다.

山 : 주방, 신위, 침실, 서재, 내문 등

坎 : 7운 파재 8운 투우살(鬪牛煞), 실령하면 자묘형, 동성애, 중남, 장남(長男) 불리

坤 : 고부불화, 음란, 비위 손상

震 : 도박, 수족손상, 교통사고, 위출혈, 간암, 관재 등

巽 : 문예재능, 소투자 대획득, 근로창업, 평민출신부자, 양식업 유리

乾 : 전답무성, 공명현달, 부자화목, 막내발전

兌 : 중녀, 소부유리, 출미인, 변호사, 법관, 역사가, 달변

艮 : 중방불리, 신장질병, 파재

離 : 노모불리, 비위질병, 8운 파재

水 : 화장실, 하수도, 어항 등

坎 : 장방유리, 부귀유명, 과갑

坤 : 장녀흥왕, 진취심강, 적소선대, 공명현달, 모친(母親)가출, 현모양처, 미녀

震 : 장방부귀, 건립창업, 농림기업유리, 득남

巽 : 노가다, 人丁양패, 노부두통, 근골통

乾 : 공명무망, 정신병, 소남재난, 양육곤란, 절손

兌 : 중, 소부폐병, 구설, 파재, 화재

艮 : 중방유리, 전답증가, 물귀신 조심, 소아질병

離 : 노모유리, 부동산 증가, 가장불리, 중녀혈액병, 人丁손상

제 6 항 하원 6국 : 인좌신향(寅坐申向)

7	3	5
6	8	1
2	4	9

본국은 향(向)에 오황(五黃)이 있습니다. 만약 문(門)을 내면 흉살(凶殺)의 기운(氣運)이 들어오게됩니다. 진(震), 손궁(巽宮)에 취수(取水) 혹은 출수(出水)하게 되면 반드시 크게 파재(破財)합니다. 리방(離方) 출수(出水)하면 재(財), 관(官)이 좋아지고 간궁(艮宮)이 지세가 낮으면 인정(人丁)이 왕성하고 곤방(坤方) 출수(出水)하면 관재(官災)를 초래합니다. 이 국(局)은 평양(平壤)이 적당합니다.

山 : 주방, 신위, 침실, 서재, 내문 등

坎 : 6운 파재, 장녀불리, 사탕일음, 풍류지사

坤 : 임산부재난, 2번 과부, 가주득병, 홀아비, 고부불화, 시비파재, 비위질병

震 : 부자화목, 장방유리, 명리쌍수, 건축업 유리

巽 : 권력장악, 강유조화, 용모수려, 소방유리, 소녀정직

乾 : 시험유지, 장방유리, 돈지화합, 최고영예

兌 : 주색도화, 중남불리, 신장병, 파재

艮 : 8운 파재, 남녀불륜, 모자불화, 전답시비, 정신병, 심복부 질병

離 : 부녀갈등, 재난막측, 화재, 남녀방탕

水 : 화장실, 하수도, 어항 등

坎 : 과거당선, 탐랑득위, 남녀총명, 丁財왕성

坤 : 부동산 부자, 모친(母親)당권, 가업융성, 명의, 기재, 충신, 열사

震 : 인명 흉사, 도난흉재, 수족손상, 간경화, 부자불화

巽 : 단명, 근골등증, 구설, 관재, 수술

乾 : 폐암, 화재, 노부중병, 중녀출사망, 누병, 관재 등

兌 : 소녀, 중남, 독남, 발재, 문장출중

艮 : 화합공존, 부동산 부자, 자녀효자

離 : 인재청수, 연속급제, 과갑, 宮貴

제 7 항 하원 7국 : 갑좌경향(甲坐庚向)

2	6	4
3	1	8
7	5	9

본국은 향(向)에 팔백(八白) 정신(正神)이 임(臨)했습니다. 일자문(一字門)이 좋고 손(巽), 곤궁(坤宮)은 지세가 낮고 출수(出水)하면 재물(財物)이 좋습니다. 공부에도 좋습니다. 감궁(坎宮)은 래수(來水)되고 유정(有情)하고, 또 곤궁(坤宮)으로 출수(出水)하면 재물(財物)이 왕(旺)해집니다.

간(艮), 건(乾), 리궁(離宮)은 지세(地勢)가 높아야 하며 인정(人丁)이 흥왕(興旺)해집니다.

山 : 주방, 신위, 침실, 서재, 내문 등

坎 : 중남불리, 傷丁, 수재산, 뇨독, 혈독, 유산, 알콜중독, 비뇨기 질병, 자궁암

坤 : 고부불화, 사기, 도박, 투기, 교통사고, 벌레물림

震 : 장방불리, 음란, 파재, 관재, 장방감옥, 대머리, 간, 담질병

巽 : 노모불리, 장방, 장녀, 고부불화, 전답시비, 비위손상

乾 : 친구우정, 수복겸비, 중녀, 장방유리

兌 : 발복소방, 부부화합, 부귀쌍전, 丁財왕성, 재자가인

艮 : 음양정배, 부귀쌍전, 법관, 변호사

離 : 수부쌍전, 장방, 중녀유리, 장원, 부를 이룸

水 : 화장실, 하수도, 어항 등

坎 : 중남유리, 催丁, 중남횡재

坤 : 장녀유리, 고속승진, 광명현달, 티끌모아 태산, 현모양처, 宮貴

震 : 장남(長男)크렉 유리, 재물, 공명, 매사순리, 가업흥왕

巽 : 고부화목, 혀모양처, 노력진급, 미녀, 귀부인

乾 : 가정불화, 중녀불리, 폐결핵, 기침, 중풍

兌 : 저克夫, 실물파재, 멸문지화, 입술병

艮 : 남녀다정, 도화, 주색,관재구설(官災口舌), 파재, 傷丁

離 : 폐질병, 노부불리, 화재, 혈광사, 관재, 소아손상

제 8 항 하원 8국 : 묘좌유향(卯坐酉向)

4	8	6
5	3	1
9	7	2

이국은 평양(平壤)이 좋습니다. 건궁(乾宮)에 이흑(二黑)이 임했는데 여기로 문을 내면 질병이 계속됩니다. 태궁(兌宮)은 지세가 평평한게 좋고 감(坎), 간궁

(艮宮)은 지세(地稅)가 높으면 인정(人丁)에 길(吉)하고, 진(震), 손궁(巽宮)은 진궁(震宮)에 취수(取水) 손궁(巽宮)으로 출수(出水)하면 왕재(旺財)하며, 곤궁(坤宮)은 지세가 낮으면 부(父)가 머리에 질병(疾病)이 있게 됩니다.

山 : 주방, 신위, 침실, 서재, 내문 등
坎 : 소녀유리, 중방득남 발재, 법관, 변호사, 직업 유리
坤 : 문예재능, 투자성공, 양식업 발재, 평민부자
震 : 도박, 패가, 교통사고, 수족손상, 위출혈, 간암, 관재, 뱀에 물림
巽 : 남자 단명, 장수하면 人丁이 적음, 중풍마비
乾 : 한열왕래, 귀신작란, 이기심
兌 : 중남불리, 도화주색, 신장질병, 토혈, 낙태
艮 : 득귀사, 복록증가, 횡재, 丁財왕성, 소녀, 중녀유리
離 : 자손번성, 부귀쌍전, 丁財왕성, 소남 중녀유리
水 : 화장실, 하수도, 어항 등
坎 : 소녀, 중남 도화주색, 자손패절, 토혈
坤 : 귀신작란, 노부 머리 질병
震 : 장방유리, 부귀영화, 건공창업, 득남, 농림업 유리
巽 : 부녀가권, 가업흥왕, 적덕, 유방백세, 梓女
乾 : 부부불화, 8운 재물왕성, 효자, 丁財증가
兌 : 중남유리, 소녀득남, 발재
艮 : 중녀불리, 중부구설, 중녀, 소남 傷, 농아, 결핵질병
離 : 소녀 중녀불리, 소남, 소녀 傷, 화재, 폐경, 관재, 횡액

제 9 항 하원 9국 : 을좌신향(乙坐辛向)

3	7	5
4	2	9
8	6	1

본 국(局)은 곤궁(坤宮)에 오황(五黃)이 임했으니 여기로 문(門)을 내면 흉살기운이 오게 됩니다. 건궁(乾宮)은 평평해야 하며 간(艮), 리궁(離宮)은 지세가 높으면 왕정(旺丁)합니다. 진(震), 손궁(巽宮)은 지세(地勢)가 낮아야 좋으며 왕재(旺財)합니다. 곤궁(坤宮)으로 출수(出水)하게 되면 관재(官災), 파재(破財)가 일어납니다.

山 : 주방, 신위, 침실, 서재, 내문 등
坎 : 문장유명, 노부유리, 催貴, 문장
坤 : 모친(母親) 다병, 홀아비, 주인불리, 위장암, 부부반목
震 : 도적창궐, 도화주색, 관재시비, 간담질병
巽 : 장녀다병, 재난막측, 도적창궐, 장방재난, 간담 풍병
乾 : 중남불리, 신장병, 손재, 중년 남 노부 작첩
兌 : 소녀 중녀유리, 出미인, 변호사, 법과, 달변, 군사전문가, 역사가, 종교가
艮 : 전답증가, 소년복득, 막내발재, 현인, 충신
離 : 순보유리, 중녀, 변호사, 법관, 미인, 군사전문가
水 : 화장실, 하수도, 어항 등
坎 : 노부불리, 뼈, 다리통증, 가정혼란, 호색, 도화
坤 : 모친(母親)당권, 가업발전, 부동산전문가, 명의, 기인, 열사, 충신
震 : 남녀, 선남선녀, 공명유리, 자손영달
巽 : 부부화목, 공명획득, 부귀쌍전, 丁財왕성
乾 : 중남유리, 중방발재, 문장유명
兌 : 중녀, 소부불리, 구설 손재, 人丁손상
艮 : 양육곤란, 부녀단명, 식체, 황달
離 : 소부중녀재난, 어린이, 부녀, 人丁 → 줄초상, 관재시비, 파재, 화재

제 10 항 하원 10국 : 진좌술향(辰坐戌向)

5	1	3
4	6	8
9	2	7

본 국(局)은 물이 좌(坐)를 유정(有情)하게 감싸야 재물적(財物的)으로 좋은 것입니다. 감궁(坎宮) 이흑(二黑)은 문(門)을 내면 안되고 문(門)을 내게 되면 질병(疾病)이 끊이지 않습니다. 건(乾), 태(兌), 간(艮)은 지세가 높아야 왕정(旺丁)하고 감(坎), 진(震), 손(巽), 곤(坤)은 지세(地勢)가 낮아야 왕재(旺財)합니다. 리궁(離宮)은 지세(地勢)가 평탄(平坦)해야하고 좌는 조금 높게되면 관재(官災), 질병(疾病), 인정(人丁)이 피해를 보게 됩니다.

山 : 주방, 신위, 침실, 서재, 내문 등

坎 : 중남이 고향으로 돌아오지 않음, 노모, 중남불리, 뇨독, 위암, 복부질병, 傷人丁, 여성가권

坤 : 관재, 구설, 시비, 노모불리, 장자, 패모, 산과질환, 복부창만

震 : 도적, 걸인, 관재시비, 음란파재, 재난막측, 간담질병

巽 : 도박, 패가, 파산, 유방암, 간암, 전염병

乾 : 권력장악, 경 태방 무곡, 재물증진, 무공유리, 자손총명, 미녀

兌 : 부부화목, 부귀영화, 丁財왕성, 재자가인

艮 : 전답풍성, 자손번영, 득남귀자, 부력증진, 중녀, 소남유리

離 : 중남파재, 신장질병, 중녀단명, 심장, 눈 질병

水 : 화장실, 하수도, 어항 등

坎 : 노모유리, 소방, 중남 발적, 외손득귀

坤 : 장방유리, 내외화목, 모자효친, 승진, 재물증진

震 : 장남(長男), 장녀유리, 현모양처, 부부화목, 공명득재, 丁財왕성

巽 : 승천대박, 속발폭리, 부귀최고

乾 : 정재패절, 폐질병, 여성음란, 도색패가

兌 : 처극부, 실재파재, 멸문지하, 위.장병, 소방불리

艮 : 둘째며느리 구설, 傷중녀, 위장병, 재난막측, 결핵

離 : 부귀쌍전, 丁財왕성

제 11 항 하원 11국 : 손좌건향(巽坐乾向)

5	1	3
4	6	8
9	2	7

건궁(乾宮), 태궁(兌宮)이 지세가 약간 높다면 이 두곳으로 문(門)을 내도 좋습니다. 태(兌), 간궁(艮宮)이 지세가 낮다면 사람이 다칩니다. 진(震), 손(巽), 곤궁(坤宮)이 조금 높으면 반드시 파재(破財)하게 되고 관재(官災)가 있습니다. 감궁(坎宮)이 높으면 파재(破財)와 질병(疾病)이 있습니다. 좌(坐)는 물이 유정(有情)하게 되어야 왕재(旺財)하고 곤(坤), 진(震)으로 출수(出水)하면 7운에 재물(財物)이 크게 좋고 8운에 최관(催官)합니다.

山 : 주방, 신위, 침실, 서재, 내문 등

坎 : 傷노모, 중남, 위암, 신장병, 夫克처

坤 : 모자불화, 관재시비, 범죄투옥, 복부질병

震 : 사리불명, 관재구설(官災口舌), 재난막측, 걸인, 노숙자, 간담질병

巽 : 손재시비, 설상가상, 큰며느리 허물, 중독, 대머리, 신경계, 유방질환

乾 : 무공대리, 재물증가, 자녀총명, 타향발달, 권력장악

兌 : 부부정배, 재녀총명, 속발, 거부

艮 : 부귀쌍전, 산행유리, 횡재, 소남 크게 유리

離 : 중남파재, 신장질병, 중녀단명, 심장, 눈질병

水 : 화장실, 하수도, 어항 등

坎 : 노모, 중방유리, 중남 발적, 타향성(向星)공, 가정화합

坤 : 모자효친, 내외화목, 8운최관 횡재
震 : 음양상배, 부부화목, 현모양처, 부귀쌍전, 자손현달
巽 : 횡발재물, 증권유리, 문장시인, 부귀극귀
乾 : 도색흉화, 파재, 폐질환, 위장병 불구
兌 : 도화극색, 傷소남, 위 입술질병
艮 : 중부구설, 남자겁원, 중녀, 소녀 傷, 횡액, 결핵, 혈액병, 소아위험
離 : 부귀쌍전, 丁財旺

제 12 항 하원 12국 : 사좌해향(巳坐亥向)

5	9	7
6	4	2
1	8	3

좌(坐)에 오황(五黃)이 있고 향(向)에 삼벽(三碧)이 있으니 반드시 좌향(坐向)에 유정(有情)한 수(水)가 있어야 합니다. 평양(平壤)이 마땅하고 향(向)의 지세는 약간 낮다면 문(門)을 내어도 좋으며 집의 뒤는 물이 모이면 왕재9旺財)하게되고 곤(坤), 감(坎), 진(震), 리궁(離宮)은 만실(滿室)하면 정재(丁財)가 풍성해지고 감궁(坎宮)에 물웅덩이가 있다면 반드시 정재양패 합니다.
태궁(兌宮)으로 출수(出水)하면 7운에 유명해지고 나머지 운은 재난과 집안 사람중에 한량(閑良)이 나오게 됩니다.

山 : 주방, 신위, 침실, 서재, 내문 등
坎 : 중남불리, 중남파재, 신장병, 소아 소화기 질병, 결석병
坤 : 전답증진, 횡재거부, 출귀녀, 의사, 역학자, 남녀효도
震 : 부자효친, 장방유리, 명리쌍전, 지방관리, 건축업 유리
巽 : 유방질병, 재난중복, 파재, 음란, 절상, 파산, 전염병 폐병 마약
乾 : 수족손상, 간경화, 화재, 관재, 장자연속재난, 부자불화, 소자불안
兌 : 傷夫克子 모친(母親)재난, 비.폐질병, 화재, 제왕절개

艮 : 소아수액, 중방불리, 파재질병, 신장, 신결석 질병, 소아소화기병

離 : 부귀, 문장유명, 득남, 중녀복록, 대유학자

水 : 화장실, 하수도, 어항 등

坎 : 소남불리, 8운傷丁 소남수액, 인재가 때를 못만남, 류마티스, 신장, 결석

坤 : 소방불리, 傷夫克子, 모친(母親)재난, 도화주색, 부동산 시비, 비.폐병, 화재, 살신재난

震 : 부자불화, 수족손상, 횡사형살, 간경화, 화재, 관재, 장자, 노부, 재난연속

巽 : 횡발폭리, 증권대발, 미녀, 대문(大門)호, 시인, 문화재 장인

乾 : 건축유리, 부자효친, 장방유리, 명리쌍전, 출관귀

兌 : 전답증진, 횡재발복, 득남귀자, 남녀효자, 7운 발복

艮 : 봉흉화길, 총명자재

離 : 화재, 혈광사, 안질, 소아, 남자 단명, 부인주권, 양성음쇠

제 13 항 하원 13국 : 병좌임향(丙坐壬向)

6	2	4
5	7	9
1	3	8

본국의 향(向)에 삼벽(三碧)이 있습니다. 지세가 낮으면 일자문(一字門)을 내면 좋고, 진궁(震宮)에 취수(取水)가 되면 횡재(橫財)를 얻게 되고 건(乾), 태(兌), 손궁(巽宮)은 지세가 높으면 정재(丁財)가 왕성(旺盛)하고 간(艮), 감궁(坎宮)이 높으면 파재(破財)와 귀(貴)함이 사라지게 됩니다.

山 : 주방, 신위, 침실, 서재, 내문 등

坎 : 7운 파재 8운 투우살(鬪牛煞), 실령하면 자묘형, 동성애, 중남, 장남(長男) 불리

坤 : 고부불화, 음란, 비위 손상

震 : 도박, 수족손상, 교통사고, 위출혈, 간암, 관재 등

巽 : 문예재능, 소투자 대획득, 근로창업, 평민출신부자, 양식업 유리
乾 : 전답무성, 공명현달, 부자화목, 막내발전
兌 : 중녀, 소부유리, 출미인, 변호사, 법관, 역사가, 달변
艮 : 중방불리, 신장질병, 파재
離 : 노모불리, 비위질병, 8운 파재
水 : 화장실, 하수도, 어항 등
坎 : 장방유리, 부귀유명, 과갑
坤 : 장녀흥왕, 진취심강, 적소선대, 공명현달, 모친(母親)가출, 현모양처, 미녀
震 : 장방부귀, 건립창업, 농림기업유리, 득남
巽 : 노가다, 人丁양패, 노부두통, 근골통
乾 : 공명무망, 정신병, 소남재난, 양육곤란, 절손
兌 : 중, 소부폐병, 구설, 파재, 화재
艮 : 중방유리, 전답증가, 물귀신 조심, 소아질병
離 : 노모유리, 부동산 증가, 가장불리, 중녀혈액병, 人丁손상

제 14 항 하원 14국 : 오좌자향(午坐子向)

8	4	6
7	9	2
3	5	1

오황(五黃)이 향(向)에 있으니 이리로 문(門)을 내게 되면 질병(疾病)과 파재(破財)가 있게 되고 태(兌), 건(乾), 간(艮)의 지세가 낮거나 출수(出水)하면 재(財)가 왕(旺)해지고 감(坎), 진(震), 손궁(巽宮)의 지세가 낮으면 인정(人丁)에 재난(災難)이 있고 감궁(坎宮)으로 출수(出水)해도 파재(破財)가 되고 관재(官災)도 겹칩니다. 진궁(震宮)으로 출수(出水)하게되면 7운에 파재(破財), 상정(傷丁)합니다.

山 : 주방, 신위, 침실, 서재, 내문 등

坎 : 물가조심, 알콜중독, 비뇨기 질병 발생, 傷丁

坤 : 무곡득위, 부모경사, 재물왕성, 자손효자, 丁財 왕성

震 : 문무쌍전, 명리쌍수, 남녀결혼, 매사순리

巽 : 문장수려, 혼인화합, 분재가, 티끌모아태산, 한의사

乾 : 중년남성, 노부작첩, 가정혼란

兌 : 부자불화, 살인, 화재, 폐, 비질병

艮 : 장남(長男)불리, 소남 7운 파재, 형제불화, 8년 내 파산→도척작난

離 : 화재혈광, 파재, 자살, 어지럼증, 간 담질병

水 : 화장실, 하수도, 어항 등

坎 : 중남유리, 催丁, 중남대발횡재

坤 : 불리노부, 머리질병, 가정혼란, 도화주색

震 : 관재구설(官災口舌), 자중지란, 수족손상, 傷 4~5人

巽 : 8운 傷丁, 자상, 큰 며느리 소남 다툼, 큰며느리 탁내 망신, 丁財패절

乾 : 문장유명, 중남발재

兌 : 횡재수, 生貴女, 부자, 남녀효자

艮 : 전진위한 후퇴, 충효가문, 형제우의, 건축, 농림유리, 出生貴子

離 : 시험유리, 장방발전, 목화통명, 부녀통명, 적선가문

제 15 항 하원 15국 : 정좌계향(丁坐癸向)

7	3	5
6	8	1
2	4	9

간궁(艮宮)에 이흑(二黑)이 임(臨)하여 문(門)을 내게 되면 질병(疾病)이 계속 있고 향(向)의 물이 굽어져서 나가게 되면 재(財)와 문장(文章)이 유리해집니다. 곤궁(坤宮)에 래수(來水)가 되고 감궁(坎宮)으로 출수(出水)하면 왕재국(旺財局)이 됩니다.

진궁(震宮)이 약간 지세가 높으면 노부가 건강하고 손궁(巽宮)이 약간 지세가

높으면 좋으나 낮으면 파재하고 7운에 상정(傷丁)하며 건궁(乾宮)이 지세가 높은 즉 문장(文章)과 귀(貴)함이 있습니다.

山 : 주방, 신위, 침실, 서재, 내문 등
坎 : 6운 파재, 장녀불리, 사탕일음, 풍류지사
坤 : 임산부재난, 2번 과부, 가주득병, 홀아비, 고부불화, 시비파재, 비위질병
震 : 부자화목, 장방유리, 명리쌍수, 건축업 유리
巽 : 권력장악, 강유조화, 용모수려, 소방유리, 소녀정직
乾 : 시험유지, 장방유리, 돈지화합, 최고영예
兌 : 주색도화, 중남불리, 신장병, 파재
艮 : 8운 파재, 남녀불륜, 모자불화, 전답시비, 정신병, 심복부 질병
離 : 부녀갈등, 재난막측, 화재, 남녀방탕
水 : 화장실, 하수도, 어항 등
坎 : 과거당선, 탐랑득위, 남녀총명, 丁財왕성
坤 : 부동산 부자, 모친(母親)당권, 가업융성, 명의, 기재, 충신, 열사
震 : 인명 흉사, 도난흉재, 수족손상, 간경화, 부자불화
巽 : 단명, 근골통증, 구설, 관재, 수술
乾 : 폐암, 화재, 노부중병, 중녀출사망, 누병, 관재 등
兌 : 소녀, 중남, 독남, 발재, 문장출중
艮 : 화합공존, 부동산 부자, 자녀효자
離 : 인재청수, 연속급제, 과갑, 宮貴

제 16 항 하원 16국 : 미좌축향(未坐丑向)

4	8	6
5	3	1
9	7	2

구자(九紫)가 향(向)에 있고 지세가 높으면 문(門)을 내도 좋습니다. 감궁(坎宮)의 지세가 낮거나 출수(出水)를 하면 파재(破財), 상정(傷丁)을 하게되고 곤(坤), 리궁(離宮)의 지세가 낮으면 인정(人丁)에 반드시 재난(災難)이 있고 진(震), 손(巽) 두 궁(宮)의 지세가 낮으면 정재(丁財)가 왕(王)하며 태(兌), 건궁(乾宮)과 감궁(坎宮)의 계(癸)로 출수(出水)하면 왕재(旺財)하고 진궁(震宮)으로 출수(出水)하면 장자에게 큰 재난이 닥칩니다.

山 : 주방, 신위, 침실, 서재, 내문 등

坎 : 소녀유리, 소방 7운에 貴, 득남

坤 : 財旺, 효자

震 : 도박, 교통사고, 수족사고, 폐암동

巽 : 중풍, 해소, 과부, 진퇴양난, 암내

乾 : 손재, 담장붕괴, 귀신장난, 사리사욕

兌 : 도화주색, 문장불리, 신장질병

艮 : 장손번성, 횡재, 복록증가, 소남유리

離 : 득남, 산행득재, 중, 소방 대유리

水 : 화장실, 하수도, 어항 등

坎 : 소녀재난, 도화주색, 자손패절, 토혈질병

坤 : 민심부족, 노부두통, 뼈, 다리통증, 도깨비재물

震 : 장방부귀, 건축창업, 농업, 임업 유리

巽 : 부녀주권, 적선, 유방백세, 목재업유리, 자녀재능

乾 : 노모유리, 노부, 소남재난, 뼈 다리통증, 폐렴

兌 : 傷중남, 소녀, 자손패절, 토혈병

艮 : 소남손해, 傷중녀, 농아, 폐결핵, 사이비종교, 횡액

離 : 傷소남, 중녀폐경, 안질, 시력상실, 토혈, 비출혈

제 17 항 하원 17국 : 곤좌간향(坤坐艮向)

3	7	5
4	2	9
8	6	1

간궁(艮宮)에 팔백(八白)이 임(臨)하니 지세가 높으면 일자문(一字門)을 내면 좋고 감(坎)이 높으면 건강이 보장되고 다만 출수(出水)를 하면 안되고 하게되면 인정(人丁)에 재난이 있게 되고 곤(坤), 손(巽) 두곳이 높으면 큰 며느리가 상하게 되고 태(兌), 리(離) 두곳이 낮으면 소녀(少女)에게 불리하고 진(震), 손(巽), 건(乾)으로 출수(出水)하게 되면 최재(催財), 최귀(催貴)하게 됩니다.

山 : 주방, 신위, 침실, 서재, 내문 등
坎 : 육백(六白), 6운에 旺丁, 노부가권, 주인강직
坤 : 오황, 부부불화, 모친(母親)다병, 홀아비, 과부, 낙태, 유산
震 : 장남(長男)파재, 주색잡기, 관재, 간 담 질병
巽 : 장남(長男)불리, 도적, 걸인, 연속관재, 재난막측, 간, 담 신경계질병
乾 : 중남불리, 파재, 신장질병, 6운 旺 催丁
兌 : 소녀, 중녀 운세 발전, 변호사, 법관, 미인, 달변
艮 : 소남발복, 막내발재, 총명, 천재출생, 효자, 丁財왕성, 8운 旺丁
離 : 소녀, 중녀유리, 미인, 변호사, 법관, 달변
水 : 화장실, 하수도, 어항 등
坎 : 다리, 뼈 통증, 중년장남(長男)중혼, 가정혼란, 6운 노부재난
坤 : 부동산 발복, 모친(母親)주권, 가업왕성, 출 명의, 기인, 충신열사
震 : 배우자현처, 현부, 부귀쌍전, 자손복록
巽 : 장남(長男), 장녀화목, 공명이득, 전답유리, 자손현명
乾 : 중남재운유리, 문장, 노부불리, 위 다리통증, 폐염
兌 : 중녀불리, 소녀, 줄초상, 관재구설(官災口舌), 파재, 화재, 폐렴

艮 : 어린이 생존위험, 부녀단명, 식체, 복통
離 : 7운傷丁, 부동산손재, 관재, 구설, 화재

제 18 항 하원 18국 : 인좌신향(寅坐申向)

2	6	4
3	1	8
7	5	9

향(向)에 칠적(七赤)이 있으므로 지세가 약간 높을때 일자문(一字門)을 내게 되면 왕기(旺氣)가 들어오고 오황(五黃)이 감궁(坎宮)에 있으니 출수(出水)를 꺼립니다. 만일 출수(出水)하게되면 파재(破財)되고 상정(傷丁), 송사(訟事)가 따르며 진(震), 손(巽)으로 출수(出水)하면 최부귀(催富貴)가 되고 건(乾), 태궁(兌宮)으로 출수(出水)하면 8, 9운에 반드시 상정(傷丁)합니다.
리궁(離宮)이 낮으면 노부의 수명이 짧아집니다.

山 : 주방, 신위, 침실, 서재, 내문 등
坎 : 파재, 중남불리, 노모, 신장질병, 알콜중독, 비뇨기질병, 人丁손상
坤 : 고부불화, 비장, 복부질병, 도난사고, 노모낙상
震 : 음란파재, 장남(長男)관재, 장방불리
巽 : 고부불화, 전답시비, 파재, 비위손상, 노모유책
乾 : 친구유친, 동지화합, 최고영예, 장방유리
兌 : 부부정배, 부귀쌍전, 丁財왕성
艮 : 부부화합, 재자가인, 명리쌍전, 丁財왕성
離 : 명리쌍전, 장남(長男), 둘째며느리 유리, 붕우유친
水 : 화장실, 하수도, 어항 등
坎 : 催丁, 중남유리, 중남대발, 횡재
坤 : 모친(母親)가출, 미녀, 현모양처, 고부화목, 공명현달
震 : 장남(長男)大, 재백증진, 공명성공, 가업흥왕

巽 : 노모유리, 현모양처, 미녀, 자산즈악, 적은노력 큰성공

乾 : 노부중병, 중녀산액, 장방자손 불리, 관재, 실물, 시력저하

兌 : 처극부, 실물파재, 멸문지하, 입술병

艮 : 멸문지화, 유아생존위험

離 : 노부불리, 중녀 질병연속, 관재, 실물, 고아, 패절

제 19 항 하원 19국 : 경좌갑향(庚坐甲向)

7	3	5
6	8	1
2	4	9

향(向)에 육백(六白)이 있으며 지세(地勢)가 약간 높으면 일자문(一字門)을 낼 수 있고 건(乾), 손궁(巽宮)이 약간 낮다면 인정(人丁)에 재난이 많고 감(坎), 간궁(艮宮)으로 출수(出水)한다면 정재(丁財)가 왕(旺)하고 만약 간(艮), 감(坎)으로 물이 유정(有情)하게 나가면 이 역시 정재(丁財)가 왕성(旺盛)한 국세(局勢)입니다.

山 : 주방, 신위, 침실, 서재, 내문 등

坎 : 6운 파재, 장녀불리, 사탕일음, 풍류지사

坤 : 임산부재난, 2번 과부, 가주득병, 홀아비, 고부불화, 시비파재, 비위질병

震 : 부자화목, 장방유리, 명리쌍수, 건축업 유리

巽 : 권력장악, 강유조화, 용모수려, 소방유리, 소녀정직

乾 : 시험유지, 장방유리, 돈지화합, 최고영예

兌 : 주색도화, 중남불리, 신장병, 파재

艮 : 8운 파재, 남녀불륜, 모자불화, 전답시비, 정신병, 심복부 질병

離 : 부녀갈등, 재난막측, 화재, 남녀방탕

水 : 화장실, 하수도, 어항 등

坎 : 과거당선, 탐랑득위, 남녀총명, 丁財왕성

坤 : 부동산 부자, 모친(母親)당권, 가업융성, 명의, 기재, 충신, 열사

震 : 인명 흉사, 도난흉재, 수족손상, 간경화, 부자불화

巽 : 단명, 근골통증, 구설, 관재, 수술

乾 : 폐암, 화재, 노부중병, 중녀출사망, 누병, 관재 등

兌 : 소녀, 중남, 독남, 발재, 문장출중

艮 : 화합공존, 부동산 부자, 자녀효자

離 : 인재청수, 연속급제, 과갑, 宮貴

제 20 항 하원 20국 : 유좌묘향(酉坐卯向)

8	4	6
7	9	2
3	5	1

본 국(局)은 향(向)에 칠적(七赤) 진궁(震宮)이 있고 진(震), 손궁(巽宮)의 지세가 약간 높다면 문(門)을 내어도 되며 오황(五黃)이 있는 감궁(坎宮)으로 출수(出水)하면 관재(官災)가 나타나며 간(艮), 리궁(離宮)이 지세가 낮으며 출수(出水)하면 왕재(旺財)하고 곤(坤), 진(震), 손궁(巽宮)은 지세(地勢)가 높아야하고 그리되면 집안이 평안(平安)해집니다. 진궁(震宮)이 지세(地勢)가 낮으면 이웃과 불목(不睦)하게 됩니다.

山 : 주방, 신위, 침실, 서재, 내문 등

坎 : 물가조심, 알콜중독, 비뇨기 질병 발생, 傷丁

坤 : 무곡득위, 부모경사, 재물왕성, 자손효자, 丁財 왕성

震 : 문무쌍전, 명리쌍수, 남녀결혼, 매사순리

巽 : 문장수려, 혼인화합, 분재가, 티끌모아태산, 한의사

乾 : 중년남성, 노부작첩, 가정혼란

兌 : 부자불화, 살인, 화재, 폐, 비질병

艮 : 장남(長男)불리, 소남 7운 파재, 형제불화, 8년 내 파산→도척작난

離 : 화재혈광, 파재, 자살, 어지럼증, 간 담질병

水 : 화장실, 하수도, 어항 등

坎 : 중남유리, 催丁, 중남대발횡재

坤 : 불리노부, 머리질병, 가정혼란, 도화주색

震 : 관재구설(官災口舌), 자중지란, 수족손상, 傷 4~5人

巽 : 8운 傷丁, 자상, 큰 며느리 소남 다툼, 큰며느리 탁내 망신, 丁財패절

乾 : 문장유명, 중남발재

兌 : 횡재수, 生貴女, 부자, 남녀효자

艮 : 전진위한 후퇴, 충효가문, 형제우의, 건축, 농림유리, 出生貴子

離 : 시험유리, 장방발전, 목화통명, 부녀통명, 적선가문

제 21 항 하원 21국 : 신좌을향(辛坐乙向)

6	2	4
5	7	9
1	3	8

향(向)에 오황(五黃)이 있습니다. 물이 없으면 문(門)을 내면 안되며 문(門)을 내게 되면 파재(破財)하게되고 관재(官災), 질병등이 있게 됩니다. 감(坎), 간(艮), 리궁(離宮)으로 출수(出水)하면 재(財)가 왕(旺)하고 곤궁(坤宮)에 물이 모이면 9운에 명예를 이룹니다. 태(兌), 건(乾), 손(巽) 3개의 궁은 지세가 높으면 가족의 건강이 보전됩니다.

山 : 주방, 신위, 침실, 서재, 내문 등

坎 : 7운 파재 8운 투우살(鬪牛煞), 실령하면 자묘형, 동성애, 중남, 장남(長男) 불리

坤 : 고부불화, 음란, 비위 손상

震 : 도박, 수족손상, 교통사고, 위출혈, 간암, 관재 등

巽 : 문예재능, 소투자 대획득, 근로창업, 평민출신부자, 양식업 유리

乾 : 전답무성, 공명현달, 부자화목, 막내발전

兌 : 중녀, 소부유리, 출미인, 변호사, 법관, 역사가, 달변

艮 : 중방불리, 신장질병, 파재

離 : 노모불리, 비위질병, 8운 파재

水 : 화장실, 하수도, 어항 등

坎 : 장방유리, 부귀유명, 과갑

坤 : 장녀흥왕, 진취심강, 적소선대, 공명현달, 모친(母親)가출, 현모양처, 미녀

震 : 장방부귀, 건립창업, 농림기업유리, 득남

巽 : 노가다, 人丁양패, 노부두통, 근골통

乾 : 공명무망, 정신병, 소남재난, 양육곤란, 절손

兌 : 중, 소부폐병, 구설, 파재, 화재

艮 : 중방유리, 전답증가, 물귀신 조심, 소아질병

離 : 노모유리, 부동산 증가, 가장불리, 중녀혈액병, 人丁손상

제 22 항 하원 22국 : 술좌진향(戌座辰向)

5	9	7
6	4	2
1	8	3

향(向)에 오황(五黃)이 있고 물이 모이면 손궁(巽宮)으로 문(門)을 내도 됩니다. 곤, 진궁(震宮)은 지세가 높아야 합니다. 그래야 가족이 건강합니다. 태(兌), 간궁(艮宮)의 지세가 낮아야 재(財)가 왕(旺)하며 리궁(離宮)은 지세가 높아야 가족이 건강하고 곤(坤), 손방(巽方)으로 출수(出水)하면 파재(破財), 상정(傷丁), 관재(官災)가 일어나게 됩니다.

山 : 주방, 신위, 침실, 서재, 내문 등

坎 : 중남불리, 중남파재, 신장병, 소아 소화기 질병, 결석병

坤 : 전답증진, 횡재거부, 출귀녀, 의사, 역학자, 남녀효도

震 : 부자효친, 장방유리, 명리쌍전, 지방관리, 건축업 유리

巽 : 유방질병, 재난중복, 파재, 음란, 절상, 파산, 전염병 폐병 마약

乾 : 수족손상, 간경화, 화재, 관재, 장자연속재난, 부자불화, 소자불안

兌 : 傷夫克子 모친(母親)재난, 비.폐질병, 화재, 제왕절개

艮 : 소아수액, 중방불리, 파재질병, 신장, 신결석 질병, 소아소화기병

離 : 부귀, 문장유명, 득남, 중녀복록, 대유학자

水 : 화장실, 하수도, 어항 등

坎 : 소남불리, 8운傷丁 소남수액, 인재가 때를 못만남, 류마티스, 신장, 결석

坤 : 소방불리, 傷夫克子, 모친(母親)재난, 도화주색, 부동산 시비, 비.폐병, 화재, 살신재난

震 : 부자불화, 수족손상, 횡사형살, 간경화, 화재, 관재, 장자, 노부, 재난연속

巽 : 횡발폭리, 증권대발, 미녀, 대문(大門)호, 시인, 문화재 장인

乾 : 건축유리, 부자효친, 장방유리, 명리쌍전, 출관귀

兌 : 전답증진, 횡재발복, 득남귀자, 남녀효자, 7운 발복

艮 : 봉흉화길, 총명자재

離 : 화재, 혈광사, 안질, 소아, 남자 단명, 부인주권, 양성음쇠

제 23 항 하원 23국 : 건좌손향(乾坐巽向)

5	9	7
6	4	2
1	8	3

향(向)에 오황(五黃)이 있는데, 취수(取水)가 되어있다면 문(門)을 내도 됩니다. 만약 출수(出水)한다면 반드시 크게 파재(破財)하게되고 관재(官災)가 있게 됩니다. 진(震), 감(坎), 곤(坤), 리(離)의 지세(地勢)가 높은 것이 마땅하며 만일 낮게 되면 인정(人丁)에 재난(災難)이 있게되고 간(艮), 건(乾), 태(兌) 3개의 궁이 지세가 낮으면 좋으나 높게 되면 재산(財産) 손실(損失)이 있게 됩니다.

山 : 주방, 신위, 침실, 서재, 내문 등

坎 : 소방유리, 소남복득, 인재가 어려움을 좋게 바꾸다, 창업

坤 : 대중으로 존경을 받음, 문무겸전, 미녀, 권력장악, 묘친정직

震 : 노부유리, 어부지리, 노익장, 묘기백출, 노년득자

巽 : 장녀중병, 비위질병, 남녀도화주색, 유방암, 절름발이, 류마티스

乾 : 장방불리, 재산파재, 관재구설(官災口舌), 근골통증, 해소, 목매닮, 자상

兌 : 가정불화, 모친(母親)재산, 전답시비, 비.폐병, 살신재난, 제왕절개, 기침

艮 : 중방불리, 파재, 가파인망, 치매, 농아, 신결석, 손가락 절단

離 : 부자, 催貴 , 고시유리, 득남, 문명지혜, 중녀복득, 貴

水 : 화장실, 하수도, 어항 등

坎 : 어린이, 중남불리, 물에투신, 가정불화, 재난막측, 월경불순, 관재시비 결석병

坤 : 소부사기시모, 도화주색, 음란, 야반도주, 부녀재난, 제왕절개수술, 유언비어

震 : 부자불화, 관재, 화재, 도난, 비명횡사, 해소, 기침

巽 : 폭력, 횡재, 증시대박, 명사, 장인(문화재) 시인, 화가, 귀부인

乾 : 장자유리, 정직무사, 행선, 적덕, 명리쌍전, 건축업 유리

兌 : 가정화목, 고부화목, 재산증가, 횡재거부, 남녀효도, 득남

艮 : 증남유리, 재덕겸비, 지식심후, 붕흉화길, 전화위복

離 : 어린이요절, 화재혈광, 남자요절, 중풍, 결핵, 심계, 관재소송

제 24 항 하원 24국 : 해좌사향(亥坐巳向)

5	1	3
4	6	8
9	2	7

본 국(局)은 향(向)에 오황(五黃)이 있어 취수(取水)가 안되면 문(門)을 낼수 없습니다. 출수(出水)하면 크게 파재(破財)하고 관재(官災)가 있게 됩니다. 곤(坤), 진궁(震宮)은 출수(出水)하면 왕재(旺財)하고 리궁(離宮)으로 출수(出水)하면 노부(老父)에게 재난(災難)이 있게 됩니다. 건(乾), 태(兌), 간(艮) 세개의 궁(宮)이 지세가 높으면 좋고 만약 낮으면 인정(人丁)에 재난(災難)이 있게 됩니다.

山 : 주방, 신위, 침실, 서재, 내문 등
坎 : 노모불리, 전답파재, 관재구설(官災口舌), 비명횡사, 치매, 비.신장병
坤 : 모자불화, 장남(長男)패륜모친(母親), 관재, 자상, 정신병, 식체
震 : 부부불화, 음란, 도주, 재산탕진, 장남(長男)최고흉, 간.담병, 한열병
巽 : 장녀불리, 중병, 비위손상, 유방암, 질름발이, 류마티스
乾 : 가정경사, 丁財왕성, 부귀쌍전, 문인, 소부가권
兌 : 부동산 증진, 부부화목, 횡재대박, 전원유리, 득남, 공명
艮 : 증남발재, 소남공명, 귀남출생, 부동산 증가
離 : 가정불화, 내우외한, 처를잃음, 풍수재해, 관재, 심장병
水 : 화장실, 하수도, 어항 등
坎 : 부동산 발재, 중남봉귀, 타량발복, 득남, 발명이득, 8운 催財
坤 : 내외화목, 승관익진, 8운 발전
震 : 丁財왕성, 부귀쌍전, 9운 催貴
巽 : 폭리, 증시대박, 장인(수공예), 대문(大門)호, 시인, 화가
乾 : 6, 7 교검살, 골육상잔, 쟁재파산, 폐질환, 두뇌근골병
兌 : 소방불리, 부부불화, 이타심, 짝사랑, 단지
艮 : 중녀불리, 부녀성폭행, 이타심, 미풍양속저해, 공처가 치매
離 : 중방불리, 가정불화, 풍수해, 관재시비, 내우외환, 처를 잃음, 심장병

역자 소개

김석우〈E-mail: jinxiyou@naver.com〉, 010-4556-1853

- 1994년 북경침구골상학원(현재 북경중의학원) 입학
- 1998년 미국 LA 동국로얄 한의대 편입
- 1999년 NCCA 한약, 침구 분야 시험 패스
- 1998~1999년 한방수업 중국어 통역담당
- 1986년 방위 기문학 및 자미두수 연구
- 1990년 풍수지리 입문 및 사주체질학 연구
- 2001~2008년 한후 박상열 선생 문하 수업 이수
- 2009년 지평출판사『웰빙풍수 사주』출간
- 2010~2011년 풍수지리 양택과정 및 음택과정 전수 시작
- 2010년 풍수인테리어 사무실 개소(생활풍수에 대한 상담과 교정)
- 2016년 중국 금성그룹 풍수자문 수행
- 2017년 대현공 풍수문파 제자로 입문

祕傳
九星 玄空學

초판 1쇄 인쇄 2018년 9월 15일
초판 1쇄 발행 2018년 9월 20일

김석우 **譯** | 杜彦林 **著**
발행인 박희성 | **발행처** 양림출판사
등록 2017년 11월 13일 제307-2017-68호
주소 서울특별시 성북구 성북로4길 52, 215동 506호
전화 (02)762-3322 | **팩스** (02)762-3323
이메일 yanglim2017@hanmail.net
값 20,000원

ISBN 979-11-89369-04-0 93380